Uwe Ruck / Eberhard Flühs

MODELLAUTO KATALOG
HO-LKW

Basiskatalog aller Lkw und Einsatzfahrzeuge der Firmen
Albedo, Brekina, Herpa, Kibri, Märklin, Preiser,
Revell-Praliné, Rietze, Roco, Roskopf und Wiking

Empfohlen vom

alba

CIP-Kurztitelaufnahme der Deutschen Bibliothek

Ruck, Uwe:
[Modellauto-Katalog H-Null-LKW]
Modellauto-Katalog H0-LKW : Basisdaten aller LKW u.
Einsatzfahrzeuge d. Firmen Albedo, Brekina, Herpa, Kibri,
Märklin, Preiser, Revell-Praliné, Rietze, Roco, Roskopf u.
Wiking / Uwe Ruck ; Eberhard Flühs. – 2. Aufl. – Düsseldorf :
Alba 1988
1. Aufl. u.d.T.: Ruck, Uwe: Modellauto-Katalog H0
ISBN 3-87094-447-1
NE: Flühs, Eberhard:; AST

1. Auflage Oktober 1983
2. Auflage Mai 1988

Redaktionsschluß   Dezember 1987

Abbildungen   Aus den Bildpreislisten und Prospekten der Hersteller (mit freundlicher
Genehmigung) sowie von Inka Deul, Hans-Peter Maerker und Edwin Rau

Herstellung   Druckerei Rasch, Bramsche

ISBN   3-87094-447-1

INHALT

VORWORT

Viel schneller als erwartet war die erste Auflage dieses Katalogs vergriffen. Offenbar war die Marktlücke noch größer als von uns eingeschätzt. Von vielen Sammlern haben wir erfahren, daß der Katalog besonders wegen seiner Zuverlässigkeit große Hilfe bietet, daß er nahezu unentbehrlich geworden ist.

Die nun erarbeitete zweite Auflage soll nicht nur den Sammlern, die den H0-Katalog noch nicht haben, dienen. Durch die zusätzliche Aufnahme der seitdem erschienenen Modelle ist der vorliegende Katalog die neue Grundlage für alle Sammler.

Im übrigen enthält er nicht nur zusätzlich die H0-Neuheiten der bereits in der ersten Auflage enthaltenen Marken, mit der Firma Rietze ist auch ein neuer Anbieter hinzugekommen. Auch folgen wir gern dem vielfach vorgetragenen Wunsch, die H0-Modell-Autos von Märklin aufzunehmen, auch wenn diese nur in den Jahren 1953/54 (in ihrer Mehrzahl) angeboten worden sind.

Die Flut der Neuheiten hat zu einer erheblichen Ausweitung des Katalogs und damit zu einer Zunahme der Seiten geführt. Für eine Kürzung des Inhalts wollten wir uns nicht entscheiden, weil damit dem ernsthaften Sammler nicht gedient sein kann. Um das Werk trotzdem handlich handhabbar zu erhalten, erscheint diese zweite Auflage in zwei Bänden:
Band 1: PKW und Lieferwagen
Band 2: LKW und Einsatzfahrzeuge

Neu in diesem Katalog ist die preisliche Bewertung der Modelle. Viele Leser der ersten Auflage haben diese angeregt, obwohl sich an der Problematik, Preise zu finden und zu nennen, nichts geändert hat. Es gibt natürlich keine „festen", sondern nur „Erfahrungspreise" für Modelle, die nicht mehr im Fachgeschäft (als Neuware) angeboten werden. Auf dem Markt für Sammler-Modelle bestimmen ausschließlich Angebot und Nachfrage diesen Preis, der sich somit ständig in Bewegung befinden kann. Es gibt außerdem regionale Preisunterschiede. So kann zum Beispiel ein Modell im Norden billiger als im Süden sein oder in Berlin noch günstiger angeboten werden. Preise auf Auktionen und Börsen sind oft stark von subjektiven Käufereinschätzungen beeinflußt. Wer ausschließlich Modelle der Marke X sammelt, wird eher bereit sein, hierfür einen hohen Preis zu zahlen als derjenige, der an dieser Marke nur am Rande interessiert ist.

Die Autoren und befreundete Sammler haben in den vergangenen Jahren relevante Börsen, Auktionen und Sammlertreffen in der Bundesrepublik besucht und die Preise dabei sorgfältig beobachtet und festgehalten. Diese Unterlagen bilden zusammen mit den Erkenntnissen des „Club der H0-Auto-Modellfreunde e. V." (CAM) Grundlage für die Bewertungen in diesem Katalog. Durch die Vielzahl einzelner Nennungen für jedes Modell konnten Über- oder Unterbewertungen weitgehend ausgeschlossen werden. Weitere Einzelheiten zu den Sammlerpreisen sind unter „Hinweise zur Handhabung" aufgeführt.

Wie schon in der ersten Auflage wurde in der zweibändigen Neubearbeitung – auch aus Platzgründen – grundsätzlich auf die Aufnahme von Werbemodellen verzichtet. Gleichwohl sind einige „ehemalige" Werbemodelle aufgenommen worden, wenn diese über das Fachhandels-Sortiment vertrieben worden sind. Herpa und Wiking lassen diese Modelle zunehmend in die Serie einfließen.

Den Autoren des vorliegenden Werkes ist es ein Bedürfnis, den vielen Freunden des H0-Katalogs, die Informationen und Anregungen beigetragen haben, für ihre Mitarbeit zu danken. Besonderer Dank gilt den Herren Falldorf und Rother vom CAM, den Herren Hein, Karlsruhe, Reinke, Berlin, Schmeckenbecher, Wörth und Steiniger, Friedelsheim.

Bis zum Redaktionsschluß dieses Bandes gingen mehr als 300 Zuschriften mit zum Teil sehr interessanten Ergänzungen und Korrekturen ein. Alle Hinweise wurden von den Autoren gewissenhaft geprüft. Zu einem nicht geringen Teil sind die Leservorschläge in diese zweite Auflage eingearbeitet worden. Die Autoren wünschen sich für folgende Auflagen des H0-Katalogs weiterhin kritische Leser und Vorschläge für Ergänzungen und Verbesserungen.

Düsseldorf, im Frühjahr 1988
Uwe Ruck

Die Numerierung

Die Modelle der verschiedenen Anbieter wurden nach dem *Alphabet* geordnet aufgeführt und mit Kenn-Nummern versehen (z. B. Kenn-Nummer **10** = Wiking). Danach folgt ein Kürzel für den Modelltyp (z. B. **Fw**= Feuerwehr-Fahrzeuge) oder für die Vorbildmarke (z. B. **Bo** = Borgward), dann die Katalognummer und die Bestell-Nummer des Herstellers, in der zweiten Zeile das Jahr des Ersterscheinens.

Ein Beispiel:
Der Borgward Hansa 1800 von Wiking bekam diese Numerierung:
10-Bo-1 / T18/18
1954

Varianten und Versionen

Der Katalog bemüht sich, alle *wesentlichen* Änderungen, die sich bei den Modellen im Laufe der Produktionsdauer ergeben, zu berücksichtigen. Dabei sprechen wir bei kleineren Veränderungen (wie Wechsel des Aufdrucks, zusätzliche Gravuren) von *Modell-Varianten*, bei größeren Veränderungen (wie verschiedene Fahrerhäuser bei Feuerwehrfahrzeugen) von *Modell-Versionen*.

Nahezu alle sammel-relevanten Veränderungen sind in diesem Katalog (in Kurzform) erfaßt.

Farbangaben

Die Angaben der Farben der Modellfahrzeuge erfolgt nach der RAL-Karte (Farbregister RAL 840 HR und Sonderfarbreihe RAL-F 81), soweit dies möglich ist. Farben, die RAL-Karte nicht enthält, wurden in Annäherung zu den RAL-Farben beschrieben. Der Erwerb einer RAL-Karte zusätzlich zum Katalog wird dringend empfohlen. Bestell-Adresse siehe Kapitel „Sammler-Service".

Zur genauen Farb-Beschreibung der meist mehrfarbigen LKW-Modelle sowie der Lieferwagen wurde eine besondere Systematik mit zusätzlichen Abkürzungen notwendig, die hier kurz erklärt werden sollen:

Fh = Fahrerhaus
Pr = Pritsche
Ka = Kasten
Ch = Chassis

Die Farbangabe erfolgt in der Reihenfolge der Teile Fahrerhaus – Pritsche oder Kasten – Chassis

Bei einem *einfarbigen* Modell erscheint jedoch nicht dreimal die gleiche Farbangabe (z. B. Modell XY Fh/Pr/Ch → rot/rot/rot/), sondern bei identischer Farbangabe ein Punkt.

Beispiel: rot/./.
Gleiches gilt analog auch bei *zweifarbigen* Modellen:
Beispiel: rot/./hellblau

Die Abbildungen

Die Fotos sind als Kennfotos gedacht. Sie wurden – mit ausdrücklicher Genehmigung – in den meisten Fällen den Bildpreislisten und Katalogen der Hersteller entnommen. Modelle, die in den genannten Listen nicht abgebildet sind, wurden gesondert fotografiert, so daß auch der Bildteil weitgehend vollständig sein dürfte. Bei den meisten Modellen ist die Grundvariante abgebildet, da der Text ergänzende Erläuterungen liefert.

ZEICHENERKLÄRUNGEN

● = Tönungen (betrifft die Farbangabe. Z. B. blau ●: mehrere Farbnuancen bei blau)

mit festen Achsen = Modell (nur Wiking) hat eingeschweißte Achsen bei – zumeist – offenem Boden

unverglast = Scheiben in der Gravur angedeutet, nicht durchbrochen, nicht hinterglast (nur Wiking), Modell zumeist unverglast

alte Inneneinrichtung = Lenkrad zumeist separates Formteil, Inneneinrichtung gesondertes Teil

neue Inneneinrichtung = Lenkrad in die Form der Inneneinrichtung integriert

Tab = Trockenabziehbild (nur bei Albedo-Modellen)

→ = Verweis auf Verwendung des Grundmodelles für eine andere Ausführung (z. B. → Polizei)

Bewertungen = alle Angaben beziehen sich auf Modelle in ladenneuem Zustand. Das heißt: Komplett, nicht bespielt, nicht nachgeklebt. Aufschriften in Form von Klebeschildern, Abziehbildern oder Aufdrucken müssen vollständig und sauber erhalten sein.
Modelle mit Fehlern sind deutlich geringer zu bewerten, je nach Grad der Beschädigung sind Abschläge bis zu 50% (oder mehr) möglich.
Dies liegt im Ermessen des Käufers.
Mitunter finden sich Bewertungen **„bis xx DM"** im Katalog. Hier sind die absoluten Höchstpreise genannt. Mehr zu zahlen, wäre Verschwendung (auch wenn's anderswo anders steht).
Die Angabe **„ab xx DM"** weist auf häufiger vorkommende Modelle oder aber auf solche Typen hin, deren Preisniveau sich derzeit stark in Bewegung befindet. Hier hilft Verhandlungsgeschick weiter.
Das Zeichen **„H"** steht für Modelle, die noch im Handel zu erwerben sind **oder** deren Bewertung mit dem Ladenverkaufspreis identisch ist. In diesem Fall sind Wertsteigerungen in absehbarer Zeit nicht zu erwarten.
Redaktionsschluß für die Preiserhebung ist der 1. Juni 1987.

ALBEDO

Roland Forkel, zusammen mit seinem Bruder Ditmar Inhaber der Albedo-Forkel GmbH, war dabei, als die Firma Herpa ihre Automodell-Produktion startete. Als zuständiger Werbemann begleitete er den Aufstieg des Dietenhofener Unternehmens. Als Freund von Modell-Miniaturen störte ihn anfangs nur eins. Die Lkw-Modelle, so handwerklich hervorragend sie auch gefertigt waren, sahen einförmig und langweilig aus.

Stunden, die Roland Forkel mit der Kamera am Rande der Autobahn zubrachte, brachten ihn auf die Idee: Original-Aufdrucke auf Modellfahrzeugen mußten geschaffen werden.

Nach längeren Verhandlungen war die Firma Herpa bereit, die Basismodelle 1980 aus dem eigenen Sortiment − allerdings mit der Einschränkung einer Limitierung − zur Verfügung zu stellen.

Nun mußten Händler gefunden werden, die ein neues Automodell-Sortiment aufnehmen wollten. Die Firma Danhausen, vertrauend auf den Erfolg der Serie, nahm einen Großteil der ersten Auflagen ab, eine Besprechung im „modell magazin" verhalf der neuen Serie endgültig zum Durchbruch. Dies, obwohl die Beschriftung anfangs „nur" durch Abziehbilder ausgeführt wurde. Nach dem Willen des Firmenchefs mußten es neue, schönere und vor allem bedruckte Modelle sein.

1981, inzwischen war die Firma Albedo erstmals in Nürnberg auf der Spielwarenmesse (am Stand von Herpa) vertreten, stiegen die Auflagen um 100 Prozent. Wieder wurden die Modelle besser und aufwendiger, wenn auch teurer. Dennoch stagnierte der Absatz keineswegs.

Möglich wurde dies alles nur durch den außergewöhnlich großen Einsatz der jungen Unternehmer und durch die Förderung der Herren Wagener vom Hause Herpa.

Forkels nächstes Ziel sind noch realistischere, vorbildgetreue Modelle, die eine Bereicherung des H0-Modellmarktes darstellen und als echte Sammlermodelle angesehen werden sollen.

Im Jahre 1985 begann man bei Albedo mit einer einschneidenden Veränderung des Programmes.

Die hochwertig bedruckten Lkw aus dem Herpa-Programm wird es nur noch als „Industrie-Modelle" geben.

Der neue Schwerpunkt der Albedo-Fertigung liegt auf Modell-Nutzfahrzeugen der Fünfziger Jahre („Die Goldenen Fünfziger") und der Sechziger Jahre („Top '60-Modelle").

1-BOL-1 / 115127
1987–
Borgward B 4500 Lkw Pritsche/Plane
Aufdruck: „Wir fahren Borgward"
Farben: enzianblau /./feuerrot, Plane: hellgrau

H

1-BOL-2 / 115133
1987–
**Borgward Pritschen-
Hängerzug**
Aufdruck: „Schultheiss-
Bier"
Farben:
hellgrau/./
schwarz,
Planen:
hellgrau

H

1-BOL-3 / 115135
1987–
Borgward B 4500 Lkw Pritsche/Plane
Aufdruck: „Borgward Schnelldienst"
Farben: resedagrün/./schwarz, Plane: hellgrau

H

DAF

1-DFL-1 / 100126
1984–86
DAF Pritschensattelzug
Aufdruck: „DAF-Trucks"
(mehrfarbig)
Farben: ultramarinblau/
hellgrau/schwarz;Plane:
reinweiß

H

9

FIAT

1-FIL-1 / 100114
1983–
Fiat Kofferzug
Aufduck: „Obst aus
Südtirol" (mehrfarbig)
Farben: reinweiß/./
schwarz

H

FORD

1-FL-1 / 100110
1982–85
**Ford Transconti
Kofferzug**
Tab: „Bahlsen"
(mehrfarbig)
Farben: Fh reinweiß-
feuerrot-sandgelb/
reinweiß/feuerrot

20,– DM

MAN

1-MAL-1 / 100121
1983–
MAN Kofferzug
Aufdruck: „Pfanni"
(mehrfarbig)
Farben: orange/
hellelfenbein-orange/
mahagonibraun

H

1-MAL-2 / 100124
1984
MAN Brauereizug
Aufdruck: „Spaten"
(mehrfarbig)
Farben: reinweiß/
laubgrün/feuerrot

H

1-MAL-3 / 100125
1984–86
MAN Brauereizug
Aufdruck: „Löwenbräu"
(mehrfarbig)
Farben: himmelblau/./
lichtgrau

H

1-MAL-4 / 100128
1984–
MAN Koffer-Jumboauflieger
Aufdruck:
„Canon"(mehrfarbig)
Farben: reinweiß/./
schwarz

H

H

1-MAL-5 / 115107
1986–
MAN 750 L Kasten-Lkw
Aufdruck: „Bayern-Bräu"
Farben: (schabloniert) altweiß-kadmiumgelb/./schwarz

1-MAL-6/
115110–115114
1986–
MAN 750 L Kasten-Hängerzüge
1. Aufdruck: „Martini"
Farben: (schabloniert)
kobaltblau-türkisblau/./
schwarz, Dach: reinweiß
2. Aufdruck:
„Löwenbräu"
Farben: (schabloniert)
perlweiß-enzianblau/./
blau

H

3. Aufdruck: „Warsteiner Pilsener"
Farben: beige/./feuerrot,
Dächer: reinweiß
4. Aufdruck: „Pfanni-Knödel"
Farben: (schabloniert)
hellgelborange-hellelfenbein/./mahagonibraun,
Dach: weißaluminium
5. Aufdruck: „Holsten Bier"
Farben: türkisgrün/./schwarz, Dächer: reinweiß

1-MAL-7 / 115119 (Set mit MB-Lkw)
1986–
MAN 750 L Kasten-Lkw
Aufdruck: „100 Jahre Automobil"
Farben: weißaluminium/schwarz,
Dächer und Kotflügel reinweiß

H

1-MAL-8 / 115120
1986–
MAN Solo-Lkw Pritsche/Plane
Aufdruck: „MAN Diesel-Lastwagen"
Farben: kobaltblau/./schwarz,
Plane: weißaluminium

H

1-MAL-9 / 115122
1986–
**MAN Koffer-Lkw mit
Hänger**

H

Aufdruck: „Trumpf-
Schokolade"
Farben: feuerrot/
hellelfenbein/schwarz,
Dach: cremeweiß

1-MAL-10 / 115118
1986–
**MAN Schausteller-
Zugmaschine mit
Hänger**
Farben:
Zugmaschine:
feuerrot/./,Dach:
reinweiß
Anhänger: feuerrot, Dach:
silbergrau, Aufdruck:
„CMB"

H

1-MAL-11 / 115126
1986–
MAN Solo-Sattelzugmaschine
Farben: lichtgrau/feuerrot

H

1-MAL-12 / 115116
1986–
**MAN Container-
Sattelzug DB**
Beladen mit einem „Haus
zu Haus"-Container
Farben: DB-grau/
verkehrsgrau/.

H

1-MAL-13 / 115124
1986–
MAN Kasten-Lkw
Aufdruck: „Jean Wölfel"
Modell mit Reliefmotiv (aufgeklebt)
Farben: feuerrot/./schwarz, Dach: reinweiß

H

1-MAL-14 / 115123
1987–
MAN Tanksattelzug
Aufdruck: „BP"
Farben: ca. farngrün/
maigrün/schwarz

H

1-MAL-15 / 115128
1987–
MAN 750 L Hängerzug
Aufdruck: „Spedition
Zwengauer"
Farben: lichtgrau/./
feuerrot, Planen:
feuerrot

H

1-MAL-16 / 115134
1987–
MAN 750 L Schausteller-Zugmaschine
Aufdruck: „Circus Krone"
Farben: feuerrot/./.

H

1-MAL-17 / 115131
1988
**MAN Aral-
Tanksattelzug**
Modell mit verlängertem
Fahrerhaus
Aufdruck: „BV Aral"
Farben:
ultramarinblau/
weißaluminium/schwarz

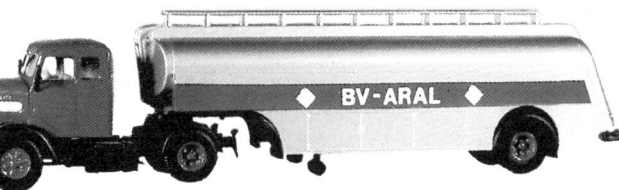

H

1-MBL-1 / 100107
1981–84
Mercedes-Benz Pritschenzug
Aufdruck: „Löwenbräu" (mehrfarbig)
Farben: himmelblau/./ lichtgrau

35,– DM

1-MBL-2 / 100109
1982–84
Mercedes-Benz Koffersattelzug
Aufdruck: „Warsteiner"
Farben: hellelfenbein/./ himmelblau

30,– DM

1-MBL-3 / 100112
1981–84
Mercedes-Benz-Lkw mit Kofferaufbau
Zwei Modelle in einer Packung.
1. kurzes Fahrerhaus. Aufdruck: „Seidensticker" (gold/rot)
Farben: stahlblau/./ feuerrot
2. Fernfahrerhaus. Aufdruck: „Breisgau-Milch" (mehrfarbig/Tab)
Farben: hellolivgrün/hell-lichtblau/hellmoosgrün

45,– DM

1-MBL-4 / 400101
1981–83
Mercedes-Benz-Koffersattelzug
Aufdruck: „ADAC" (schwarz/ultramarinblau)
Farben: kadmiumgelb/./ schwarz

80,– DM·

1-MBL-5 / 100113
1982–85
Mercedes-Benz-Kofferzug
Aufdruck: „Ruf International" (mehrfarbig)
Farben: mahagonibraun/./ feuerrot

20,– DM

MERCEDES-BENZ

1-MBL-6 / 100115
1982–85
**Mercedes-Benz-
Pritschenzug**
Aufdruck: „EKU"
(mehrfarbig)
Farben: Fh schabloniert:
reinweiß-feuerrot/
tomatenrot – Seiten weiß
bedruckt/schwarz

22,– DM

1-MBL-7 / 100117
1982–85
**Mercedes-Benz-
Kühlsattelzug**
Modell mit aufsteckbarem
Dachspoiler (bedruckt)
Aufdruck: „Reber"
(dunkelfeuerrot/weiß)
Farben: blaßrot/reinweiß-
dunkelfeuerrot/schwarz

30,– DM

1-MBL-8 / 100118
1982–
**Mercedes-Benz-
Pritschenzug**
Aufdruck: „Rosenmehl"
Farben: himmelblau/
himmelblau – Planen:
reinweiß/schwarz

H

1-MBL-9 / 100116
1982–
**Mercedes-Benz-
Tanksattelzug**
Aufdruck: „Carbo
Kohlensäure" (blau ●)
Farben (schabloniert):
reinweiß-lichtblau/
reinweiß-silbergrau/
ultramarinblau

H

1-MBL-10 / 100119
1983–
**Mercedes-Benz-
Kofferzug**
Aufdruck: „Ritter Sport"
(mehrfarbig)
Farben (schabloniert):
reinweiß-
mahagonibraun/
reinweiß/schwarz

H

1-MBL-11 / 100120
1983
**Mercedes-Benz-
Pritschenzug**
Modell mit aufgestecktem
Dachspoiler.
Aufdruck: „Stute
Konfitüren" (mehrfarbig)
Farben (schabloniert):
kadmiumgelb-azurblau/
kadmiumgelb – Planen:
azurblau/schwarz

H

1-MBL-12 / 100122
1984–
**Mercedes-Benz-
Brauereizug**
Modell mit komplettem
Zubehör
Aufdruck: „Karamalz"
(mehrfarbig)
Farben:
rehbraun-reinweiß/
reinweiß-rehbraun/schwarz

H

1-MBL-13 / 700111
1984–86
**Mercedes-Benz-
Brauereizug**
Aufdruck: „Hacker-
Pschorr, München"
(mehrfarbig)
Farben: ultramarinblau/
kadmiumgelb/feuerrot

28,– DM

1-MBL-14 / 100123
1984–
Mercedes-Benz-Silozug
Aufdruck: „Gutshof-Ei"
(mehrfarbig – schablo-
niert)
Farben: reinweiß/
reinweiß-kieferngrün ●/
schwarz

H

1-MBL-15 / 100127
1984–86
**Mercedes-Benz Milch-
Tankzug**
Aufdruck: „Meggle"
Farben: reinweiß/
weißaluminium/
himmelblau

28,– DM

1-MBL-16 / 500102
(Bastelbox mit 2
Modellen)
1985–
**a) Mercedes-Benz
Langpritschen-
Sattelzug**
Farben (schabloniert):
kadmiumgelb-azurblau/
kadmiumgelb, Planen:
azurblau/schwarz

 H

**b) Mercedes-Benz Silo-
Sattelzug**
Farben (schabloniert):
kadmiumgelb-azurblau/
kadmiumgelb/schwarz
Diverse Naßschiebebilder
beiliegend

 H

1-MBL-17 / 115101
1985–
Mercedes-Benz 311 Kasten-Lkw
Aufdruck: „Wilhelm Eckardt"
Farben: feuerrot/schwarz, Dach: weißaluminium

 H

1-MBL-18 / 115102
1985–
Mercedes-Benz 311 Kasten-Lkw
Aufdruck: „Konsum"
Farben: elfenbein/feuerrot, Dach: reinweiß

 H

1-MBL-19 / 115103
1985–
**Mercedes-Benz 311
Kasten-Lkw mit Hänger**
Aufdruck: „Johann
Fischer Erben"
Farben: laubgrün/
feuerrot, Dächer:
reinweiß

 H

1-MBL-20 / 115104
1985–
**Mercedes-Benz 311
Kasten-Lkw mit Hänger**

 H

Aufdruck: „Quelle"
Farben: cremeweiß-
himmelblau/himmelblau,
Dächer: cremeweiß

1-MBL-21 / 115115
1986–
Mercedes-Benz 311 Kasten-Lkw
Aufdruck: „Die Goldenen Fünfziger"
Farben: feuerrot/schwarz, Dach: reinweiß

H

1-MBL-22 / 115119 (Set mit MAN-Lkw)
1986–
Mercedes-Benz 311 Kasten-Lkw
Aufdruck: „100 Jahre Automobil"
Farben: weißaluminium/schwarz,
Dach und Kotflügel reinweiß

H

1-MBL-23 / 115117
1986–
**Mercedes-Benz
Container-Sattelzug DB**
Beladen mit einem „Haus
zu Haus"-Container
Farben: DB-grau/
verkehrsgrau/.

H

1-MBL-24 / 115121
1986–
**Mercedes-Benz
Pritschensattelzug**
Aufdruck:
„Württembergische
Metallwarenfabrik"
Farben: himmelblau/./
schwarz, Plane:
silbergrau

H

1-MBL-25 / 115105
1986–
**Mercedes-Benz 311
Pritschen-Hängerzug**
Aufdruck: „Kraftverkehr
Klaus"
Farben: feuerrot/./
schwarz, Planen:
grauweiß

H

MERCEDES-BENZ

1-MBL-26 / 115106
1986–
**Mercedes-Benz 311
Pritschen-Hängerzug**
Aufdruck: „Bärenmarke"
Farben: mittelgrün/./
feuerrot, Planen:
hellbeige

H

1-MBL-27 / 115201
1986–
**Mercedes-Benz L 311
Pritschen-Hängerzug**
Aufdruck: „Stuttgarter
Hofbräu"
Farben: hellelfenbein/./
verkehrsgrau, Planen:
hellelfenbein

H

1-MBL-28 / 115129
1987–
**Mercedes-Benz L 311
Pritschen-Hängerzug**
Aufdruck: „Brauhaus
Tegernsee"
Farben: DB-grau/
himmelblau/
verkehrsgrau, Planen:
lichtgrau

H

H

1-MBL-29 / 115130–1
1987–
**Mercedes-Benz-DB
Containerzug**
Modell beladen mit einem
„Eku"-Biercontainer
Farben: DB – grau/verkehrsgrau/.

1-VoL-1 / 100101
1980–84
**Volvo Container-
Sattelzug**
Aufdruck: „Bärenmarke"
(mehrfarbig/Tab)
Farben: smaragdgrün/
reinweiß/schwarz

28,– DM

1-VoL-2 / 100102
1980–84
**Volvo Container-
Sattelzug**
Aufdruck: „Rama"
(mehrfarbig/Tab)
Farben: hellstahlblau/
elfenbein/schwarz

28,– DM

1-VoL-3 / 100103
1980–84
**Volvo Container-
Sattelzug**
Aufdruck: „Chambourcy"
(mehrfarbig/Tab)
Farben: saphirblau/
reinweiß/schwarz

28,– DM

1-VoL-4 / 100104
1980–84
**Volvo Container-
Sattelzug**
Aufdruck: „Champignon
Camembert"
(mehrfarbig/Tab)
Farben: smaragdgrün/
reinweiß/schwarz

28,– DM

1-VoL-5 / 100105
1980–84
**Volvo Container-
Sattelzug**
Aufdruck: „Dinkelacker"
(mehrfarbig/Tab)
Farben: reinweiß/./
schwarz

28,– DM

1-VoL-6 / 100106
1980–85
**Volvo Container-
Sattelzug**
Aufdruck: „Trilke"
(mehrfarbig/Tab)
Farben: reinweiß/./
feuerrot

30,– DM

Albedo

VOLVO

1-VoL-7 / 100108
1981–85
Volvo
Pritschensattelzug
Aufdruck: „Bonduelle"
(mehrfarbig/Aufdruck und Tab)
Farben: stahlblau-
lichtgrau/lichtgrau –
Plane: azurblau/schwarz

18,– DM

1-VoL-8 / 100111
1981–85
Volvo Tanksattelzug
Aufdruck: „Mercantilia"
(mehrfarbig)
Farben: feuerrot-
pastellorange/
pastellorange/feuerrot-schwarz

15,– DM

1-VoL-9 / 116100
1987–
Volvo F 88 Koffer-
Sattelzug
Aufdruck: „Van Nelle"
Farben: ultramarinblau-
brillantblau/./schwarz

H

1-VoL-10 / 116101
1987–
Volvo F 89 Pritschen-
Hängerzug
Aufdruck: „ASG"
Farben: stahlblau/
./safrangelb,
Planen: stahlblau

H

1-VoL-11 / 116102
1987–
Volvo F 89
Tanksattelzug
Aufdruck: „Kieserling"
Farben: blaßgrün/
blaugrau/silbergrau

H

1-VoL-12 / 116103
1987–
Volvo F 89 Pritschen-
Hängerzug
Aufdruck: „Schenker
Transport"
Farben:
reinweiß/./
oxidrot,
Planen:
maisgelb

H

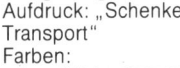

FEUERWEHR-FAHRZEUGE

1-FW-1 / 115108
1985–
MAN 750 L „Fw Velbert"
Farben: feuerrot/./schwarz.
Jalousien: weißaluminium

H

1-FW-2 / 115132
1987–
Mercedes-Benz 311 Feuerwehr-Lkw
Aufdruck: „Feuerwehr Neviges/Velbert"
Farben: feuerrot/./schwarz, Plane: grau

H

1-FW-3 / 115125
1987–
Mercedes-Benz 311 WTF
Aufdruck: „Feuerwehr Kirchheim-Bolanden"
Farben: feuerrot/./schwarz – reinweiß

H

POST-FAHRZEUGE

1-Post-1 / 115109
1986–
**MAN 750 L Koffer-Lkw
mit Hänger**

H

Aufdruck: „Deutsche
Bundespost"
Farben: postgelb/./
schwarz, Dächer: reinweiß

BREKINA

Die Idee, die Firma Brekina Modellspielwaren GmbH als Hersteller für Modellauto-Oldtimer zu gründen, entstand im Jahr 1979. Drei Modellautofreunde fanden damals, daß am Markt noch H0-Autos nach typischen Vorbildern aus der Dampflokzeit fehlen würden.

Schnell wurde der Gedanke in die Tat umgesetzt und ein Name für das geplante Artikelprogramm gesucht. Der Name sollte einprägsam sein und in Bezug zum Gründungsgedanken stehen:

*BRE*isgau, dem Ort des Vertriebes und der Verwaltung
*KI*nzigtal, dem Ort der Fabrikation,
*NA*turgetreu sollte das Produkt sein.

BREKINA war geboren, und schon sechs Monate später, im Sommer 1980, wurde das erste Modell, der Opel P 4, als Limousine und Kabriolett ausgeliefert. Kurz darauf folgte der DKW und 1981 dann die Modelle Citroen, Wanderer, Dampfwalze und BMW-Dixi.

Anfang 1982 ging die Leitung der Firma in die Hände von Werner Hartung über, der, ebenfalls begeisterter Modellbauer, die weiteren Modelle entwickelt hat.

Brekina fertigt heute alle Teile einschließlich der Formen selbst. Zur Zeit werden neben Pkw- und Lieferwagen-Modellen auch zunehmend Nutzfahrzeuge angeboten, das Programm wird ständig erweitert.

Der Oldtimer-Begriff, anfänglich auf Vorbilder aus den 30er und 40er Jahren bezogen, schließt heute auch Nachkriegsmodelle, bis in die 60er Jahre, ein.

Besonderes Gewicht legt Brekina inzwischen auf den Bereich der Einsatzfahrzeuge (die im Band II des „Modellauto-Kataloges H0" aufgeführt sind).

BORGWARD

2-BOL-1 /4300
1987–
Borgward B 4500
Aufdruck: „Wir fahren Borgward"
Farben: himmelblau/./schwarz, Plane: olivgrau;
2. Auslieferung: Ohne Aufdruck, mit verchromten Grill

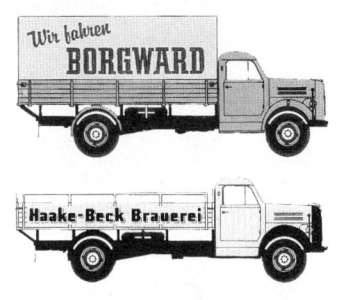 H

2-BOL-2 / 4301
1987–
Borgward B 4500 Getränkewagen
Aufdruck: „Beck's Bier"
Farben: beige/./rot

 H

2-BOL-3 / 4302
1987–
Borgward B 4500 Kastenwagen
Aufdruck: „Jägermeister"
Farben: türkisgrün/./schwarz; 2. Auslieferung mit
Aufdruck: „Bahlsen"
Farben: hellelfenbein/./verkehrsblau, Dach: lichtgrau

H

HENSCHEL

2-HL-1 / 7300
1987–
Henschel HS 140 Lkw
Farben: farngrün/./feuerrot,
Plane: olivgrau

H

2-HL-2 / 7310
1987–
**Henschel HS 140
Kofferzug**
Aufdruck: „Henkel Sekt"
Farben: grauweiß/./schwarz

 H

2-HL-3 / 7320
1987–
**Henschel HS 140
Pritschenzug**
Aufdruck: „Schenker &
Co"
Farben: farngrün/./schwarz,
Planen: olivgrau

 H

HENSCHEL

2-HL-4 / 7311
1987–
Henschel HS 140
Kofferzug
Aufdruck: „Schultheiss
Bier"
Farben: maisgelb/./schwarz,
Dächer: hellgrau

H

2-HL-5 / 7312
1987–
Henschel HS 140
Kofferzug
Aufdruck:
„Jägermeister"
Farben: türkisgrün/./schwarz

H

MAGIRUS

2-ML-1 / 4100
1985–
Magirus S 3500 Lkw Pritsche/Plane
Türaufdruck: „Carl Balke"
Farben: rubinrot/schwarz, Plane: lichtgrau
Aufdruck: „Rössli"
Farben: beige/weißaluminium/schwarz (nur Schweiz)
(→ Feuerwehr, Polizei)

H

2-ML-2 / 4100/4106
1985–
Magirus S 3500 Bierwagen
Modell mit „Getränke-Pritsche"
Aufdruck: „Ulmer Gold-Ochsen"
Farbe: himmelblau/gelb
Aufdruck: „Ochsen Bräu"
Farbe: cremeweiß/schwarz
Aufdruck: „Cardinal Bier"
Farbe: postgelb/schwarz (nur Schweiz)

H

2-ML-3 / 4101
1985–86
Magirus S 3500 Lkw Pritsche/Plane
Aufdruck: „Deutsche Bundesbahn"
Farbe: mausgrau

H

2-ML-4 / 4105
1986–
Magirus S 3500 Lkw
Aufdruck: „Magirus-Deutz"
Farbe: rubinrot
Aufdruck: „Spedition Dachser"
Farbe: dunkelblau

H

2-ML-5 / 4200
1986–
Magirus Mercur Lkw Pritsche/Plane
Aufdruck: „Der neue Magirus-Deutz"
Farbe: rubinrot/schwarz
(→ Feuerwehr)

 H

2-ML-6 / 4201
1986–
Magirus Mercur Bierwagen
Aufdruck: „Ulmer Goldochsen"
Farbe: himmelblau/gelb
(nur Schweiz) mit Aufdruck: „Löwenbräu Zürich",
Farben: creme/./schwarz

 H

2-ML-7 / 4202
1986–
Magirus Mercur Koffer-Lkw
Aufdruck: „Neckermann"
Farbe: feuerrot/lichtgrau/schwarz, Dach: mausgrau
(→ Feuerwehr)

 H

2-ML-8 / 4106
1986–
Magirus S 3500 Bierwagen
Aufdruck: „Ochsenbräu"
Farben: hellbeige/./schwarz

 H

2-ML-9 / 4206
1987–
Magirus Mercur Lkw
Pritschenwagen mit Planenaufdruck „Dachser"
Farben: saphirblau/./schwarz, Plane: olivgrau

 H

2-ML-10 / 4210
1987–
Magirus Mercur Kastenwagen
Aufdruck: „BV-Oel"
Farben: verkehrsblau/./schwarz, Kofferdach: grauweiß

 H

2-ML-11 / 4211
1987–
Magirus Mercur Getränkewagen
Modell mit Dachschild und „Sinalco"-Aufdrucken
Farben: hellgrau/./feuerrot

 H

2-ML-12 / 4106
1987–
Magirus S 3500 Getränkewagen
Aufdruck: „Löwenbräu"
Farben: cremeweiß/./himmelblau

 H

MAN

2-MAL-1 / 7200
1987–
MAN F 8
Pritschenwagen
Planenaufdruck: „Der
neue MAN F 8";
Farben: himmelblau/./
schwarz, Plane: olivgrau;
2. Auslieferung
(überarbeitet).
Farben: gelbgrau/./
feuerrot, Plane: olivgrau

H

2-MAL-2 / 7210
1987–
MAN F 8 Kasten-
Hängerzug
Aufdruck: „Löwenbräu"
Farben: cremeweiß/./
schwarz, Kofferdächer:
grauweiß

H

2-MAL-3 / 7220
1987–
MAN F 8 Pritschen-
Hängerzug
Aufdruck: „Deutsche
Bundesbahn"
Farben: verkehrsgrau/./
schwarz

H

2-MAL-4 / 7212
1987–
MAN F 8 Kasten-
Hängerzug
Aufdruck: „Kaiser's
Kaffee-Geschäft"
Farben: blutorange/./
schwarz, Kofferdächer:
grauweiß

H

2-MAL-5 / 7221
1987–
MAN 750 TL Pritschen-
Hängerzug
Aufdruck: „Dachser
Spedition"
Farben: saphirblau/./
schwarz, Planen: olivgrau

H

2-MAL-6 / 7211
1987–
MAN F 8 Kasten-
Hängerzug
Aufdruck: „Bärenmarke"
(schabloniert)
Farben: dunkelmaigrün/./schwarz

H

2-MBL-1 / 5500–5505
1984–86
Mercedes-Benz O 6600 Möbelwagen
1. Aufdruck: „Möbeltransporte", Farbe: sandgelb/schwarz
2. Aufdruck: „Internationale Möbeltransporte", Farbe: sandgelb/schwarz
3. Aufdruck: „Schenker & Co", Farbe: weißgrün/schwarz
4. Aufdruck: „Danzas & Cie", Farbe: lichtgrau/rot
5. (nur Schweiz) Aufdruck: „Möbel Pfisterer", Farbe: feuerrot/schwarz
6. (nur Schweiz) Aufdruck: „A. Welti-Furrer AG", Farbe: postgelb/schwarz
7. (nur Schweiz) Aufdruck: „Kehrli & Oeler, Bern", Farbe: laubgrün/schwarz
8. Aufdruck: „Circus Krone", Farbe: feuerrot/schwarz
9. Aufdruck: „DKW Renndienst", Farbe: carneol/schwarz
10. Aufdruck: „Kuba Musikschränke", Farbe: weißgrau/mittelblau

H

2-MBL-2 / 4000–4010
1985–
Mercedes-Benz L 311 Pritschen Lkw
Anfangs ohne, später mit Plane geliefert
1. unbedruckt, Farbe: kieselgrau/schwarz
2. Aufdruck: „Kohlen-Heizöl", Farbe: rubinrot/schwarz
3. Bierwagen, Aufdruck: „Berliner Kindl", Farbe: hellelfenbein/graublau
4. unbedruckt mit Plane, Farbe: rubinrot/schwarz
5. Aufdruck: „Berliner Entwässerungswerke", Farbe: tannengrün/schwarz
6. Bierwagen, Aufdruck: „Henninger Biere", Farbe: hellelfenbein/rot
7. Aufdruck: „US Army", Farbe: olivgrün
8. Bierwagen, Aufdruck: „Sinalco", Farbe: mausgrau/blutorange
9. Aufdruck: „Konsum", Farbe: hellelfenbein/feuerrot
10. Aufdruck: „Continental Reifen", Farbe: himmelblau/schwarz
11. Bierwagen, Aufdruck: „Binding Bier", Farbe: postgelb/himmelblau
12. Bierwagen, Aufdruck: „Berliner Kindl", Farbe: postgelb/./himmelblau
13. Aufdruck: „Carl Balke", Farbe: rubinrot/schwarz
14. (nur Schweiz) Aufdruck: „Provins Valais", Farben: schwarz/weißaluminium/schwarz
15. (nur Schweiz) Bierwagen, Aufdruck: „Warteck Bier", Farbe: dunkelblau/schwarz
16. (nur Schweiz) Aufdruck: „Migros", Farben: laubgrün/weißaluminium/schwarz
(→ Feuerwehr, Krankenwagen, Post, Straßendienst-Fahrzeuge)

H

H

H

H

Brekina

MERCEDES-BENZ

2-MBL-3 / 4006/4009
1986–
Mercedes-Benz L 311 Koffer-Lkw
1. (nur Schweiz) Aufdruck: „Warteck Bier", Farbe:
saphirblau/schwarz
2. Aufdruck: „Krone", Farbe: feuerrot/schwarz
(→ Post)

H

2-MBL-4 / 4037
1986–
Mercedes-Benz L 311 Arbeitsleiter
Farben: gelborange/schwarz
(→ Feuerwehr)

H

2-MBL-5 / 5510/5511
1986–
Mercedes-Benz O 6600 Kofferzug
1. Aufdruck: „Otto Wieland"
Farben: lichtgrau/.,
Dächer: mausgrau
2. Aufdruck: „Schlaraffia"
Farben: lichtgrau/.,
Dächer: mausgrau

H

2-MBL-6 / 4011
1987–
Mercedes-Benz L 311 Pritsche/Plane
Modell in drei Aufdruck-Varianten unter einer
Bestellnummer:
a) „Internationale Transporte"
b) „Textilschnellverkehr"
c) „Luftfrachtverkehr"
Farben: maigrün/./schwarz

H

2-MBL-7 / 4014
1987–
Mercedes-Benz L 311 Kasten
Modell in drei Aufdruck-Varianten unter einer
Bestellnummer:
a) „Continental-Reifen"
Farben: himmelblau/./schwarz
b) „Dunlop-Reifen"
Farben: gelborange/./schwarz
c) „Konsum"
Farben: hellelfenbein/./feuerrot

H

2-MBL-8 / 4400
1987–
Mercedes-Benz L 5000 Pritschen-Hängerzug
Farben: verkehrsblau/./
schwarz, Planen: olivgrau

H

2-MBL-9 / 4401
1987–
Mercedes-Benz L 5000
Pritschen-Hängerzug
Modell mit Speditions-
Aufdruck und Rautenband
Farben: saphirblau/./
schwarz, Planen: olivgrau

H

2-MBL-10 / 4402
1987–
Mercedes-Benz L 5000
Pritschen-Hängerzug
Aufdruck: „Brauerei
Dinkelacker"
Farben: kadmiumgelb/./schwarz,
Planen: olivgrau

H

2-MBL-11 / 7520
1987–
Mercedes-Benz LP 333
Pritschen-Hängerzug
Modell mit zwei lenkbaren
Vorderachsen
Farben: himmelblau/./feuerrot,
Planen: olivgrau

H

2-MBL-12 / 7521
1987–
Mercedes-Benz LP 333
Pritschen-Hängerzug
Wie Vormodell, jedoch mit
Aufdruck „Dortmunder
Union-Bier"
Farben: reinweiß/./schwarz,
Planen: olivgrau

H

2-MBL-13 / 7522
1987–
Mercedes-Benz LP 333
Pritschen-Hängerzug
Wie Vormodell, jedoch mit
Aufdruck „Westfälischer
Fernverkehr Dortmund"
Farben: gelbgrau/./feuerrot,
Planen: olivgrau

H

2-MBL-14 / 5512
1987–
Mercedes-Benz O 6600
Möbel-Zug
Aufdruck: „Berliner
Paketfahrt"
Farben: kupferbraun/
schwarz

H

2-BU-1 / 5000
1982–
Mercedes-Benz O 5000 Überlandbus
Unbedruckte Bus-Version
Farben: enzianblau/saphirblau,
schwarzgrün/schwarz, tannengrün/
schwarz, rehbraun/schwarz, stahlblau/
schwarz, feuerrot/schwarz
(→ Krankenwagen, Post)

 H

2-BU-2/5020
1982
Mercedes-Benz O 5000 Bahnbus
Modell mit silberfarbigem, schwarzem und
goldfarbenem Aufdruck
Bei goldfarbenem Aufdruck mit Trilex-Felgen
Farben: purpurrot/schwarz

 H

2-BU-3 / 5030
1982–84
**Mercedes-Benz O 5000 Überlandbus
bedruckt**
Aufdrucke und Farben:
„Biebertal": enzianblau/saphirblau
„Kleinbahn Delmenhorst" (Set 9001):
beige/grünbeige
„Silbervogel": silber-metallic/dunkelblau

 H

2-BU-4 / 5121
1982–84
Mercedes-Benz O 5000 Allwetter-Bus
Nur Schweiz, drei Versionen:
Zierstrich schwarz und einfaches Wappen,
Wappen mit Zierstreifen in rot, Zierstrich rot
und Wappenstreifen schwarz
Farben: kadmiumgelb/schwarz

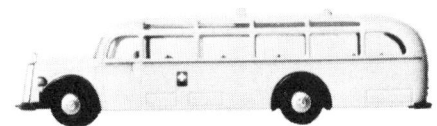 H

2-BU-5 / 5100
1983–84
Mercedes-Benz O 5000 Allwetter-Bus
Farben: lindgrün/tannengrün, beige/
rehbraun

 H

2-BU-6 / 5130/5131
1983–86
**Mercedes-Benz O 5000 Allwetter-Bus
bedruckt**
Aufdrucke und Farben:
„Blauer Enzian": weiß/enzianblau
„Rheingold": blaßgrün/bordeauxrot
„Schauinsland": beige/braun
„Luftkurort Büdingen": beige/schwarz
„Silbervogel"(Set 9001): silbermetallic/
  dunkelblau
„Schwaben-Express": enzianblau/schwarz
„Touring" (1): patinagrün/schwarz
„Touring" (2): patinagrün/kieselgrau
„Reise-Liebling": ockerbraun

 H

2-BU-7 / 5040/5041
1983–86
Mercedes-Benz O 5000 Stadtbus
Aufdrucke und Farben:
Stadtbus BVG (1. Opernplatz): beige/
schwarz
Stadtbus BVG (2. Sonderfahrt): beige/
schwarz
Stadtbus Frankfurt: beige/hellgrau
Stadtbus Wiesbaden, Aufdruck: „AEG" (1):
hellelfenbein/lichtgrau/schwarz
Stadtbus Wiesbaden, Aufdruck: „AEG" (2):
hellelfenbein/lichtgrau/mausgrau
Stuttgarter Straßenbahnen (Set 9004): weiß/
kadmiumgelb/schwarz

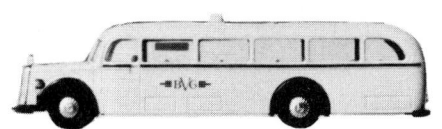

H

2-BU-8 / 5135
1984–
Mercedes-Benz O 5000 Reisebus
Modell des Allwetter-Busses mit
geschlossenem Dach
Farben: ockerbraun (mit Aufdruck: „Reise-
Liebling"), unbedruckt: schwarz/feuerrot/
schwarz

H

2-BU-9 / 5001
1984–
Mercedes-Benz O 5000 Gerätewagen
Modell nach Vorbild der Stuttgarter
Straßenbahnen
(1) mit Normalverglasung, (2) mit lichtgrau
überdruckten Scheiben
Farben: gelborange/schwarz

H

2-BU-10 / 5003
1984–
**Mercedes-Benz O 5000
Gerätewagen mit
Hänger**
Set mit Gerätewagen mit
Gelblicht und
Gepäckanhänger
Farben: mausgrau/
schwarz

H

2-BU-11 / 5156
1984–
**Mercedes-Benz O 5000
Reisebus mit Anhänger**
Set mit Bus und
Gepäckanhänger,
Bus in Allwetter-
Ausführung, anfangs mit
offenem, später mit
geschlossenem Dach
Farben: stahlblau/
schwarz

H

2-BU-12 / 5005
1985–86
Mercedes-Benz O 5000 Reisebus
Aufdruck: „Casino Express"
Farben: weißaluminium/rot

2-BU-13 / 6100–6105
1983–
Mercedes-Benz O 317 1½ Decker
Versionen: unbedruckt: beige, KVG Hameln:
beige, AFAG Flensburg: beige, HSB
Heidelberg: weiß/blau, Duisburger
Verkehrsgesellschaft: beige, Stuttgarter
Straßenbahnen (Set 9004): weiß/
kadmiumgelb, Aufdruck: „Jägermeister"
(6103): beige, Rheinbahn (ohne Werbe-
Aufdruck): beige, Rheinbahn (mit „Persil"-
Werbung): beige, Aufdruck: „Schultheiss
Bier" (6105): beige

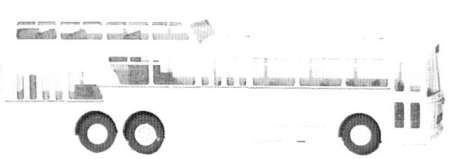 H

2-BU-14 / 6201–6205
1984–
Büssing 1½ Decker
Versionen: Duisburger
Verkehrsgesellschaft: beige, KVG Hameln:
beige, Aufdruck: „Jägermeister": beige,
Rheinbahn (ohne Werbe-Aufdruck): beige,
Rheinbahn (mit „Persil"-Werbung): beige,
Dahmetal: beige, Aufdruck: „Goodyear-
Renndienst": weiß

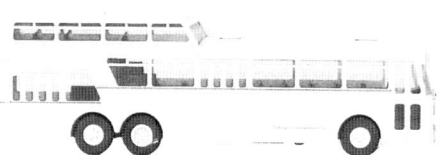 H

2-BU-15 / 5200
1984–86
Mercedes-Benz O 321 H
Ausführung Überlandbus
Farben: mittelblau, graubeige

 H

2-BU-16 / 5320
1984–
Mercedes-Benz O 321 H Bahnbus
Ausführung Stadtbus
Farbe: purpurrot
(→ Feuerwehr, Krankenwagen, THW)

 H

2-BU-17 / 5230–5236
1984–86
Mercedes-Benz O 321 H Reisebus
Aufdrucke und Farben:
„Schauinsland": sandbeige
„Silbervogel": silber-metallic
„Tegernsee": weiß/violettblau
„Inselrundfahrt": feuerrot/hellelfenbein,
hellrot/hellelfenbein
„HSB": cremeweiß/violettblau
unbedruckt: ocker/tomatenrot

 H

2-BU-18 / 5340/5346
1984–86
Mercedes-Benz O 321 H Stadtbus
Aufdrucke und Farben:
Rheinbahn (zwei Druckversionen): beige
SSB Stuttgart: hellelfenbein/kadmiumgelb
PTT-Postbus (nur Schweiz): hellelfenbein/
goldgelb
Stadtbus Luzern (nur Schweiz):
hellelfenbein/azurblau
Stadt Konstanz: feuerrot
HHB Hamburg (mit Linienkasten):
hellelfenbein/feuerrot
Mannheim (mit Linienkasten): beige
SSB Stuttgart (mit „Jägermeister"-
Werbung): hellelfenbein/kadmiumgelb

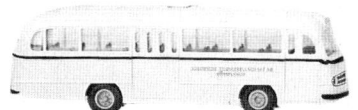

2-BU-19 / 5203
1985–
Mercedes-Benz O 321 H Schulbus
Ausführung Überlandbus
Aufdruck: „Biebertal", Farbe: enzianblau

2-BU-20 / 5204
1985– .
Mercedes-Benz O 321 H Schulbus US-Army
Ausführung Überlandbus
Aufdruck: „US-Army", Farbe: militärgrün

2-BU-21 / 5252
1985–
Mercedes-Benz O 321 H Reisebus mit Anhänger
Reisebus-Version mit Gepäckanhänger
Farbe: lichtgrün/gelbgrau

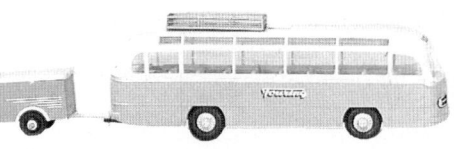

2-BU-22 / 5347
1986–
Mercedes-Benz O 321 H Gerätewagen
Stadtbus-Version mit Gelblicht, Fenster
hellgrau überdruckt
Farbe: gelborange

2-BU-23 / 5205
1987–
Mercedes-Benz O 321 H
Modell in Ausführung „RIAS Berlin"
Farben: saphirblau/schwarz

H

H

H

H

H

H

DAMPFWALZEN

2-DW-1 / 1601
1981–
Dampfwalze „Old Smoky"
Modell mit Kurzdach
Farben: schwarz, kupferbraun

H

2-DW-2 / 1610
1982–
USA-Dampfwalze
Modell mit Langdach in US-Ausführung
Farben und Aufdrucke:
schwarz/The Westinghouse Company (silber)
schwarz/A. D. Baker Co. (maisgelb)
schwarz/Avery Company (gold-ocker)

H

LKW-ANHÄNGER

2-AHL-1 / 5520
1986–
Lkw-Anhänger, zweiachsig
Aufdruck: „Circus Krone"
Farben: feuerrot/schwarz
1987: Modell mit roter Plane

H

2-AHL-2 / 5521/5522
1987–
Lkw-Anhänger, zweiachsig
Farben: gelbgrau/feuerrot,
himmelblau/feuerrot,
Plane: olivgrau

H

2-FW-1 / 1820/21/22
1982–
Mercedes 190c Feuerwehr
Modell in drei Grundvarianten:
1. feuerrot (auch mit weißen Kotflügeln)
2. leuchtrot
3. schwarz
Versionen (1) und (2) mit und ohne Aufdrucke,
Version (3):
Variante Wuppertal: Ein Blaulicht
Variante Stuttgart (Set): Zwei Blaulichter

H

H

2-FW-2 / 1871/1873
1982/83–85
Mercedes 190 Feuerwehr KTW
Farben und Aufdrucke: feuerrot/Fw Frankfurt, feuerrot/
Stadt Hannover Feuerwehr. feuerrot/Fw Frankfurt (neu),
mit lackierten Radkappen (1873).

H

2-FW-3 / 2001/02
1982–
Mercedes 190 (Elektronik)
Elektronik-Set (Blaulicht) für 2-MB-3 und 2-MB-4
(andere Bedruckungen)

H

2-FW-4 / 1123
1982–84
Opel P 4 Feuerwehr
Modell mit Suchscheinwerfer auf dem Dach, Heckkoffer
und Aufdruck.
Farbe und Aufdruck: feuerrot/Freiw. Feuerwehr
Friedrichshafen (silber)

H

2-FW-5 / 1430/31
1983–
Citroen Limousine Feuerwehr
Modell mit Dachblaulicht und Aufdrucken (L'Ariege und
La Rochelle)
Farbe: feuerrot

H

2-FW-6 / 1912
1984–
Ford 17m Feuerwehr ELW
Modell mit neuem (aufgestecktem) Blaulicht
Farbe: feuerrot

H

2-FW-7 / 5230–5236
1984–86
Mercedes-Benz O 321 Feuerwehr-Bus
Aufdruck: „Stadt Essen"
Farben: feuerrot

2-FW-8 / 4020/22
1984–
Mercedes-Benz L 311 TLF 15
Modell in zahlreichen Varianten:
Farben:
Karosserie: feuerrot, rubinrot
Chassis: schwarz, weiß
1. Aufdruck: „Metz", Dach glatt, integriertes
Dachblaulicht, feuerrot/schwarz
2. Aufdruck: „Metz", Dach silber bedruckt,
Eichelblaulicht, ab 1985 mit kleineren Scheinwerfern
und Hängerkupplung, feuerrot/weiß
2. Aufdruck: „Metz", Dach silber bedruckt, integriertes
Dachblaulicht, ab 1985 mit kleineren Scheinwerfern und
Hängerkupplung, rubinrot/schwarz
4. Aufdruck: „Metz", Dach silber bedruckt,
Sockelblaulicht, ab 1985 mit kleineren Scheinwerfern
und Hängerkupplung, feuerrot/weiß
5. Set Stuttgart (9009) mit Sockelblaulicht, feuerrot/
schwarz
6. Set Essen (9008) mit Sockelblaulicht, feurrot/weiß
7. (nur Schweiz) Aufdrucke: „Bern", „Basel", „St.
Gallen" mit Eichelblaulicht, feurrot/schwarz,
Trilexfelgen
8. Aufdruck: „Circus Krone", mit Sockelblaulicht
feuerrot/feuerrot

2-FW-9 / 4000–4010
1985–
Mercedes-Benz L 311 Fw-Pritsche
Aufdruck: „Feuerwehr"
Farbe: feuerrot/./schwarz

2-FW-10 / 4030–4033
1985–
Mercedes-Benz L 311 Drehleiter 25
Modell in zahlreichen Varianten
Farben:
Karosserie: feuerrot, rubinrot
Chassis: schwarz, weiß
1. Aufdruck: „Metz", mit integriertem Dachblaulicht,
feuerrot/schwarz
2. unbedruckt, mit integriertem Dachblaulicht, rubinrot/
schwarz
3. (nur Schweiz) Aufdrucke: „Bern", „Basel", „St.
Gallen", „Fribourg", mit Eichelblaulicht, feuerrot/
schwarz
4. Aufdruck: „Metz", mit Eichelblaulicht, feuerrot/weiß
5. Aufdruck: „Metz", mit Sockelblaulicht, feuerrot/weiß
6. Set Stuttgart (9009) mit Sockelblaulicht, feuerrot/
schwarz
7. Set Essen (9008) mit Sockelblaulicht, feuerrot/
reinweiß

H

H

H

H

H

2-FW-11 / 4035/36
1985–
Mercedes-Benz L 311 DL 25 Truppkabine
In der Regel mit Sockelblaulicht
1. unbedruckt, feuerrot/schwarz
2. unbedruckt, feurrot/weiß
3. (nur Schweiz) Aufdruck: „Feuerwehr Winterthur",
feuerrot/schwarz

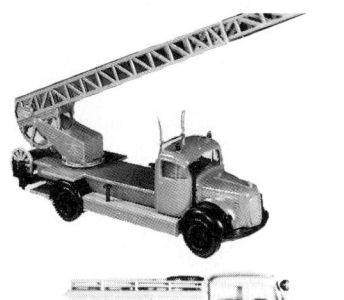

2-FW-12 / 4220
1985–86
Magirus Mercur TLF 16
Zwei Versionen:
1. BF Nürnberg (zwei Druck-Varianten): feuerrot
2. Feuerwehr Berlin: rubinrot

2-FW-13 / 3130/31
1986–
VW Kombi Feuerwehr
Modell mit verschiedenen Aufdrucken
Farbe: feuerrot

2-FW-14 / 4120/21
1986–
Magirus S 3500 TLF 15
Modell in „Omnibus-Bauform" in zwei Varianten
(feuerrot):
1. mit schwarzen Kotflügeln, alte Blaulicht-Form
2. mit weißen Kotflügeln, mit Eichel-Blaulichtern
3. mit schwarzen Kotflügeln, mit Eichel-Blaulichtern (nur
Schweiz FW Baden)

2-FW-15 / 4203
1986–
Magirus Mercur Feuerwehr Koffer Lkw
Modell mit Aufdrucken und Blaulicht
Farbe: feuerrot/./schwarz

2-FW-16 / 4205
1986–
Magirus Mercur Feuerwehr Lkw
Modell mit Aufdrucken und Blaulicht
Farbe: feuerrot/./schwarz, Plane: olivgrau

2-FW-17 / 4023
1986–
Mercedes-Benz L 311 TLF 15
Modell mit Schiebeleiter und Vorbaupumpe
Farben: feuerrot/schwarz

2-FW-18 / 4420
1986–
Mercedes-Benz L 4500S LF 25
Farben: feuerrot/schwarz

2-FW-19 / 4033
1986–
Mercedes-Benz L 311 DL 25
Modell mit Vorbaupumpe
Farben: feuerrot/schwarz

 H

2-FW-20 / 1431
1987–
Citroen Feuerwehr
Aufdruck: „Sapeur Pompier"
Farbe: feuerrot

 H

2-FW-21 / 1912
1987–
Ford 17m Feuerwehr
Aufdruck: „Stadt Aachen"
Farbe: feuerrot

 H

2-FW-22 / 3132
1987–
VW-Kombi Feuerwehr
Modell mit Dachträger und Aufdruck: „Hamburg"
Farbe: feuerrot
(nur Schweiz) mit Aufdruck: „Fw Baden"

 H

2-FW-23 / 4040/4041
1987–
Mercedes-Benz LF 311/LF 16
Modell mit schwarzen (4040) und weißen (4041)
Kotflügeln
Farben:
a) feuerrot/./schwarz
b) feuerrot/./weiß

H

2-FW-24 / 4122
1987–
Magirus S 3500 Omnibus-TLF
Farben: rubinrot/./schwarz, Dach: hellgrau

 H

2-FW-25 / 4130
1987–
Magirus S 3500 DL 26
Farben: feuerrot/weißaluminium/schwarz

 H

2-FW-26 / 4421/4422/4423/4424
1987–
Mercedes-Benz L 4500 S LF25/KS 25
Vier Varianten des Grundmodells (vgl. **2-FW-18**):
a) (4421): wie Vormodell in feuerrot/weißaluminium,
jedoch mit weißen Kotflügeln
b) (4422), wie Vormodell, jedoch mit Kühlerschutz,
Farben: rubinrot/weißaluminium/schwarz
c) (4423): wie Vormodell, jedoch in Ausführung
Feuerschutzpolizei, Farben: tannengrün/
weißaluminium/schwarz
d) (4424): wie Vormodell, jedoch als Kraftspritze KS 25/
SHD, Farben: ca. graphitgrau/weißaluminium/ca. graphitgrau

 H

 H

2-FW-27 / 4038
1987–
Mercedes-Benz DL 25
Modell in Ausführung „US Engeneer Corps"
Farben: feuerrot/weißaluminium/feuerrot

H

KRANKENWAGEN

2-KR-1 / 1870
1982–84
Mercedes 190 Krankenwagen
Mit Aufdrucken RK an Türen und Heckfenster.
Zahlreiche Sondermodelle für die BRD, Österreich und
die Schweiz.
Grundfarben: reinweiß, hellelfenbein, steingrau

H

2-KR-2 / 2070/71
1982–84
Mercedes 190 Kombi (Elektronik)
Elektronik-Set (Blaulicht) für 2-MB-8 und 2-MB-9
(andere Bedruckung; andere Farbtöne)

H

2-KR-3 / 1421
1982
Citroen Limousine Rotes Kreuz
Modell mit aufgedrucktem Roten Kreuz in weißer
Kreisfläche, auch mit Blaulicht in Elektronik-Ausführung
(2010).
Farben: mausgrau, lichtgrau, perlweiß

H

2-KR-4 / 9006 (Set)
1984–85
Mercedes 190c Limousine
DRK-Ausführung mit einem Blaulicht
Farbe: reinweiß

H

2-KR-5 / 5002
1984–85
Mercedes-Benz 0 5000 DRK-Bus mit Anhänger
Farben: elfenbein/schwarz

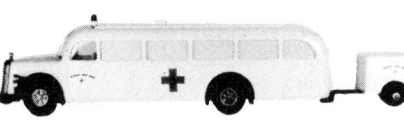

H

2-KR-6 / 9006 (Set)
1984–86
Mercedes-Benz 0 321 H DRK-Bus
Farbe: cremeweiß

H

KRANKENWAGEN

2-KR-7 / 1875
1985–
Mercedes 190 US Air Force Ambulance
Modell mit Blaulicht und Aufdrucken
Farbe: saphirblau

H

2-KR-8 / 4010
1985–
Mercedes-Benz L 311 DRK-Lkw
Farben: cremeweiß/./schwarz, Plane: olivgrau

H

2-KR-9 / 1876
1986–
Mercedes 190 Krankenwagen
Modell mit Aufdruck Johanniter Unfallhilfe
Farbe: hellelfenbein

H

2-KR-10 / 3170
1986–
VW Krankenwagen
Modell in DRK-Version
Farbe: hellelfenbein

H

2-KR-11 / 3112
1987–
VW-Kombi Krankenwagen
Aufdruck: „Ambulanza"
Farben: elfenbein/feuerrot

H

2-KR-12 / 3170
1987–
VW-Kombi Krankenwagen
Modell mit vier Roten Kreuzen bedruckt
Farben: steingrau/schwarz

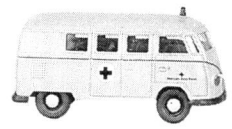

H

2-KR-13 / 3172
1987–
VW-Kombi Rettungswagen
Modell in Version „Bergwacht"
Farben: moosgrün/hellbeige

H

2-KR-14 / 4109
1987–
Magirus S 3500 Lkw
Modell in Ausführung DRK-Lkw mit Aufdrucken
Farben: hellelfenbein/./schwarz

H

2-Pol-1 / 1810/11/12
1982–
Mercedes 190c Polizei
Modell in zwei Varianten:
1. ohne Polizei-Sterne auf den Türen
2. mit Polizei-Sternen auf den Türen
Farbe: tannengrün
Auch mit neuem Aufdruck, Stern und Polizei-
Schriftzug, sowie mit weißen Kotflügeln

H

2-Pol-2 / 2001/02
1982–
Mercedes 190 Elektronik
Blaulicht-Set für 2-Pol-1,
verschiedene Aufdrucke

H

2-Pol-3 / 1411
1984
Citroen Limousine
Sondermodell „Police" zu 50 Jahre Traction Avant
Farbe: stahlblau

H

2-Pol-4 / 1911
1984–
Ford 17m Polizei
Modell mit neuem (aufgestecktem)Blaulicht
Farben: cremeweiß, stahlblau, kieferngrün

H

2-Pol-5 / 1913
1985–
Ford 17m Military Police
Modell mit Aufdrucken
Farbe: chromdioxidgrün

H

2-Pol-6 / 1856
1985–
Mercedes 190 Kombi Polizei
Modell mit Blaulicht
Farbe: tannengrün

H

2-Pol-7 / 1855
1985–
Mercedes 190 Kombi
Modell mit grauen Scheiben
Farbe: mausgrau

H

POLIZEI-FAHRZEUGE

2-Pol-8 / 1914
1986–
Ford 17m Kombi Polizei
Modell mit Blaulicht
Farbe: tannengrün

H

2-Pol-9 / 4102
1986–
Magirus S 3500 Lkw Pritsche/Plane
Ausführung Polizei mit Blaulicht
Farbe: tannengrün/./schwarz,
Plane: olivgrau

H

2-Pol-10 / 3110
1986–
VW Kombi Polizei
Farbe: tannengrün

H

THW-FAHRZEUGE

2-THW-1 / 5345
1986–
**Mercedes-Benz O 321 H THW
Einsatzleitung**
Stadtbus-Version mit Blaulicht
Farbe: ultramarinblau

H

2-THW-2 / 4303
1987–
Borgward B 4500
Modell in Ausführung des THW
Farben: ultramarinblau •/./schwarz
Plane: olivgrau

H

2-THW-3 / 3108
1987–
VW-Kombi THW
Farben: ultramarinblau

H

2-THW-4 / 4015
1987–
Mercedes Benz L 311
Modell in den Ausführungen Zivilschutz (a)
und THW (b)
Farben:
a) khakigrau/./.
b) ultramarinblau/./schwarz
Plane (jeweils): olivgrau

H

2-SD-1 / 1520
1982
BMW-Dixi Limousine ADAC
Nur mit verchromten Felgen, mit Aufdruck ADAC –
Straßen-Hilfsdienst
Farben: hellgelb, Dach und Chassis: schwarz

H

2-SD-2 / 1521
1983–85
BMW-Dixi Limousine ADAC
Modell mit neuem Aufdruck ADAC u. Wappen
Farbe: kadmiumgelb, Dach und Chassis: schwarz

H

2-SD-3 /1852
1983–84
Mercedes 190 Kombi AvD
Modell mit Blinklicht und weißem Aufdruck.
Farbe: feuerrot

H

2-SD-4 / 1950
1984–
Ford 17m Kombi ADAC
Modell mit ADAC-Aufdrucken und (aufgestecktem)
Gelblicht
Farbe: kadmiumgelb

H

2-SD-5 / 1522
1985–
BMW-Dixi Cabriolet ADAC
Modell mit ADAC-Aufdruck und Wappen
Farbe: kadmiumgelb

H

2-SD-6 / 4000–4010
1985–
Mercedes-Benz L 311 Straßendienst-Lkw
Modell mit Gelblicht
Farben: hellgrau/./schwarz

H

POST-FAHRZEUGE

2-Post-1 / 1350–53
1982/83
DKW Kastenwagen Post
Postwagen in deutscher, österreichischer und
Schweizer Ausführung (immer mit „Reichsklasse-
Grill", ohne Stoßstangen)
Farben und Aufdrucke: feuerrot/Deutsche Reichspost,
kadmiumgelb/PTT, zinkgelb ●/Österr. Post, maisgelb/
Deutsche Post

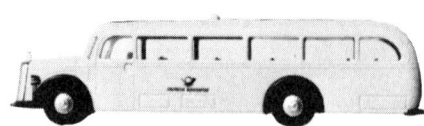

H

2-Post-2 / 5021
1982–84
Mercedes-Benz O5000 Postbus
Farben: kadmiumgelb/schwarz

H

2-Post-3 / 5051
1984–86
**Mercedes-Benz O 5000 Postbus mit
Anhänger**
Set mit Bus und Gepäckanhänger
Modell bekannt mit Reisebus- und Allwetter-
Karosserie
Farben: kadmiumgelb/schwarz

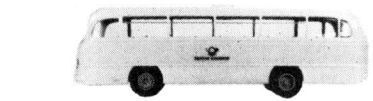

H

2-Post-4 / 5221
1984–86
Mercedes-Benz O 321 H Postbus
Ausführung Überlandbus
Farbe: postgelb

H

2-Post-5 / 1951
1985–
Ford 17m Kombi Bundespost
Modell mit aufgedruckten Posthörnern
Farbe: postgelb

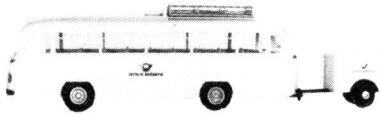

H

2-Post-6 / 5251
1985–86
**Mercedes-Benz O 321 H Postbus mit
Anhänger**
Überland-Version mit Gepäckanhänger im
Set
Farbe: postgelb

H

2-Post-7 / 4006
1985–
Mercedes-Benz L 311 Post-Lkw
Aufdruck: „Deutsche Bundespost"
Farben: postgelb/./schwarz

H

2-Post-8 / 3106
1986–
VW Kombi Post
Farbe: postgelb

 H

2-Post-9 / 4006
1986–
Mercedes-Benz L 311 Post Kasten-Lkw
Aufdruck: „Deutsche Bundespost"
Farben: postgelb/./schwarz

 H

2-Post-10 / 4108
1987–
Magirus S 3500 Koffer-Lkw
Aufdruck: „Deutsche Bundespost"; Modell ohne und
mit Längsstreifen
Farben: postgelb/./schwarz

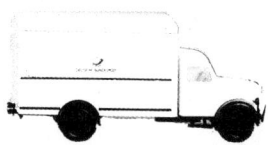 H

HERPA

Seit mehr als 30 Jahren besteht die Firma Fritz Wagener GmbH, Hersteller der Herpa-Artikel. Stellte man in den Anfangsjahren des Unternehmens hauptsächlich Artikel für Bastler und Heimwerker her, so spezialisierte man sich schon bald auf einen Sektor, der zunehmend Interesse als ernsthaftes Hobby fand: Die Modelleisenbahn.

Herpa lieferte ein reichhaltiges Zubehör-Programm, das sich besonders durch die detaillierte Wiedergabe der Vorbildgegebenheiten auszeichnete. Mehrfach wurden Herpa-Modelle mit den Preisen der Fachpresse honoriert.

Im Jahre 1978 eröffnete Herpa mit dem „HO-Automarkt" einen neuen Fertigungszweig.

Aktuelle PKW waren die ersten Modellfahrzeuge, die Herpa im HO-Maßstab auf einen Markt brachte, der zu dieser Zeit von nur einem Anbieter dominiert wurde.

Herpas Miniaturen fanden schnell Anklang, nicht zuletzt weil die Firma nach neuen Wegen der Modellgestaltung suchte. So gab es erstmals PKW in „Luxus-Ausführungen" mit zusätzlicher Metallic-Lackierung. 1986 kamen die hoch-detaillierten „high-tech"-Modelle hinzu.

Die (ab 1980) folgenden Nutzfahrzeuge überzeugten durch genaue Wiedergabe vieler Details. Zudem sind die Herpa-LKW zumeist farbenfroh und realistisch bedruckt. Auch die Funktionalität kommt nicht zu kurz. Filigrane Teile erlauben den vorbildnahen Einsatz der Modelle (z. B. lenkbare Vorderachsen).

Die Herpa-Modelle kommen aus modernen Fertigungsstätten mit eigenem Formenbau.

Hier werden auch technische Präzisionsteile aus allen Thermoplasten hergestellt, wodurch ein Jahre zurückreichender Erfahrungsschatz gewonnen werden konnte, der der Fertigung der Modellspielwaren natürlich zugute kommt. So ist es wahrscheinlich, daß die Modellauto-Sammler mehr „Herpa-Modelle" (unter dem Firmennamen „Riwa" auf dem Markt eingeführt) im Hause haben, als sie denken: z. B. Schalterteile im Plattenspieler oder im TV-Gerät, Lüfterräder im Film- oder Diaprojektor oder Zahnräder im Radioapparat.

Ab 1987 kam zur Produktbezeichnung „Herpa" der Zusatz „Wagener Miniatur Automobile". Die Verpackungen wurden einheitlich dunkelrot gestaltet.

BERLIET

4-BL-1 / 803291
1981–85
Berliet Lkw
Farben:
1. zinkgelb-feuerrot/feuerrot – Plane: hellgrau/schwarz
2. feuerrot-zinkgelb/feuerrot – Plane: dunkelgrau/schwarz
3. reinweiß/feuerrot – Plane: reinweiß/schwarz

H

CHEVROLET

4-ChL-1 / 852277
1981–85
**Chevy Bison
Rungenpritschensattelzug**
Motorhaube kippbar.
Modell mit sechs
aufsteckbaren
Rungenpaaren,
Pritsche mit
Papieraufkleber.
Farben:
mahagonibraun/./
schwarz

H

4-ChL-2 / 852228
1981–86
**Chevy Bison
Koffersattelzug**
Motorhaube kippbar.
Aufdruck: „Pabst-Blue
Ribbon Beer"
Farben: grünblau/
cremeweiß/schwarz

H

4-ChL-3 / 951504
1982–85
**Chevy Bison
Kippsattelzug**
Motorhaube kippbar.
Farben:
mahagonibraun/
weißaluminium/
schwarz

H

4-DFL-1 / 827220
1984–
**DAF 3300 Container-
Sattelzug (40ft)**
Aufdruck: „United States
Lines"
Farben: feuerrot/reinweiß/
schwarz

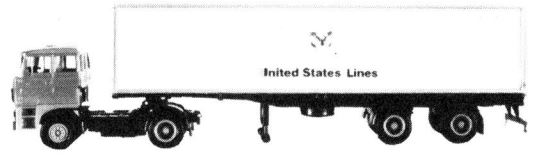

H

4-DFL-2 / 827500
1985–86
DAF 3300 Kippsattelzug
Farben:
enzianblau/enzianblau-
weißaluminium/
blutorange, moosgrün/
moosgrün-
weißaluminium/blutorange

H

4-DFL-3 / 835271
1985–
DAF 3300 Sattelzugmaschine
Farben:
gold-metallic/mahagonibraun,
reinweiß/rot (mit Aufdrucken)
1987: reinweiß/oliv (mit Aufdrucken)

H

4-DFL-4 / 827101
1986–
DAF Glastransporter
Aufdruck: „Pilkington – Glass
in Architecture"
Farben:
reinweiß/laubgrün/schwarz

H

4-DFL-5 / 842001
1986–
**DAF Space Cab Sattelzug
IPEC**
Aufdruck: „IPEC, das
Expressfrachtsystem"
Farben:
verkehrsgelb/./grauweiß

H

4-DFL-6 / 7554 (Set)
1986–
DAF Space Cab Sattelzugmaschine
Edition II/86 „100 Jahre Automobil"
Farben: anthrazitgrau/eisengrau

H

4-DFL-7 / 827001
1987–
DAF 3300 Hängerzug
Farben: grünblau/./blutorange,
Planen: achatgrau

H

4-FL-1 / 805003
1980–84
Ford Transconti
Langpritschensattelzug
Drei Farb-Varianten:
1. braunbeige-
   mahagonibraun/
   mahagonibraun – Planen:
   braunbeige/mattschwarz
2. mahagonibraun-
   braunbeige/braunbeige-
   Planen: mahagonibraun/schwarz
3. himmelblau-schwarz/
   cremeweiß – Planen:
   himmelblau/himmelblau

H

4-FL-2 / 805290
1980–83
Ford Transconti Lkw
Aufdruck: „Ford Transcontinental"
Farben:
moosgrün/moosgrün – Planen: reinorange/schwarz,
feuerrot/feuerrot – Planen: weißaluminium/schwarz

10,– DM

4-FL-3 / 905222
1980–85
Ford Transconti
Container-Sattelzug
Aufdruck: „Contrans"
(kleiner Aufdruck auf
hinterer Seitenfläche).
Farben: weißaluminium/./
schwarz

12,–

4-FL-4 / 805222
1981–85
Ford Transconti
Container-Sattelzug
Aufdruck: „Contrans"
(großer Aufdruck auf den
Seitenflächen)
Farben: cremeweiß/./
schwarz

10,– DM

4-FL-5 / 805220
1982–85
Ford Transconti Tanksattelzug
Modell mit 20 ft Tankcontainer beladen.
Aufdruck: „Contrans"
Farben: himmelblau/grauweiß/schwarz,
1985: Aufdruck: „Kieserling"

H

GMC

4-GL-1 / 851208
1981–84
GMC
Tanksattelzug
Motorhaube
kippbar. Aufdruck:
„EXXON"
Farben: feuerrot/
reinweiß/schwarz

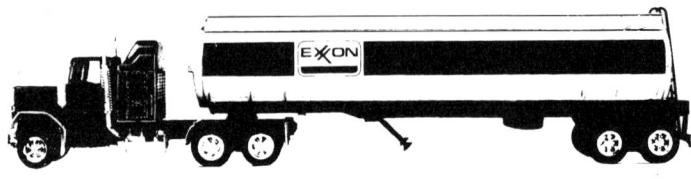

H

4-GL-2 / 851227
1981–86
GMC
Koffersattelzug
Motorhaube kippbar.
Aufdruck: „Pepsi"
Farben: reinweiß/./
schwarz

H

4-GL-3 / 951504
1982–85
GMC Kippsattelzug
Motorhaube kippbar.
Farben: karminrot/
weißaluminium/
schwarz

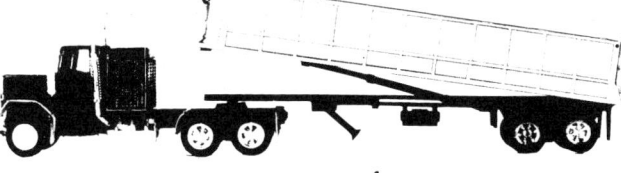

H

4-GL-4 / 851500
1983–84
GMC-Kipper
Motorhaube kippbar.
Farben: weißaluminium/./
schwarz

H

4-GL-5 / 851100
1986–
GMC
Koffersattelzug
Aufdruck: „FALCON
SERVICE"
Farben: reinweiß/./
schwarz

H

4-IL-1 / 809207
1981–86
Fiat Tanksattelzug
Modell mit lenkbarer
Vorderachse, Fahrerhaus
kippbar. Zwei Aufdruck-
Varianten:
1. „AGIP": cremeweiß/chromgelb/schwarz
2. „FANAL": reinweiß/./schwarz (1983)

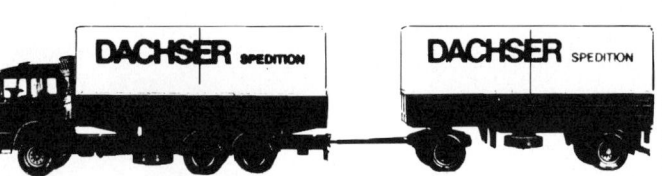

H

4-IL-2 / 808276
1981–85
**Magirus
Rungenpritschensattelzug**
Modell mit sechs
aufgesteckten
Rungenpaaren. Pritsche mit Papieraufkleber. Details sonst wie Vormodell.
Farben: kastanienbraun/./schwarz,
1984: feuerrot/./schwarz

10,– DM

4-IL-3 / 808292
1981–83
**Magirus-Deutz
Pritschenzug**
Details wie Vormodell.
Mehrere Grill-Varianten
bekannt:
1. a) Magirus-Deutz +
     Zeichen + Iveco
1. b) Magirus-Deutz + Iveco
1. c) Magirus + Iveco
2. Unic
3. Fiat
Farben: stahlblau/stahlblau –
Planen: kadmiumgelb/
schwarz, Planen auch: gelb-orange

1. 15,– DM
2. 18,– DM
3. 12,– DM

4-IL-4 / 813371
1982–84
Magirus Tankzug
Details wie Vormodell.
Aufdruck: „ARAL"
Farben: lichtblau/
reinweiß/lichtblau

H

4-IL-5 / 815390
1982–85
(Saurer) OM Kasten-Lkw
Details wie Vormodell, auch mit aufgestecktem
Dachspoiler.
Farben: mahagonibraun/weißaluminium/
mahagonibraun
(→ Post)

15,– DM

4-IL-6 / 810420
1981–82
Unic Kofferzug
Details wie Vormodell.
Aufdruck: „Iveco-
Service"
Farben: karminrot/./.

H

4-IL-7 / 816220
1983–85
**Magirus Container-
Sattelzug**
Modell mit
integriertem
Dachspoiler. Beladen
mit zwei 20ft
Containern.
Farben:
himmelblau/lichtgrau-himmelblau/braunrot,
1984: himmelblau/lichtgrau-kupferbraun/
braunrot,
1985: mausgrau/reinweiß-
hellgelborange/anthrazitgrau

H

4-IL-8 / 7553 (Set)
1986–
Iveco Turbo-Star Zugmaschine
Edition I/86 „100 Jahre Automobil"
Farben: anthrazitgrau/eisengrau

H

4-IL-9 / 847004
1986–
**Iveco Turbo-Star
Getränke-
Hängerzug**
Aufdruck:
„Bürgerliches
Brauhaus"
Farben: reinweiß/./
schwarz

H

4-IL-10 / 847000
1986–
Iveco Turbo-Star Zugmaschine
Farben: kieselgrau/oxidrot

H

4-IL-11 / 847009
1986–88
Iveco Turbo-Star Sattelzug
Aufdrucke: „Max Renz
International"
Farben:
kieselgrau/./mausgrau
Planen: kieselgrau

H

4-IL-12 / 858000
1986–
Iveco Dreiachs-Kipper
Farben: hellgelborange/./oxidrot,
mittelblau/./anthrazitgrau

H

4-IL-13 / 861000
1986–
Iveco-Magirus Hauber Dreiachs-Kipper
Farben: hellgelborange/./oxidrot, tomatenrot/./schwarz

H

4-IL-14 /7555 (Set)
1986–
Iveco Sattelzugmaschine
Edition III/86 „100 Jahre Automobil"
Farben: anthrazitgrau/eisengrau

H

4-IL-15 / 847011
1987–
**Iveco Turbostar
Hängerzug**
Farben:
grünblau/./blutorange –
Planen: achatgrau

H

4-II-16 / 858005
1987–
Iveco Kehrfahrzeug
Farben: hellgelborange/./schwarz

H

4-IL-17 / 858006
1987–
Iveco Vierachser-Baukipper
Farben: hellgelborange/./oxidrot

H

KENWORTH

4-KL-1 / 850223
1980–85
Kenworth Container-Sattelzug
Modell mit kippbarer Motorhaube.
Aufdruck: „BUDWEISER"
Farben: reinweiß/./schwarz

H

4-KL-2 / 850272
1980–85
Kenworth Langpritschen-sattelzug
Details wie Vormodell.
Farben: türkisgrün/schwarz/.

H

4-KL-3 / 950202
1980–84
Kenworth Tanksattelzug
Details wie Vormodell. Zwei Aufdruck-Varianten.
1. „Union 79"
2. „Union 76"
Farben: weißaluminium/./ schwarz

H

4-KL-4 / 850224
1980–83
Kenworth Container-Sattelzug
Details wie Vormodell.
Aufdruck: „Norfolk and Western"
Farben: schwarz/weißaluminium/schwarz

H

4-KL-5 / 950209
1981–84
Kenworth Tanksattelzug
Details wie Vormodell. Modell mit neuem Tankauflieger (vgl. 4-GL-1),
Aufdruck: „Union 76"
Farben: weißaluminium/ weißaluminium-feuerrot/ schwarz

H

KENWORTH

Herpa

4-KL-6 / 950229
1981–86
**Kenworth
Koffersattelzug**
Details wie
Vormodell.
Aufdruck:
„Roadway"
Farben:
moosgrün/
weißaluminium/
schwarz

H

4-KL-7 / 950230
1981–86
**Kenworth
Koffersattelzug**
Details wie
Vormodell.
Aufdruck:
„Burlington"
Farben: grünblau/
weißaluminium/
schwarz

H

4-KL-8 / 850500
1981–85
Kenworth Kipper
Details wie Vormodell.
Farben: karminrot/weißaluminium/schwarz

H

MAN

4-MAL-1 / 817290
1983–
MAN-VW Pritschen-Lkw
Aufdruck: „Franken Brunnen"
Farben: hellrotorange/./schwarz – Plane: ultramarinblau

H

4-MAL-2 / 818500
1983–84
MAN Silo-Sattelzug
Aufdruck: „Spedition Grewer"
Fh. schabloniert
Farben: reinweiß-moosgrün/
reinweiß-moosgrün

H

MAN

4-MAL-3 / 818320
1983–84
MAN 22.321 Gliederzug
Modell
ausgelegt für
Wechsel-
pritschen-
System.
Aufdruck:
„Schenker"
Farben: patinagrün/./. – Planen: zinkgelb

H

4-MAL-4 / 820414
1984–86
**MAN 16.240 Koffer-
Lkw**
Aufdruck:
„Lebkuchen
Schmidt"
Farben: nußbraun/./
schwarz
nur Österreich: ÖBB –
Wechsel-Koffer-Lkw
Farben: blutorange/./
schwarz
(→ Post)

H

4-MAL-5 / 818203
1984–85
**MAN 19.321
Tanksattelzug**
Aufdruck: „Texaco"
Farben: blutorange/./.
1985: Version: „BP
Stromeyer"
(Aufdruck)
Farben: reinweiß/./
schwarz

H

4-MAL-6 / 818222
1984–85
**MAN 19.321 FLS
Glastransporter**
Aufdruck: „Flachglas
AG"
Farben: sandgelb/
sandgelb-
himmelblau/
blutorange

H

4-MAL-7 / 820220
1984–85
**MAN 16.168 FLS 20ft
Containerzug**
Aufdruck: „Artu"
Farben: gelbbeige/
reinweiß/schwarz

H

 H

4-MAL-8 / 820321 / 820322
1984–
MAN 16.240 F Pritschenzug
Modell mit
Kässbohrer-
Transmaximal-
Hänger
Aufdruck: „MAN
Kässbohrer
Transmaximal"
Farben: cremeweiß/
– Planen: hellgrau/
feuerrot
ab 1985: mit
dreiseitigem
Zierlinien-Aufdruck,
Farben:
kadmiumgelb/./
Plane:
hellgrau/schwarz

 H

4-MAL-9 / 817500
1984–86
MAN-VW Abschleppwagen
Farben: minzgrün/./
schwarz

 H

4-MAL-10 / 818276
1984–86
MAN 26.361 DFLS Sattelzugmaschine
Farben: grauweiß/
schwarz
1985: cremeweiß/ feuerrot

H

4-MAL-11 / 818428
1985
MAN 22.281 FNL Brauereizug
Aufdruck: „Unser Bier
kommt – Astra"
Farben: reinweiß/
blutorange/weißgrau

 H

4-MAL-12 / 820292
1985–86
MAN 14.192 FL/BL Tandemzug
Aufdruck: „Spedition
Grewer"
Farben: reinweiß-
moosgrün/moosgrün
– Planen:
weiß/moosgrün

4-MAL-13 / 820295
1985–
MAN Kommunal-LKW
Farben: chromgelb/./blutorange

H

4-MAL-14 / 820296
1985–
MAN Tankwagen
Aufdruck: „Esso Heizöl Extra"
Farben: reinweiß/./olivgrau-schwarz

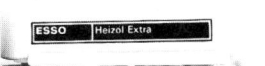

H

4-MAL-15 / 7542 (Set 150
Jahre Eisenbahn)
**MAN Container-Sattelzug
(40ft)**
Aufdruck: DB und Zierstreifen
Farben: kieselgrau/./schwarz

H

4-MAL-16 / 820502
1986–
MAN Abrollkipper Marrel
Aufdruck: „marrel"
Farben: zitronengelb/./schwarz
(→ Feuerwehr)

H

4-MAL-17 / 820004
1986–
MAN Pritschenzug
Mit Ladegut „Hebel
Plansteine"
Farben: gelborange/./
schwarz

H

4-MAL-18 / 820005
1986–
MAN Kippsattelzug
Farben: hellgelborange/gelborange/
oxidrot

H

4-MAL-19 / ohne Nr.
1986–
**ÖAF (MAN)
Wechselkoffer-LKW**
(Nur Österreich);
Modell mit Aufdruck
„Haus-Haus"
Farben: blutorange/./
schwarz

H

4-MAL-20 / 859002
1986–
MAN 19.362
Wechselbrückenzug
Aufdruck:
„Schenker"
Farben: patinagrün/./.
Planen: zinkgelb

H

4-MAL-21 / 7555 (Set)
1986–
MAN F 90 Sattelzugmaschine
Edition III/86 „100 Jahre Automobil"
Farben: anthrazitgrau/eisengrau

H

4-MAL-22 / 818099
1987–
MAN Pritschen-
Sattelzug
Aufdruck: „MAN"
Farben: reinweiß/
hellrotorange/
schwarz
Plane: silbergrau

H

4-MAL-23 / 820020
1987–
MAN Vierachs-Betonmischer
Aufdruck: „Stetter"
Farben: cremeweiß/./schwarz

H

4-MAL-24 / 820021
1987–
MAN Langholz-
Transporter
Farben: feuerrot/
schwarz/.

H

4-MAL-25 / 820017
1987–
MAN 26.240 DFS
Sattelzugmaschine
Farben: rubinrot/
schwarz
Aufdrucke:
Zierstreifen

H

4-MAL-26 / 820018
1987–
MAN
Milchtransport-
Hängerzug
Aufdrucke: „Milch"
Farben: himmelblau/
hellblaugrau/schwarz

H

MAN

4-MAL-27 / 820019
MAN Müllwagen
Farben:
hellgelborange/./
schwarz

H

4-MAL-28 / 859010
1987–
MAN
Wechselbrückezug
Aufdrucke: „Wandt"
Farben: resedagrün/./
feuerrot – Planen:
reinweiß

H

H

MERCEDES-BENZ

4-MBL-1 / 806150
1981–
Mercedes-Benz
Autotransporter
Modell ohne
Aufdrucke.
Ladeflächen
absenkbar.
Farben: grünblau/./schwarz, kieferngrün/./schwarz (1983),
altweiß/hellrotorange/schwarz (1985) mit Aufdruck: Hohmeier TS,
kobaltblau/./feuerrot (1987)
mit Aufdruck: „Westerholzer Spedition"

H

4-MBL-2 / 906440
1981–82
Mercedes-Benz
Autotransporter
Mit Aufdruck
(schabloniert)
„Egerland"
Farben: grünblau-
weiß/grünblau/schwarz

Nur Schweiz:
Modell ohne
Hänger, Aufdruck:
„TCS"
goldgelb/./schwarz

18,– DM

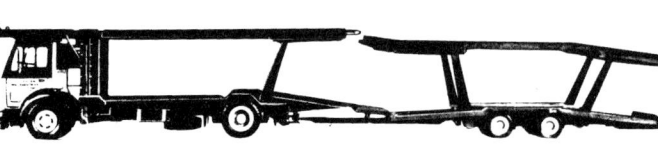

H

4-MBL-3 / 906320/906324/912321
1981–87
Mercedes-Benz Ackermann Fruehauf-Zug
Vier(fünf)Modell-
Varianten:
1. a) Mit
Papieraufklebern:
„AF"
Farben:
reinweiß/./
pastellorange
1. b) mit
Papieraufklebern:
„GLZ-
Großraumlastzug"
Farben:
reinweiß/./
pastellorange
2. mit Aufdruck:
„Deutsche
Möbelspedition"
Farben:
goldgelb/./
weinrot (1981)
3. mit Aufdruck:
„Hungarocamion"
Farben:
cremeweiß/./smaragdgrün (1982)
4. nur Schweiz:
Modell ohne
Hänger, Aufdruck:
„TV schweizer
fernsehen"
Farben:
violettblau/./schwarz

H

H

H

H

4-MBL-4 / 806206
1981–85
Mercedes-Benz Tanksattelzug
1. Aufdruck: „Talke"
Farben: stahlblau/cremeweiß/
karminrot
2. Aufdruck: „Hoyer"
Farben: schilfgrün/cremeweiß/schwarz (1983)

H

4-MBL-5 / 806390
1981–85
Mercedes-Benz Kasten-Lkw
1. Aufdruck: „Deutsche Möbelspedition"
    Farben: goldgelb/./schwarz
2. Aufdruck: „Technics hifi"
3. Aufdruck: „Panasonic"
Farben (2 und 3): reinweiß/./schwarz

H

MERCEDES-BENZ

4-MBL-6 / 811327
1981–85
Mercedes-Benz Pritschenzug
1. Aufdruck: „Franken Brunnen"
Farben: hellfeuerrot/
hellfeuerrot – Planen:
ultramarinblau/
schwarz
2. Aufdruck:
„Jägermeister" (1983)
Farben: hellrotorange/hellrotorange – Planen: türkisgrün/türkisgrün

H

4-MBL-7 / 811285
1982–84
Mercedes-Benz Pritschensattelzug
Aufdruck: „Kieserling"
Farben: resedagrün/resedagrün –
silbergrau
Plane: steingrau

H

4-MBL-8 / 811422
1982
Mercedes-Benz Kühlzug
Aufdruck:
„Ringel"
Zwei Aufdruck-
Varianten:
1. Farbband:
   oben pastellorange,
   unten türkisgrün
2. Farbband:
   oben türkisgrün,
   unten pastellorange
Farben:
reinweiß/./schwarz

H

4-MBL-9 / 811270
1982–84
Mercedes-Benz Langpritschen-Sattelzug
Aufdruck: „Panalpina"
Farben: himmelblau/./
schwarz

H

4-MBL-10 / 806372
1983–85
Mercedes-Benz Tankzug
Aufdruck: „Shell"
Farben: zinkgelb/./
silbergrau

H

4-MBL-11 / 814293
1983–85
Mercedes-Benz LP 813 Pritsche
Farben: ca. maigrün/./rotbraun, himmelblau/./schwarz
(→ Feuerwehr)

H

4-MBL-12 / 814294
1983–
Mercedes-Benz LP 809 Lkw
Aufdruck: „Kühne und Nagel"
Farben: ultramarinblau/lichtblau – Plane: kobaltblau/
schwarz

H

4-MBL-13 / 811292
1983–84
**Mercedes-Benz
Pritschenzug**
Aufdruck: „Dachser
Spedition"
Farben: stahlblau/
stahlblau – Planen: ca.
kadmiumgelb und hellrotorange
1984: Aufdruck: „Apollinaris"
Farben: elfenbein/./blutorange

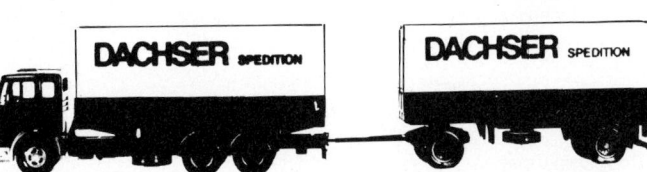

H

4-MBL-14 / 811330
1983–85
**Mercedes-Benz
Gliederzug**
Modell mit
Dreiachsanhänger.
Aufdruck: „A. Talke KG"
Farben: stahlblau/weißaluminium – Planen:
lichtgrau/blutorange
1984: Aufdruck: „hamburg · heik · hannover"
Farben: lichtblau/gelbgrün – Planen:
himmelblau/minzgrün

H

4-MBL-15 / 811427
1983–84
**Mercedes-Benz
Kofferzug**
Modell mit
Dreiachsanhänger
Aufdruck: „Gmehlin
Spedition"
Farben: laubgrün/cremeweiß/braunrot

H

Sondermodelle/Schweiz auf der Basis von 4-MBL-15:
1. Mercedes-Benz Koffer-LKW „Schweizer
Fernsehen"
Farben: reinweiß/./. (1983)
2. Mercedes-Benz 1628 Kühlkoffer-LKW „Wenn's um
die Wurst geht..." (1984)
Farben: reinweiß/./schwarz
3. Mercedes-Benz 1628 Kühlkoffer-LKW „Caves du Paradis"
Farben: blutorange/oxidrot/schwarz (1984)

4-MBL-16 / 814390
1983–
Mercedes-Benz LP 1013 Kastenwagen
Modell mit Aufdruck: „Langnese + Iglo"
Farben: reinweiß/./ultramarinblau
Sondermodell/Österreich:
Aufdruck: „Eskimo"
Farben: reinweiß/./ultramarinblau

4-MBL-17 / 814500
1983–85
Mercedes-Benz LP 809 Abschleppwagen
Modell mit absenkbarer Ladefläche
Farben: hellgelborange/./schwarz,
braunrot/./schwarz
(→ Straßendienst-Fahrzeuge)

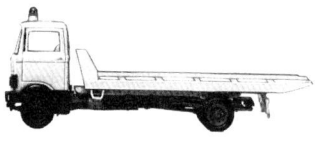

4-MBL-18 / 806501
1983–84
Mercedes-Benz Dreiachskipper
Modell mit kippbarer Pritsche
Farben:
hellgelborange/./oxidrot,
gelbgrün/./schwarz

4-MBL-19/806511
1984–86
**Mercedes-Benz
1628 Kippsattelzug**
Zwei Modell-
Varianten: Auflieger
zwei- oder
dreiachsig
Farben: kobaltblau/
weißaluminium/
rotbraun,
laubgrün/
weißaluminium/
rotbraun

4-MBL-20 / 811284
1984–
Mercedes-Benz 2638 S Sattelzugmaschine
Farben: türkis/schwarz, feuerrot/schwarz,
schilfgrün/blutorange, kobaltblau/oxidrot,
schwarz/lichtgrau, lichtgrau/schwarz
1985: verkehrsblau/braunrot, goldgelb/schwarz
1986: reinweiß/oxidrot

4-MBL-21 / 811217
1984–85
**Mercedes-Benz
1628 Tanksattelzug**
Aufdruck: „Hamm"
Farben: blutorange/
hellbeige/blutorange

4-MBL-22 / 811294
1984–85
**Mercedes-Benz
2238 Gliederzug,
Wechselpritschensystem**
Aufdruck: „Gebrüder
Weiss"
Farben:
pastellorange/./
schwarz,
Planen: pastellorange

H

4-MBL-23 / 811768
1984–85
Mercedes-Benz 2638 Sattelzugmaschine
Aufdruck: „IAA"
Farben: cremeweiß/schwarz

H

4-MBL-24 / 812270
1984–85
**Mercedes-Benz
1928 S Jumbo-
Auflieger**
Aufdruck:
„Ackermann-
Fruehauf"
Farben: blutorange/
hellbeige – Plane: hellbeige/schwarz

H

4-MBL-25 / 811260
1984–85
**Mercedes-Benz
2228 S Jumbo-
Kofferauflieger**
Aufdruck: „De Haan"
Farben: cremeweiß/
verkehrsblau-
cremeweiß/
schwarz

H

**4-MBL-26 / 829290/
829292**
1984–85
**Mercedes-Benz
1632 Gliederzug mit
Tandem-Anhänger**
Aufdruck: „Würfel
Spedition"
Farben:
verkehrsblau/./
schwarz,
Planen: ultramarinblau;
1985 mit Aufdruck:
„Schmalbach-Lubeca-Verpackungen"
Farben: gelb/./saphirblau, Planen: gelb

H

4-MBL-27 / 806512
1984–86
**Mercedes-Benz
1928 AK Dreiseiten-
Kipper**
Farben:
hellgelborange/./
oxidrot, moosgrün/./
feuerrot

4-MBL-28 / 811306
1984–
**Mercedes-Benz
1625 Gliederzug mit
Wechselaufbau**
Aufdruck:
„Büdenbender
Verpackungen"
Farben:
hellgelborange/
blutorange
– Planen: himmelblau

4-MBL-29 / 828291
1984–
Mercedes-Benz 814 Pritschen-LKW
Aufdruck: „Herpa" und (1986): „25 Jahre Fritz Wagener
GmbH"
Farben: elfenbein/./blutorange

4-MBL-30 / 828390
1984–86
Mercedes-Benz 814 Kühlkoffer-LKW
Farben: blutorange/./schwarz

4-MBL-31 / 811783
1985–86
**Mercedes-Benz 1638 S
Jumbo-Sattelauflieger**
Aufdruck: „Willi Betz Jumbo"
Farben: himmelblau/./oxidrot.
Plane: ginstergelb

4-MBL-32 / 811441
1985
**Mercedes-Benz 1625
Wechsel-Kofferzug**
Aufdruck: „Deutsche
Kleiderspedition"
Farben: cremeweiß/./verkehrsblau

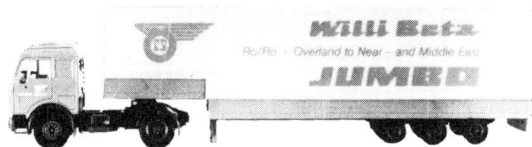

MERCEDES-BENZ

4-MBL-33 / 811110
1985–86
Mercedes-Benz 1628 S Gastanksattelzug
Aufdruck: „Linde"
Farben: reinweiß/reinweiß-verkehrsblau/schwarz

H

4-MBL-34 / 828292
1985–
Mercedes-Benz 814 Kofferzug
Aufdruck: „Patrizier Bräu"
Farben: reinweiß/./blutorange

H

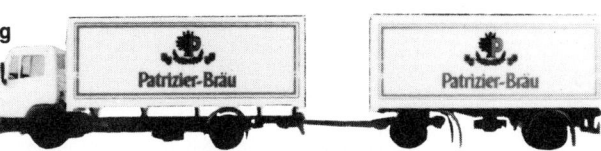

4-MBL-35 / 806515
1985–
**Mercedes-Benz MTS 260 Kranwagen
Ruthmann Steiger Kommunal**
Farben: chromgelb/chromgelb-weißaluminium/
schwarz
(→ Feuerwehr)

H

4-MBL-36 / 811112
1985–
**Mercedes-Benz Silo-
Sattelzug**
Aufdruck: „Hetra"
Farben: ca. enzianblau/
chromgelb/enzianblau

H

4-MBL-37 / 828295
1985–
**Mercedes-Benz 814
Tandem-
Pritschenzug**
Aufdruck:
„Frankenbrunnen"
Farben: blutorange/. –
schwarz
Planen:
ultramarinblau

H

4-MBL-38 / 7542 (Set 150 Jahre Eisenbahn)
1985–
Mercedes-Benz LP 813 Pritschen-Lkw
Farben: rubinrot/. – Plane: kieselgrau/schwarz
(→ Feuerwehr)

H

4-MBL-39 / 814000
1986
**Mercedes-Benz 813
Glastransporter**
Farben: 1. maigrün/./oxidrot
2. verkehrsblau/./schwarz

H

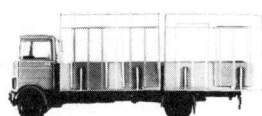

MERCEDES-BENZ

4-MBL-40 / 811099
1986–
**Mercedes-Benz
Silo-Sattelzug**
Aufdruck: „Spedition
Fromm"
Farben: laubgrün/
gelbgrün/
hellrotorange

H

4-MBL-41 / 811079
1986–
**Mercedes-Benz
Pritschen-
Hängerzug**
Aufdruck:
„Römerquelle"
Farben: zinkgelb/
laubgrün/. – Planen:
zinkgelb
Nur Österreich: 1986: Kastenwagen,
Aufdruck: „Horst Auer"
Farben: stahlblau/./oxidrot

H

4-MBL-42 / 811092
1986–
**Mercedes-Benz
Pritschen-
Hängerzug**
Aufdruck: „Kraft-
Walzen-Zylinder-
Trommeln"
Farben: tannengrün/./
verkehrsrot – Planen:
verkehrsgelb

H

4-MBL-43 / 811116
1986
**Mercedes-Benz
2228 S Jumbo-
Sattelzug**
Aufdruck: „Meyer"
und stilisierte
Landschaft
Farben: ginstergelb/
hellelfenbein/feuerrot

H

4-MBL-44 / 811089
1986–87
**Mercedes-Benz
Zementsilo-
Sattelzug**
Aufdruck: „Cetra-
nederlands cement"
Farben:
kadmiumgelb/grün/
schwarz

H

4-MBL-45 / 811446
1986–
**Mercedes-Benz
Koffer-Hängerzug**
Aufdruck:
„Schimmel-Pianos"
Farben: feuerrot/
weiß-feuerrot/
schwarz

H

4-MBL-46 / 811856
1986–87
**Mercedes-Benz
Hängerzug**
Aufdruck:
„Vogt Spedition"
Farben:
verkehrsgrau/./
oxidrot – Planen:
ultramarinblau

H

4-MBL-47 / 811778
1986–87
**Mercedes-Benz
Langpritschen-
Sattelzug**
Aufdruck:
„Vogt Spedition"
Farben:
verkehrsgrau/./
oxidrot – Plane:
ultramarinblau

H

4-MBL-48 / 806320
1986–87
**Mercedes-Benz
Pritschen-
Hängerzug**
Modell mit 8
Kabeltrommeln
beladen
Aufdruck: „Carl Balke
Holzminden"
Farben: rubinrot/./
schwarz;
Kabeltrommeln:
hellblaßbraun

H

4-MBL-49 / 811115
1986–
Mercedes-Benz Silo-Auflieger
Aufdruck. „Dyckerhoff"
Farben: himmelblau/perlweiß/
feuerrot

H

MERCEDES-BENZ

4-MBL-50 / 811150
1986–
Mercedes-Benz 3850 Schwerlastzugmaschine
Farben: hellelfenbein/hellbeige/schwarz – Plane:
hellbeige

4-MBL-51 / 7555
1986–
Mercedes-Benz Sattelzugmaschine
Edition III/86 „100 Jahre Automobil"
Farben: anthrazitgrau/eisengrau

4-MBL-52 / 811166
1986–
**Mercedes-Benz
Jumbo-Hängerzug**
Aufdruck: „Weigl
Spedition International"
Farben: himmelblau/
ultramarinblau/
feuerrot – Planen:
ultramarinblau

4-MBL-53 / 860002
1986–
**Mercedes-Benz
1320 Jumbo-
Hängerzug**
Aufdruck: „Mercedes
Benz"
Farben: schwarz/./.
Planen: silbergrau

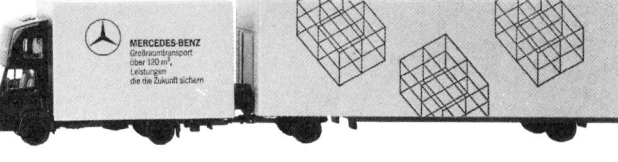

4-MBL-54 / 811198
1987–
**Mercedes-Benz
Einachs-Sattelzug**
Aufdruck: „Mercedes
Ersatzteil-Express"
Farben:
himmelblau/./oxidrot

4-MBL-55 / 811199
1987–
Mercedes-Benz Schwerlast-Zugmaschine
Aufdruck: „A. Scholpp"
Farben: feuerrot/./schwarz

4-MBL-56 / 806050
1987–
Mercedes-Benz Gastank-Lkw
Aufdruck: „Linde"
Farben: reinweiß/./schwarz

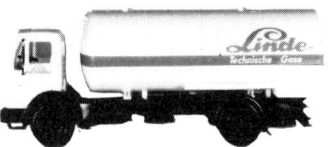

MERCEDES-BENZ

4-MBL-57 / 828009
1987–
**Mercedes-Benz LP
814 Pritschen-Lkw**
Aufdruck:
„Schenker"
Farben: patinagrün/./.
Plane: schwefelgelb

H

4-MBL-58 / 811363
1987–
**Mercedes-Benz
Container-Sattelzug**
Modell beladen mit 20
ft Gas-Container
Aufdruck: „Hoyer
Cryo-tainer"
Farben: feuerrot/./.
Container: weiß

H

4-MBL-59 / 812000
1987–
**Mercedes-Benz
Jumbo-Sattelzug**
Aufdruck: „German Cargo"
Farben: lichtgrau/
feuerrot/. – Plane:
lichtgrau

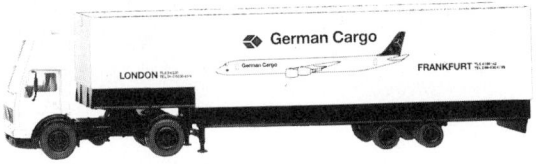

H

PETERBILT

4-PbL-1 / 856270
1985–86
**Peterbilt Langholz-
Sattelzug**
Modell mit Echt-Holz
beladen
Farben: rotviolett-
gold/schwarz/.,
grasgrün-aluminium/
schwarz/.

H

4-PbL-2/857221
1985–86
**Peterbilt Container-
Sattelzug**
Aufdruck:
„EKU Erste
Kulmbacher
Actienbrauerei"
Farben: reinweiß/
reinweiß-blutorange/
schwarz

H

RENAULT

4-RL-1 / 802204
1980–82
Renault Tanksattelzug
Aufdruck: „Bitumen"-Zeichen am
Heck
Farben: türkisgrün/schwarz/.

H

4-RL-2 / 802321
1981–82
**Renault
Pritschenzug**
Aufdruck: „Escudé"
Farben: reinweiß/
reinweiß – Planen:
grünblau/lichtgrau

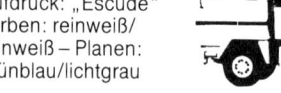

H

4-RL-3 / 802500
1984–85
**Renault R 310
Kippsattelzug**
Aufdruck:
„R 310 Renault"
Farben: hellblaugrau/
weißaluminium/
enzianblau, schwarz/
weißaluminium/
blutorange

H

4-RL-4 / 845001
1985–
Renault R 390 Turboleader
Sattelzugmaschine mit Hochdach
Aufdruck: „Turboleader" und Zierlinien
Farben: reinweiß/feuerrot-schwarz

H

4-RL-5 / 848002
1986
**Renault Kasten-
Sattelzug**
Aufdruck:
„Panatlantic"
Farben: reinweiß-
schwarz/reinweiß/
feuerrot-schwarz

H

4-RL-6 / 7553 (Set)
1986–
Renault R 390
Edition I/86 „100 Jahre Automobil"
Aufdruck: Ziffer „100" und Zierstreifen
Farben: anthrazitgrau/eisengrau

H

4-RL-7 / 848001
1986–
Renault Tanksattelzug
Aufdruck: „Texaco"
Farben: reinweiß/./grau

H

4-ScL-1 / 822500/822505
1984–
Scania H 142 Silo-Sattelzug
Aufdruck: „Quarzsand-Transporte"
Farben: postgelb/./saphirblau-schwarz
1985 mit Aufdruck: „Bad Reichenhaller
Marken Salz"
Farben: himmelblau/./blutorange

 H

4-ScL-2 / 836100
1985–86
Scania T 142 H Tanksattelzug
Modell mit „Eutertank"
Aufdruck: „Flachglas AG"
Farben: himmelblau/./rotbraun

 H

4-ScL-3 / 837220
1985–86
**Scania T 142 H
Tiefladesattelzug**
Scania-Modell mit kurzem
Fahrerhaus
Farben: blutorange/blutorange-
beigebraun/schwarz,
ultramarinblau/ultramarinblau-
beigebraun/schwarz

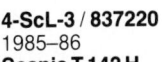  H

4-ScL-4 / 823290
1985–86
Scania R 112 H Pritschen-Lkw
Aufdruck: „Scania"
Farben: reinweiß/./verkehrsblau

 H

4-ScL-5 / 836270
1985–
Scania T 142 H Sattelzugmaschine
Farben: reinweiß-blau ●/verkehrsblau

 H

4-ScL-6 / 823510
1985–86
**Scania Wechsel-Kipper mit
Ladekran**
Farben: feuerrot/weißaluminium/
schwarz

 H

4-ScL-7 / 7553 (Set)
1986–
Scania T 142 H Sattelzugmaschine
Edition I/86 „100 Jahre Automobil"
Farben: anthrazitgrau/eisengrau

 H

SCANIA

4-ScL-8 / 844001
1986–
Scania T 142 E 6×4 Sattelzugmaschine
Farben: schwefelgelb/weinrot; blutorange/
weißaluminium

H

4-ScL-9 / 7554 (Set)
1986–
Scania 142 M Sattelzugmaschine
Edition II/86 „100 Jahre Automobil"
Farben: anthrazitgrau/eisengrau

H

4-ScL-10 / 822001
1986–
**Scania 142 E
Hängerzug**
Aufdruck: „Denkhaus
Spedition"
Farben: tannengrün/./
blaßgrün – Planen:
kadmiumgelb

H

4-ScL-11 / 843004
1986–
Scania 142 H Dreiachs-Sattelzugmaschine
Aufdruck: blauer Zierstreifen
Farben: reinweiß/ultramarinblau

H

4-ScL-12 / 822008
1986–
**Scania 142 H
Pritschen-Sattelzug**
Aufdruck:
„Jägermeister"
Farben:
hellrotorange/./
minzgrün
Plane: minzgrün

H

4-ScL-13 / 862001
1987–
Scania 112 H Kippsattelzug
Farben: himmelblau/aluminium/
oxidrot-schwarz; himmelblau/
enzianblau/oxidrot-schwarz

H

4-ScL-14 / 862003
1987–
Scania 112 H Allradkipper
Farben: ultramarinblau/./schwarz

H

4-ScL-15 / 863001
1987–
Scania Koffer-Lkw
Aufdruck: „Königsbacher Pils"
Farben: türkisgrün/reinweiß/türkisgrün

H

VOLVO

4-VoL-1 / 800200
1980–83
Volvo F 10 Tanksattelzug
Aufdruck: „Aral"
Farben: himmelblau/reinweiß/schwarz

H

4-VoL-2 / 800220
1980–82
Volvo F 10 Container-Sattelzug
Aufdruck: „DB Stückgut"
Farben: rubinrot/gelbgrau/schwarz

12,– DM

4-VoL-3 / 801203
1980–82
Volvo F 12 Tanksattelzug
Aufdruck: „SHELL"
Farben: kadmiumgelb/./karminrot

H

4-VoL-4 / 801221
1980–82
Volvo F 12 Container-Sattelzug
Aufdruck: „General Electric"
Farben: smaragdgrün/./schwarz

12,– DM

4-VoL-5 / 801270
1980–82
Volvo F 12 Pritschen-Sattelzug
Aufdruck: „Herpa"
Farben: saphirblau/saphirblau/schwarz
– Plane: reinweiß

H

VOLVO

4-VoL-6 / 801322
1980–83
Volvo F 12
Pritschenzug
Farben: enzianblau/
stahlblau – Planen:
enzianblau/schwarz,
karminrot/karminrot –
Planen: enzianblau/
basaltgrau

H

4-VoL-7 / 901271
1980–82
Volvo F 12
Pritschensattelzug
Farben: reinweiß/reinweiß
schwarz – Plane: weißaluminium

H

4-VoL-8 / 907278
1981–83
Volvo Globetrotter
Sattelzug
Aufdruck: „Nordisk" (mit
Streifen)
Aufdruck-Varianten:
1.a) mit himmelblauem Streifen
1.b) mit saphirblauem Streifen
1.c) mit schwarzblauem Streifen
2. Aufschrift schabloniert
3. ohne „Nordisk"-Aufdruck
Farben: cremeweiß/./lichtgrau – Plane:
weißaluminium

H

4-VoL-9 / 800502
1982–84
Volvo F 10 Kipper
Farben:
1. lichtgrau/weißaluminium/schwarz
2. grünblau/weißaluminium/schwarz
3. pastellorange/weißaluminium/schwarz

H

4-VoL-10 / 801204
1982–
Volvo Tanksattelzug
Zwei-Modell-Varianten:
1. Aufdruck: „NWM"
Farben: moosgrün/reinweiß-
verchromt/basaltgrau-
moosgrün

2. Aufdruck: „Klaeser"
Farben: reinweiß/reinweiß-verchromt/karminrot (1983)
3. Aufdruck: „Tank Cargo AB"
Farben: himmelblau/blutorange-verchromt/blutorange
ab 1986: neues Volvo F-10 Fahrerhaus

H

4-VoL-11 / 807232
1982–85
Volvo F 12 Globetrotter
Kühl-Sattelzug
Aufdruck: „Norfrig"
Farben: reinweiß/./
himmelblau-karminrot
1983: Aufdruck: „Kässbohrer Transpolar"
Farben: reinweiß/./blutorange

H

4-VoL-12 / 800200
1983–84
Volvo F 10
Tanksattelzug
Aufdruck: „TEXACO"
Farben: feuerrot/./
(→ siehe auch 4-VoL-1)

H

4-VoL-13 / 800440
1983–
Volvo F 10
Autotransporter
Aufdruck: „COTRA"
Farben: feuerrot/./
1984: lichtgrau/anthrazitgrau/blutorange
1986: schwefelgelb/./schwarz

H

4-VoL-14 / 801222
1984–
Volvo F 12
Kühlkoffer-
Sattelzug
Aufdruck:
„Cadwallader"
Farben:
ultramarinblau/
reinweiß/feuerrot
ab 1986: neues Volvo
F-12 Fahrerhaus
(unter Nr. 839000)

H

4-VoL-15 / 800500
1984–85
Volvo F 10
Kippsattelzug
Modell in zwei
Varianten: Auflieger
zwei- oder dreiachsig
Farben: blutorange/
weißaluminium/
blutorange

H

4-VoL-16 / 801276
1984–85
Volvo F 12
Pritschensattelzug
Aufdruck: „DFDS"
Farben: ca.
ultramarinblau/
reinweiß
blutorange – Plane: ca. ultramarinblau

H

4-VoL-17 / 807227
1985
Volvo F 12
Globetrotter
Container-Sattelzug
Aufdruck: „Polar
Express"
Farben: reinweiß/
mittelblau/
reinorange-mittelblau

H

4-VoL-18 / ohne
Nummer
1985–
Volvo F 10 Koffer-
Lkw
Nur Schweiz, mit
Aufdruck: „Merkur
Kaffee"
Farben: feuerrot/
schokoladenbraun/
feuerrot

H

4-VoL-19 / 838000
1986
Volvo F 10
Kippsattelzug
Modell mit neuem
Volvo-Fahrerhaus
Farben: rubinrot/./
schwarz, rubinrot/
weißaluminium/
schwarz

H

4-VoL-20 / 7554 (Set)
1986–
Volvo F 12 Sattelzugmaschine
Edition II/86 „100 Jahre Automobil"
Farben: anthrazitgrau/eisengrau

H

4-VoL-21 / 838001
1986–
Volvo F 12 Sattelzugmaschine
Modell mit kurzem Fahrerhaus
Farben: feuerrot/schwarz

H

VOLVO

4-VoL-22 / 839012
1987–
Volvo F 12
Kühlkoffer-Hängerzug
Aufdruck:
„Polar Express"
Farben: reinweiß/./feuerrot

H

WHITE-FREIGHTLINER

4-WFL-1 / 953232
1982–83
White Freightliner
Kasten-Sattelzug
Fahrerhaus kippbar.
Aufdruck: „ANDEKER"
Farben: reinweiß/./
schwarz

H

4-WFL-2 / 954214
1982–83
White Freightliner
Tanksattelzug
Fahrerhaus kippbar.
Aufkleber liegen bei.
Farben: schwarz/
schwarz-verchromt/schwarz

H

4-WFL-3 / 955503
1982–83
White
Pritschensattelzug
Farben: azurblau/
weißaluminium/azurblau

H

4-WFL-4 / 854220
1983–84
White Freightliner
Container-Sattelzug
Modell mit 20ft Container
beladen. Aufdruck: „Triton"
Farben: schwarz/kupferbraun/schwarz

H

4-WFL-5 / 854223
1984–
White Freightliner
Container-Sattelzug
Modell mit 40 ft
Container beladen
Aufdruck: „Triton"
Farben:
weißaluminium/ kupferbraun/schwarz

H

4-WFL-6 / 854226
1986–
**White Freightliner
Santa Fe**
Aufdruck: „Santa Fe"
Farben:
weißaluminium-
schwarz/
weißaluminium-
schwarz

H

4-WFL-7 / 854227
1986–
**White Freightliner
Southern Pacific**
Aufdruck: „Southern
Pacific-Golden Pig
Service"
Farben: schwarz/
reinweiß-schwarz

H

4-WFL-8 / 854228
1986–
**White Freightliner
Union Pacific**
Aufdruck: „Union
Pacific"
Farben:
weißaluminium/./
schwarz

H

4-WFL-9 / 854000
1986–
**Freightliner
„Mayflower" Koffer-
Sattelzug**
Farben: postgelb-
moosgrün/
moosgrün/schwarz
(schabloniert)

H

4-WFL-10 / 854001
1986–
**Freightliner „Bud of
California"
Koffersattelzug**
Farben: tomatenrot/
reinweiß/schwarz

H

4-WFL-11 / 854002
1987–
**Freightliner
„Brillion"
Koffersattelzug**
Farben: weiß-
feuerrot/weiß/
schwarz (schabloniert)

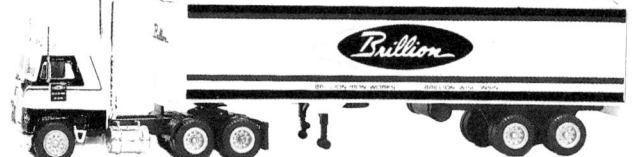

H

4-AL-1 / 7536 (Set)
1985–86
Kässbohrer Mietservice Set
1. Jumbo-Auflieger mit Plane
Farben: blutorange/., Plane: hellgrau
2. Zweiachs-Auflieger (Kasten)
Farben: reinweiß/blutorange
3. Auflieger-Chassis
Farbe: blutorange

H

H

4-AL-2 / 7556 (Set)
1986–
Auflieger-Set „TIP"
1. Jumbo-Auflieger mit Plane
Farben: steingrau/saphirblau, Plane: saphirblau
2. Dreiachs-Auflieger (Pritsche)
Farben: steingrau/saphirblau, Plane: saphirblau
3. Auflieger-Chassis
Farbe: saphirblau

H

H

H

BUSSE

4-BU-1 / 830461
1982–85
Setra Doppelstockbus
Farben: reinweiß – Zierstreifen:
karminrot/schwarz, weißaluminium –
Zierstreifen: rotorange/schwarz,
goldmetallic –
Zierstreifen: gelborange-
schokoladenbraun/schwarz (Imperial-
Ausführung)

H

4-BU-2 / 830462
1982–86
Setra Doppelstockbus
Aufdruck: „Ideal Reisen"
(mehrfarbig)
Farben: reinweiß/schwarz

H

4-BU-3 / 831470
1982–85
MAN Stadtbus SÜ 240
Modell in Ausführung Nürnberg.
Farben: hellelfenbein-karminrot/
schwarz
(→ Post)

H

4-BU-4 / 831471
1982–85
MAN Bahnbus SÜ 240
Modell in DB-Ausführung.
Farben: braunrot/schwarz

15,– DM

4-BU-5 / 833465
1984–
Setra S 215 HD Reisebus
Aufdruck: „Lebeller"
Farben: reinweiß/schwarz (Aufdruck:
drei Grün- und ein Blauton)
Sondermodelle/Schweiz (1. und 2.):
1. „Furka-Oberalp-Tours"
Farben: weißaluminium/schwarz (1984)
2. „Zermatt Tours"
Farben: feuerrot/schwarz (1984)
3. „Chalon"
Farben: moosgrün, mehrfarbig bedruckt
(1986)
4. „Radicini"
Farben: weißaluminium/schwarz (1987)

H

4-BU-6 /
832461
1984–
Setra SG 221 UL
Gelenkbus
Aufdruck:
„Kässbohrer-
Setra Regional
SG 221 UL"
Farben:
hellelfenbein/schwarz*
1986: zinkgelb-rot/schwarz (schabloniert)

* 16,– DM

4-BU-7 / 830472
1985–
Setra Doppelstockbus
Aufdruck: „Radicini"
Farben: weißaluminium/schwarz
Nur Schweiz: Aufdruck: „Marti"
Farben: ca. hellbeige/schwarz
Aufdruck: „Frossard"
Farben: weißaluminium/schwarz,
mehrfarbig bedruckt
Aufdruck: „Impact" (1987)
Farben: graubraun-metallic/schwarz

H

4-BU-8 / 7542 (Set 150 Jahre Eisenbahn)
1985–
Setra S 215 HD Reisebus
Aufdruck: „DB – Bahnbus-Reisen"
Farben: himbeerrot/schwarz,
Dach: weißaluminium

H

4-BU-9 / 831487
1986–
MAN SÜ 240 Bahnbus / Stadtbus
Modell in neuer Bundesbahn-
Ausführung
Farben: himbeerrot/schwarz
1987: Mit Aufdruck „Sparkasse"
1987: in reinweiß/schwarz mit Aufdruck
„MAN"

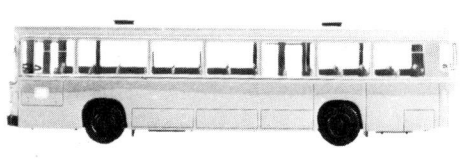

H

4-BU-10 / 846003
1986–
MAN SL 200 Stadtbus
Farben: feuerrot-blaugrau/schwarz

H

FEUERWEHR-FAHRZEUGE

4-FW-1 / 4022/4026
1978–85
Ford Transit Feuerwehr
Modell in Bus- und Transporter-Version.
Farben: karminrot, leuchtorange (4026)

H

4-FW-2 / 4014
1979–82
VW-LT Feuerwehr
Modellvarianten wie bei 4-VW-Li-1
Farbe: karminrot/Chassis reinweiß

H

4-FW-3 / 4051/4062
1979–85
BMW 528i Feuerwehr ELW
Modell ohne und mit Aufdruck „Feuerwehr" vorne.
Bekannt mit und ohne Dachlautsprecher (bei
Tagesleuchtfarbe stets ohne). Ab 1981 mit zusätzlichem
Frontspoiler.
Farben: karminrot ●, leuchtorange (4062). Ab 1984 neue
Form (vgl. 4-BMW-13), auch mit neuen Felgen.

H

4-FW-4 / 4052/4063
1979–
Range Rover Rettungswagen
Modell ohne und mit Aufdrucken (Fw Karlsruhe, etc.)
sowie in Tagesleuchtfarbe. Stets mit aufgeklebtem
Fanfarensatz. Anfangs auch als Rechtslenker. Ab 1985
auch mit weißer Bodengruppe und neuen Felgen.
Farben: karminrot, leuchtorange (4063), feuerrot

 H

4-FW-5 / 4053
1979–86
Opel Rekord Feuerwehr ELW
Modell mit einem Blaulicht und Aufdrucken
Farben: karminrot ●

 H

4-FW-6 / 4016
1980–84
VW-LT Feuerwehr
Neues Modell in Transporter-Version mit je einem
seitlichen Fenster
Farben: hellrotorange, leuchtorange

 H

4-FW-7 / 4054
1980–83
Opel Rekord ELW
Modell in Tagesleuchtfarbe. Mit zwei aufgeklebten
Blaulichtern und mit Lautsprecher. Bekannt ohne und
mit Aufdruck: Feuerwehr 4/050
Farbe: leuchtorange

 H

4-FW-8 / 4064
1980–
Opel Rekord Caravan Fw
Modell ohne und mit Aufdrucken
Farbe: karminrot, feuerrot (Kotflügel weiß)

 H

4-FW-9 / 4034
1982–84
VW Bus Feuerwehr
Modell in Bus-Ausführung (Tagesleuchtfarbe). Auch als
Transporter (karminrot) bekannt.
Farben: leuchtorange, karminrot

 H

4-FW-10 / 4066
1982–
Opel Kadett Caravan Fw
Farbe: leuchtorange

 H

4-FW-11 / 4055
1983–85
Opel Ascona ELW
Farbe: reinweiß/feuerrot (schabloniert)

 H

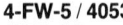

4-FW-12 / 4073
1983–
Mercedes-Benz 207D Feuerwehr
Modell mit vorderem und hinterem Blaulicht,
Aufdruck: Telefon-Symbol und 112
Farbe: feuerrot

H

4-FW-13 / 806502/806507
1983–
Mercedes-Benz DLK 23-12 SE Drehleiter
Modell mit fünfteiliger Drehleiter
Farben: karminrot/reinweiß, leuchtorange/reinweiß
(806507)
(Kunststoff in tagesleucht-rot eingefärbt)

H

4-FW-14 / 4078
1984–86
Mercedes-Benz Feuerwehr-Bus mit Hochdach
Modell mit zwei vorderen und einem hinteren Blaulicht,
Aufdruck: „Einsatzleitung"
Farbe: feuerrot

H

4-FW-15 / 818502/808504
1985–
MAN 14.192 Metz DLK 23-12
Modell mit vierteiliger Drehleiter
Farben:
1. feuerrot/reinweiß (818502)
2. leuchtorange/reinweiß (808504)

H

4-FW-16 / 814302
1985–
Mercedes-Benz LP 813 Feuerwehr
Modell mit zwei Blaulichtern, Aufdrucke vorn und seitlich
Farben: feuerrot/feuerrot-silber/schwarz-reinweiß

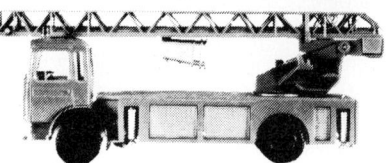

H

4-FW-17 / 820500
1985–
MAN 13.168 Feuerwehr Abrollkipper
Farben: feuerrot/feuerrot-silber/schwarz-rein-
weiß

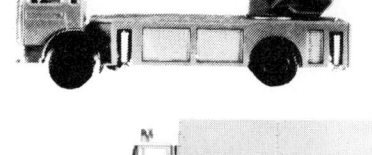

H

4-FW-18/806513
1985–
**Mercedes Benz MTS 260 Feuerwehr
Kranwagen**
Modell mit der Wiedergabe eines beweglichen
„Ruthmann-Steiger"
Farben: feuerrot/feuerrot-weißaluminium/
schwarz

H

4-FW-19 / 4086
1985–
Mercedes-Benz 508 GW Öl
Farben: feuerrot/reinweiß
Aufdruck: „Feuerwehr" und 112-Symbol

H

4-FW-20 / 806506
1985–
Mercedes-Benz DLK 23-12
Modell mit vierteiliger Drehleiter
Farben: feuerrot/reinweiß

 H

4-FW-21 / 4041
1986–
VW Golf II Feuerwehr
Aufdruck: „Feuerwehr"
Farbe: feuerrot

 H

4-FW-22 / 4076
1986–
Mercedes-Benz 207 D Feuerwehr
Modell mit Hochdach und 3 Blaulichtern; ohne und mit
Seitenfenster links. Grill rot und schwarz; Kombinationen
(4) möglich.
Aufdruck: „Feuerwehr"
Farben: feuerrot/reinweiß (schabloniert)

 H

4-FW-23 / 814501
1986–
Mercedes-Benz 813 TLF 8
Aufdruck: „Feuerwehr"
Farben: feuerrot/./schwarz

 H

4-FW-24 / 806516
1986–
**Mercedes-Benz Abrollkipper FW Großraum-
Mulde**
Aufdruck: „Feuerwehr"
Farben: feuerrot/schwarz

 H

4-FW-25 / 4058
1986–
Mercedes-Benz 190E Feuerwehr
Farbe: tagesleuchtrot
1987:feuerrot

H

4-FW-26 / 817000
1986–
VW-MAN Feuerwehr TLF 8
Modell mit zwei Blaulichtern
Farben: feuerrot/schwarz

 H

4-FW-27 / 858003
1986–
Iveco Feuerwehr Abrollkipper
Farben: feuerrot/./schwarz

 H

FEUERWEHR-FAHRZEUGE

4-FW-28 / 4068
1987–
Mercedes-Benz 190 Babynotarzt
Aufdruck „Babynotarzt"
Farbe: feuerrot

H

4-FW-29 / 4069
1987–
Mercedes-Benz T2 Feuerwehr
Kastenwagen-Ausführung mit zwei Blaulichtern
Farben: feuerrot/weiß

H

4-FW-30 / 4084
1987–
Opel Omega Feuerwehr
Farbe: feuerrot

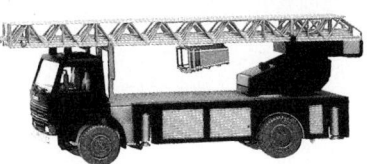

H

4-Fw-31 / 863002
1987–
Scania Fw-Drehleiter
Modell mit vierteiliger Drehleiter
Farben: feuerrot/reinweiß

H

KRANKENWAGEN

4-KR-1 / 4013
1978–84
VW-LT Sanitätswagen
Modellvarianten wie bei 4-VW-Li-1.
Blaulichtsockel unterschiedlich hoch
Aufdrucke: Rotes Kreuz auf den vorderen Türen,
Malteser-Hilfsdienst auf Seiten und Front, dito
Johanniter Unfall-Hilfe
Farben: hellelfenbein ●, dunkelcreme ●, elfenbein

H

4-KR-2 / 4060/und Set 7501
1979–
Porsche 924 Notarztwagen
Farben: reinweiß/rosé (schabloniert) creme/
karminrot (schabloniert – in Set 7501)

H

4-KR-3 / 4061
1979–
BMW 528i Notarztwagen
Modell ohne, ab 1981 mit zusätzlichem Frontspoiler
Farben: reinweiß/rosé, reinweiß/karminrot
(schabloniert). Ab 1984 neue Form, (vgl. 4-BMW-13),
auch mit neuen Felgen
1987: Farbe: hellbeige

H

4-KR-4 / 7501 (Set)
1983–
Ford Transit Sanitätswagen
Farben: creme mit rotem Aufdruck

H

4-KR-5 / 7501 (Set)
1983–
Mercedes-Benz 813 Pritsche
Modell als DRK-Lkw mit Blaulicht und Plane
Farbe: creme/./schwarz mit rotem Aufdruck

H

4-KR-6 / 4072
1983–85
Mercedes-Benz 207 BRK
Modell mit 2 Blaulichtern
Farbe: elfenbein mit roten Aufdrucken

H

4-KR-7 / 4059
1985–
Audi Quattro Notarzt
Modell mit Dachträger für zwei Blaulichter
Grundfarbe: reinweiß mit Aufdrucken
1987: Farbe: hellbeige

H

4-KR-8 / 4075
1986–
Mercedes-Benz 207 BRK
Kasten (hoch) ohne hintere Seitenfenster, mit drei
Blaulichtern
Farbe: elfenbein mit roten Aufdrucken

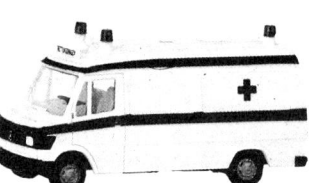

H

4-KR-9 / ohne Nr.
1986–
VW-Bus Krankenwagen
(Nur Österreich/Modell mit drei Blaulichtern)
Farben: hellelfenbein

H

4-KR-10 / 4065
1986–
Mercedes-Benz bonna 124 L
Modell mit drei Blaulichtern
Farbe: elfenbein
1987: reinweiß mit Aufdruck „Ambulance"

H

4-Pol-1 / 4040
1979–86
Opel Rekord Polizei
Zwei Gestaltungs-Varianten:
a) zweifarbig (schabloniert), Blaulicht auf Rundsockel
b) einfarbig, Blaulicht auf Kasten aufgeklebt, Aufdruck:
„Polizei"
Farben:
a) reinweiß/minzgrün
b) minzgrün

 H

 H

4-Pol-2 / 4041
1979–84
Audi 80 Polizei
Modell mit verschiedenen Kennungen (schwarz)
Farben: reinweiß/minzgrün (schabloniert)

 H

4-Pol-3 / 4043
1979–
BMW 528i Polizei
Modell mit verschiedenen Kennungen (schwarz). Ab 1981
mit zusätzlichem Frontspoiler. Neue Gestaltung 1984 (vgl.
4-BMW-13) „Bundes-Look"
1986 mit Dach-Aufdruck „14/3"
Farben: reinweiß/minzgrün (schabloniert), reinweiß mit
minzgrünen Streifen

 H

4-Pol-4 / 4044
1980–85
Audi 100 Polizei
Modell mit verschiedenen Kennungen (schwarz)
Farben: reinweiß/minzgrün (schabloniert)

 H

4-Pol-5 / 4045
1980–83
Ford Granada Polizei
Modell mit verschiedenen Kennungen (schwarz)
Farben: reinweiß/minzgrün (schabloniert), reinweiß

 H

4-Pol-6 / 4048
1980–85
Ford Capri Polizei
Modell mit verschiedenen Kennungen (schwarz)
Farben: reinweiß/minzgrün (schabloniert)
1983: mit Landeswappen NRW

 H

4-Pol-7 / 4019
1981–85
VW-LT Hochraum Polizei
Modell mit Hochdach auf Transporter mit je einem
seitlichen Fenster. Mit drei Blaulichtern, Aufdruck:
Polizei auf Front und Heck
Farben: moosgrün/Dach reinweiß

 H

4-Pol-8 / 4033
1981–
VW Bus Polizei
1. reinweiß mit minzgrünem Streifen (schabloniert).
   Polizei-Aufdrucke an Front und Heck
2. minzgrün; Polizei-Aufdrucke auf den Türen und in
   Spiegelschrift auf der Front
1986: mit neuen Rädern und zweiteiliger Lautsprecher-Box

 H

4-Pol-9 / 4022
1983–85
Ford Transit Polizei-Mannschaftswagen
Farbe: minzgrün

 H

4-Pol-10 / 7524 (Set)
1984–
Porsche 924 Autobahnpolizei
Modell mit einem Blaulicht (verschiedene Kennungen)
Farbe: reinweiß mit minzgrünen Aufdrucken

 H

4-Pol-11 / 7524 (Set)
1984–
Mercedes-Benz 207 D Mannschaftswagen
Modell mit zwei vorderen und einem hinteren Blaulicht
Farbe: minzgrün mit Aufdrucken

 H

4-Pol-12 / 7524 (Set)
1984–
Mercedes-Benz 809 D Materialtransporter
Modell mit zwei Blaulichtern
Farben: minzgrün/./schwarz

 H

4-Pol-13 / 4045
1985–87
Opel Ascona Polizei
Modell mit einem Dachblaulicht
Farbe: reinweiß mit minzgrünen Aufdrucken

H

4-Pol-14 / 4049
1985–
Mercedes-Benz 190 E Polizei
Modell mit einem Blaulicht auf Hella-Box
Farben: reinweiß, minzgrün schabloniert
1987 (nur Österreich): Modell mit Dachbügel, zwei
Blaulichtern und Lautsprecher
Farben: reinweiß mit rotem Streifen

 H

4-Pol-15 / 4094
1985–
Mercedes-Benz 207 D Polizei
Modell mit Hochdach und 3 Blaulichtern; Hecktüren mit
und ohne Fenster
Aufdrucke: Polizei
Farben: minzgrün/schwarz

 H

4-Pol-16 / 4057
1986–
Range Rover Polizei
Farben: reinweiß/rot schabloniert

 H

4-Pol-17 / 4063
1986–
VW Golf II Polizei
Farben: reinweiß/minzgrün (schabloniert)
1987: mit Aufdrucken auf dem Dach

 H

4-Pol-18 / 4079
BMW 728i Polizei
Farben: reinweiß/minzgrün schabloniert
Aufdrucke: Polizei

 H

4-Pol-19 / 4090
1987–
Opel Rekord Caravan Polizei
Farben: reinweiß/minzgrün (schabloniert)

 H

4-Pol-20 / 4091
1987–
Mercedes-Benz 207 Bus Polizei
Modell in Hochdach-Ausführung
mit drei Blaulichtern
Farben: reinweiß/minzgrün (schabloniert)/schwarz
Aufdrucke: Polizei-Sterne

 H

4-Pol-21 / 4099
1987–
Porsche 944 Polizei
Farben: reinweiß/minzgrün (schabloniert)
Verschiedene Aufdrucke

 H

4-Pol-22 / 806024
1987–
Mercedes-Benz 5 to Pritschen-Lkw Polizei
Farben: minzgrün/./schwarz, Plane: minzgrün
Aufdrucke: Polizei-Sterne

 H

THW-FAHRZEUGE

4-THW-1 / 4024
1981–83
Ford Transit Bus THW
Aufdruck: „THW" und Symbol auf den Türen (weiß)
Farbe: ultramarinblau

H

4-THW-2 / 4035
1982–
VW Bus THW
Aufdruck: „THW" und Symbol auf den Türen (silber)
Farbe: ultramarinblau (2 Ausführungen)

H

4-THW-3 / 4067
1982–86
Range Rover THW
Aufdruck: Seitenstreifen mit „THW"-Symbol (silber, lichtblau)
Farbe: ultramarinblau

H

4-THW-4 /7551 (Set)
1985–
Opel Kadett Caravan
Aufdruck: „THW"-Zeichen, „Technisches Hilfswerk"
Farbe: reinweiß

H

4-THW-5 / 7551 (Set)
1985–
Opel Rekord E
Aufdruck: s.4-THW-4
Farbe: reinweiß

H

4-THW-6 / 7551 (Set)
1985–
Ford Transit Bus
Aufdruck: s.4-THW-4
Farbe: ultramarinblau, beidseitig gelber Streifen

H

STRASSENDIENST- FAHRZEUGE

4-SD-1 / 7502 (Set)
1983–85
Opel Kadett Caravan ADAC
Modell mit Gelblicht und „ADAC"-Aufdrucken
Farbe: kadmiumgelb

H

4-SD-2 / 7502 (Set)
1983–85
VW-Bus ADAC
Modell mit Gelblicht und "ADAC"-Aufdrucken
Farbe: kadmiumgelb

H

4-SD-3 / 7502 (Set)
1983–85
Mercedes-Benz LP 813 ADAC-Rückholdienst
Modell mit Gelblicht und
„ADAC"-Aufdrucken. Mit absenkbarer
Ladefläche.
Farben: kadmiumgelb/./schwarz

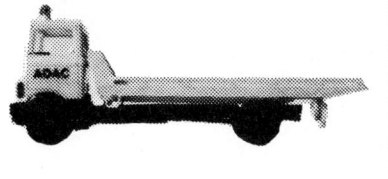

H

4-SD-4 / 7511 (Set)
1984–86
Renault R 4 ÖAMTC
Modell des Lieferwagens mit Dachschild
und Gelblicht
Farbe: kadmiumgelb

H

4-SD-5 / 7511 (Set)
1984–86
Opel Rekord Caravan ÖAMTC
Modell mit Dachschild und zwei Gelblichtern
Farbe: kadmiumgelb

H

4-SD-6 / 7511 (Set)
1984–86
Mercedes-Benz LP 813 Abschleppwagen ÖAMTC
Modell mit Gelblicht, mit absenkbarer Ladefläche
Farben: kadmiumgelb/./schwarz

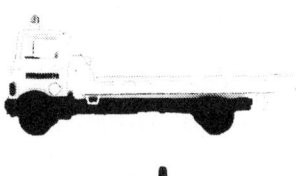

H

4-SD-7 / 4087
1985–
VW-Golf II viertürig ADAC
Modell mit Gelblicht und „ADAC"-Aufdrucken
Farbe: kadmiumgelb

H

POSTFAHRZEUGE

4-Post-1 / 4015
1979–82
VW-LT Transporter Post
Modell-Varianten wie bei 4-VW-Li-2
Aufdruck: Posthorn und DBP
Farben: zinkgelb ●

H

4-Post-2 / 815390
1982–85
(Saurer) OM Kasten-Lkw
Ausführung PTT (1983) nur Schweiz:
Farben: postgelb/weißaluminium/schwarz

H

4-Post-3 / 820414
1984
MAN 16.240 Koffer-Lkw
Ausführung Post/Österreich:
Farben: postgelb/weißaluminium/schwarz

4-Post-4 / 831471
1985–86
MAN SÜ 240 Postbus
Farben: postgelb/schwarz
Nur Schweiz (PTT):
Farben: maisgelb-reinweiß/schwarz

H

4-Post-5 / 4093
1985–
VW Golf II zweitürig/Post
Aufdruck: Posthorn
Farben: postgelb

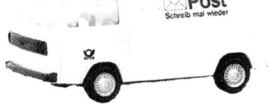

H

4-Post-6 / 4032
1985–
VW Transporter Post
Farben: postgelb
– nur Österreich; mit Aufdruck: „Bezirksjournal" – 1987
mit Aufdruck: „Post – schreib mal wieder"

H

4-Post-7 / 4089
1986–87
Opel Kadett Post
Aufdruck: Posthorn
Farbe: postgelb

H

KIBRI

Kindler + Briel wurde 1895 von Wilhelm Kindler gegründet und hat sich bereits von Anfang an mit Spielzeug, damals hauptsächlich aus Metall und Holz, befaßt. Schon vor dem Ersten Weltkrieg wurde ein erheblicher Teil der Produktion exportiert; vor allem die Schweiz, England und USA waren die Hauptabnehmer. Das Unternehmen entwickelte sich sehr gut und gehörte schon bald zum Kreis der renommierten deutschen Spielwarenerzeuger.

Nach dem Tode Wilhelm Kindlers übernahmen dessen beide Söhne Willi und Paul Kindler den Betrieb und bauten ihn zu beachtlicher Größe aus. Die Produktion wurde erheblich erweitert, insbesondere das Sortiment in Eisenbahnzubehör, das damals aus Metall gefertigt wurde, stand im Vordergrund.

Der Zweite Weltkrieg ließ die Spielzeugproduktion stagnieren. In den letzten Kriegstagen wurde das Unternehmen zerstört, aber schon bald danach begann sein Wiederaufbau.

In den Jahren seit dem Kriege hat die Firma die Fertigung in wesentlichen Bereichen auf Kunststoff-Materialien umgestellt, wodurch der Gestaltung und perfekten Detaillierung insbesondere des Modelleisenbahnzubehörs neue Möglichkeiten eröffnet wurden. Mit ihrem Markenzeichen „kibri" zählt die Firma Kindler + Briel, deren Leitung inzwischen die Schwiegersöhne der Herren Paul und Willi Kindler, Rudolf Gußmann und Augustin Keller übernommen haben, zur Spitzengruppe der internationalen Spielwarenfabrikation. Das Fertigungsprogramm umfaßt Sommerspielzeug, Holzspielwaren und Modellbahnzubehör, wobei auf letzteres der weitaus größte Teil der Produktion entfällt.

Die stetige Aufwärtsentwicklung des Unternehmens wurde 1973 durch einen Großbrand, dem das gesamte Werk in Böblingen mit allem Zubehör zum Opfer fiel, jäh unterbrochen. Nur mit Mühe und äußerstem Einsatz konnte die Zeit bis zur Errichtung eines neuen Werks in Böblingen durch vermehrten Einsatz des bereits bestehenden Zweigwerks in Schopfloch bei Freudenstadt überwunden werden.

1976 wurden im H0-Programm Nutzfahrzeuge aufgenommen, die in ihrer Maßstabgenauigkeit und der Detaillierung zu den Spitzenprodukten in der Welterzeugung zählen. Dieses Programm wird laufend erweitert, so daß es derzeit bereits 39 Modell-Bausätze zählt. Insgesamt umfaßt die Produktpalette ca. 500 Artikel.

In 1981 wurde die Gesellschaftsform der Firma von der KG. in kibri-Spielwarenfabrik GmbH geändert.

5-DFL-1 / 10018
1980–
DAF Sattelzug mit Plane
Farben: himmelblau/
himmelblau/erdbeerrot
Plane: kadmiumgelb

H

5-DFL-2 / 10036
1981–
DAF Silo Sattelzug
Farben: reinweiß/reinweiß, schwarz

H

5-DFL-3 / 10076
1981–
DAF Tanksattelzug
Farben: reinweiß/reinweiß/
türkisgrün

H

5-DFL-4 / 10160
1981–
DAF Kühlsattelzug
Farben: reinweiß/./
himmelblau

H

5-DFL-5 / 10180
1982–
DAF Pritschen-Lkw mit Hänger
Farben: erdbeerrot/./
schwarz/ –
Plane: himmelblau

H

5-DFL-6 / 10096
1985–
DAF Glastransport-Sattelzug „Langendorf"
Farben: reinweiß-
schwarz/himmelblau/.

H

5-DFL-7 / 10214
1986–
**DAF Viehtransporter
mit Anhänger „Köpf"**
Farben: verkehrsblau/./
schwarz

H

5-DFL-8 / 10248
1986–
DAF Pritschensattelzug
Farben: graualuminium/./
lichtblau

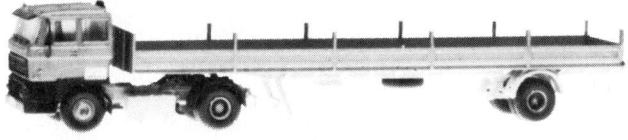

H

5-DFL-9 / 10310
1987–
**DAF Holztransport-
Hängerzug mit
Ladekran**
Farben:
verkehrsrot/./
schwarz

H

FAUN

5-FL-1 / 10106
1979–
Faun Zugmaschine
Farben: reinorange/./erdbeerrot

H

5-FL-2 / 10120
1979–
**Faun Zugmaschine mit
Schwerlastroller mit
Ladung**
Farben:
Zugmaschine:
reinorange/./
erdbeerrot
Anhänger:
melonengelb

H

5-FL-3 / 10118
1980–
**Faun Zugmaschine mit
Tiefladeanhänger und
Ladung**

Farben:
Zugmaschine:
kadmiumgelb/./
erdbeerrot
Anhänger: kadmiumgelb

H

FAUN

5-FL-4 / 10122
1982–
**Faun Tieflade-
Sattelzug mit
Ladung**
Farben:
kadmiumgelb/./
erdbeerrot

H

5-FL-5 / 10108/10144
1984–
**Faun Zugmaschine mit
Bergekran „Bilstein"**
Farben: himmelblau/
orange/himmelblau,
1985: rotorange/./.

H

5-FL-6 / 10208/10294
1986–
Faun F 1310 Radlader
Farbe: hellchromgelb
1987: feuerrot-reinweiß

H

GOTTWALD

5-GL-1 / 10326
1987–
Gottwald AK 850 Gittermastkran
Farben: kadmiumgelb/./schwarz

H

HAMM

5-HML-1 / 10280
1986–
Hamm Vibrationswalze
Farbe: reinorange

H

5-HML-2 / 10300
1987–
Hamm Stampffußwalze
Farbe: orange

H

KAELBLE

5-KBL-1 / 10100
1978–
Kaelble Zugmaschine
Farben: helltürkisgrün/./fehgrau

H

5-KBL-2 / 10110
1978–
**Kaelble Zugmaschine
mit Straßenroller**
Farben:
Zugmaschine: fehgrau/./
schwarz
Anhänger: anthrazitgrau

H

5-KBL-3 / 10112
1979–
**Kaelble Zugmaschine
mit Wohnwagen**
Farben:
Zugmaschine: reinweiß/./
himmelblau
Anhänger: reinweiß

H

LIEBHERR

5-LHL-1 / 10130/10132
1982–
**Liebherr Teleskop-
Autokran**
Farben: kadmiumgelb/
schwarz
1983: feuerrot/schwarz

H

5-LHL-2 / 10140
1983–
Liebherr Mobil-Bagger
Farben: kadmiumgelb-weiß/
kadmiumgelb

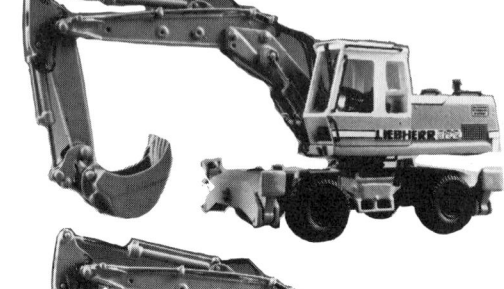

H

5-LHL-3 / 10142
1983–
Liebherr Raupenbagger
Farben: kadmiumgelb-weiß/
kadmiumgelb

H

5-LHL-4 / 10146
1985–
Liebherr Laderaupe LR 631
Farbe: gelborange

H

5-LHL-5 / 10204/10206
1986–
Liebherr Mobil-Bagger A 922
Zwei Varianten:
a) (10204) in Zweiwege-
Ausführung
b) (10206) mit Planier-Schild
Farben· (jeweils) chromgelb

H

LIEBHERR

5-LHL-6 / 10202
1986–
Liebherr 63 EC Turmdrehkran
Farbe: chromgelb

H

5-LHL-7 / 10290 (Set)
1987–
Liebherr-Kran „auf Reisen"
Turmdrehkran als Ladung für drei Mercedes-Benz-Sattelzüge
Farben:
Turmdrehkran: hellgelborange
Sattelzüge: currygelb/./ schwarz

H

5-LHL-8 / 10324
1987–
Liebherr Planierraupe mit Aufreißer
Farben: kadmiumgelb-weiß/schwarz

H

5-LHL-9 / 10328
1987–
Liebherr Mobilkran dreiachsig
Farben: kadmiumgelb/./schwarz

H

MAN

5-MAL-1 / 10014
1984–
MAN 30.321 Vierachs-Kipper mit „Meiller"-Aufbau
Farben: orange/./schwarz

H

5-MAL-2 / 10210
1985–
MAN 19.321 Kipperzug
Farben: chromgelb/./ blutorange

H

5-MAL-3 / 10216
1985–
**MAN 19.321 Rungen-
Sattelzug mit Ladung**
Farben: feuerrot/
verkehrsblau/feuerrot

H

5-MAL-4 / 10212
1986–
**MAN 26.321 Kipper mit
Tandem-Anhänger**
Farben: verkehrsblau/./
feuerrot

H

5-MAL-5 / 10242
1986–
MAN Planen-Sattelzug
Aufkleber: „Südzucker",
„Fern-Schnell-Gut"
Farben: reinweiß/./
himmelblau, Plane:
reinweiß

H

5-MAL-6 / 10244
1986–
MAN Koffersattelzug
Aufkleber: „Hans Kolb
Wellpappe"
Farben: lichtblau/
reinweiß/schwarz

H

5-MAL-7 / 10254
1986–
**MAN Transportbeton-
Mischer**
Modell mit vier
verschiedenen
Beschriftungsbogen
Farben: hellgelborange/./
schwarz

H

5-MAL-8 / 10258
1986–
MAN Tankwagen „BP"
Farben: reinweiß/./
schwarz

H

5-MAL-9 / 10260
1986–
MAN 14.192 UL
Kofferzug „Deutsche Bundespost"
Farben: kadmiumgelb/./ schwarz

H

5-MAL-10 / 10262
1986–
MAN 19.321 UL
Planenzug
Aufkleber: „Dietrich Spedition"
Farben: feuerrot/./ schwarz, Planen: himmelblau

H

5-MAL-11 / 10264
1986–
MAN 19.321 UL
Containerzug „Deutsche Bundesbahn"
Farben: grünbeige/./ schwarz

H

5-MAL-12 / 10276
1986–
MAN Absetzkipper „Meiller"
Modell mit zwei Mulden
Farben: reinweiß/./ schwarz, Mulden: minzgrün

H

5-MAL-13 / 10282
1986–
MAN Schwerlast-Zugmaschine der DB mit Ladekran
Farben: grünbeige/./ blutorange, Plane: grünbeige

H

5-MAL-14 / 10302
1987–
MAN Heizöl-Verteiler – LKW „Shell"
Farben: postgelb/./ verkehrsgrau

H

MERCEDES-BENZ

5-MBL-1 / 10010
1976–
Mercedes-Benz Kieszug
Farben: melonengelb/./rotorange ●

H

5-MBL-2 / 10030
1976–
**Mercedes-Benz Silokraft-
fahrzeug**
Farben: reinweiß/./himmelblau

H

5-MBL-3 / 10042
1976–
Mercedes-Benz Fahrmischer
(Packungen mit 2 Modellen)
Farben: melonengelb/./rotorange ●

H

5-MBL-4 / 10052
1976–86
**Mercedes-Benz
Tankzug „Esso"**
Farben: reinweiß/./rotorange

H

5-MBL-5 / 10062
1976–86
**Mercedes-Benz
Tankzug „Shell"**
Farben: kadmiumgelb/./
rotorange

H

5-MBL-6 / 10080
1976–
Mercedes-Benz
Langholzkraftfahrzeug
Farben: kadmiumgelb/
rotorange

H

5-MBL-7 / 10020
1977–
Mercedes-Benz
Sattelzug mit Schnittholzladung
Farben: rotbraun/./schwarz

H

5-MBL-8 / 10032
1977–86
Mercedes-Benz
Futtermittelsilo mit Hänger
Farben: smaragdgrün/
reinweiß/feuerrot

H

5-MBL-9 / 10050
1977–86
Mercedes-Benz
Tanksattelauflieger „Esso"
Farben: reinweiß/./rotorange

H

5-MBL-10 / 10060
1977–
Mercedes-Benz
Tanksattelauflieger „Shell"
Farben: kadmiumgelb/./rotorange

H

5-MBL-11 / 10070
1977–86
Mercedes-Benz
Tanksattelauflieger „Aral"
Farben: himmelblau/reinweiß/himmelblau

H

5-MBL-12 / 10022
1978–
Mercedes-Benz
Sattelzug mit Ladebrücke
Farben: smaragdgrün/./
schwarz

H

5-MBL-13 / 10024
1978–
Mercedes-Benz
Langmaterial-Transporter
Farben: smaragdgrün/./schwarz

H

5-MBL-14 / 10028
1978–
Mercedes-Benz
Kohlen Kuli
Farben: blutorange/./
verkehrsgrau

H

5-MBL-15 / 10090
1978–
Mercedes-Benz
Tieflader-Sattelzug
Farben: smaragdgrün/./schwarz

H

5-MBL-16 / 10150
1979–
Mercedes-Benz
Kühl-Lastzug
Farben: reinweiß/./rotorange

H

5-MBL-17 / 10012
1980–
Mercedes-Benz
Sattelkipper
Farben: melonengelb/./
schwarz

H

5-MBL-18 / 10034
1980–
Mercedes-Benz
Silo-Zug
Farben: erdbeerrot/./.

H

5-MBL-19 / 10038
1981–
Mercedes-Benz
Silo Umsetzfahrzeug
Farben: grauweiß/./schwarz

H

5-MBL-20 / 10170
1981–
Mercedes-Benz
Koffer-Hängerzug
Farben: opalgrün/./cremeweiß

H

5-MBL-21 / 10006
1982–
Mercedes-Benz
Kurzhauber-Sattelkipper
Farben: melonengelb/./schwarz

H

5-MBL-22 / 10008
1982–
Mercedes-Benz
Kurzhauber-
Kipperzug
Farben: melonengelb/./
schwarz

H

5-MBL-23 / 10092
1982–
Mercedes-Benz
Plattform-Tief-
lader mit
Containern
Farben: himmel-
blau/./grauweiß

H

5-MBL-24 / 10182
1982–
Mercedes-Benz
Hängerzug mit Planen
Farben: grauweiß/./schwarz, Planen: grauweiß

H

MERCEDES-BENZ

5-MBL-25 / 10190
1982–
**Mercedes-Benz
Koffer-Sattelzug**
Farben: reinweiß/./schwarz

H

5-MBL-26 / 10172
1983–
**Mercedes-Benz
Koffer-Hängerzug
„co-op"/Schweiz**
Farben: rotorange/./
schwarz

H

5-MBL-27 / 10044
1983–
**Mercedes-Benz
Kurzhauber-Fahrmischer**
(Packung mit 2 Modellen)
Farben: melonengelb/./schwarz

H

5-MBL-28 / 10026
1983–
**Mercedes-Benz
Kurzhauber mit Nachläufer**
Farben: melonengelb/./schwarz

H

5-MBL-29 / 10124
1983–
**Mercedes-Benz
Kurzhauber mit Tieflade-
Anhänger**
Farben: melonengelb/./schwarz

H

5-MBL-30 / 10004
1984–
Mercedes-Benz
Kurzhauber
Kippsattelzug „Meiller"
Farben: orange/./
schwarz

H

5-MBL-31 / 10064
1985–
Mercedes-Benz Silozug
„Deuka"
Farben: gelb/./schwarz

H

5-MBL-32 / 10220/10222/
10224/10226/10228
1985–
Mercedes-Benz
Koffersattelzug
Aufkleber/Farben:
„Südmilch", „Wella":
weiß/./schwarz
„Danzas", „Liebherr":
gelb/./schwarz
„Union Transporte",
„Kriegbaum": rot/./
schwarz
„Kanzler", „Jever Pils":
grün/./schwarz
„Suchard", „1 × 1
Früchte": blau/./schwarz

H

5-MBL-33 / 10200
1985–
Mercedes-Benz 3328
Betonpumpe
„Schwing"
Farben: chromgelb/./
schwarz

H

5-MBL-34 / 10240
1986–
Mercedes-Benz
Planensattelzug
„Kühne & Nagel"
Farben: saphirblau/
lichtblau/schwarz,
Plane: saphirblau

H

5-MBL-35 / 10246
1986–
**Mercedes-Benz
Planensattelzug**
Aufkleber: „Stinnes
Reifendienst", „Fern-
Schnell-Gut"
Farben: reinweiß/./
schwarz,
Plane: reinweiß

H

5-MBL-36 / 10256
1986–
**Mercedes-Benz
Kühlkoffer-LKW**
Aufkleber:
„Wiesenhof",
„Herta"
Farben: reinweiß/./
schwarz

H

5-MBL-37 / 10270
1986–
**Mercedes-Benz
Plattform-Zug**
Beladen mit zwei
Fertig-Garagen
„Kemmler"
Farben: minzgrün/./
schwarz,
Garagen: silbergrau-
blaßbraun

H

5-MBL-38 / 10304
1987–
**Mercedes-Benz
Kurzhauber
Tanksattelzug
„Aral"**
Farben: himmelblau/
reinweiß/schwarz

H

5-MBL-39 / 10306
1987–
**Mercedes-Benz
Entsorgungszug
„Edelhoff"**
Modell mit Ladekran,

Gabelstabler und
Müllbehältern
Farben: reinweiß/./.
Behälter:
weißaluminium

H

MERCEDES-BENZ

5-MBL-40 / 10308
1987–
**Mercedes-Benz
Glastransport-Lkw
mit Ladekran**
Farben: türkisblau/./
schwarz

H

5-MBL-41 / 10316
1987–
**Mercedes-Benz
Transportbeton-
Sattelzug**
Farben: cremeweiß/
cremeweiß-maigrün/
schwarz

H

SCANIA

5-ScL-1 / 10094
1984–
**Scania T 142 Tieflade-
Sattelzug**
Modell mit Rohr-Ladung
Farben: blutorange/./
schwarz

H

5-ScL-2 / 10218
1985–
**Scania T 142 E
Sattelzugmaschine mit
Pritsche**
Farben: feuerrot/./
schwarz,
Plane: kieselgrau

H

5-ScL-3 / 10274
1986–
Scania Muldenkipper
Farben: reinweiß/./
schwarz

H

SCANIA

5-ScL-4 / 10268
1986–
Scania Innenlader-Sattelzug „Kemmler"
Farben: minzgrün/./schwarz
Ladung: silbergrau

H

5-ScL-5 / 10312
1987–
Scania Brückensattelzug mit Ladekran
Farben: enzianblau/./rotbraun

H

5-ScL-6 / 10314
1987–
Scania Absetzkipper mit Anhänger
Farben: reinweiß/./schwarz,
Mulden: minzgrün

H

SCHEUERLE

5-SRL-1 / 10126
1984–
**Scheuerle
Schwerlastroller mit
Ladung**
Farben: orange, Trafo:
weißaluminium

H

5-SRL-2 / 10116
1984–
**Scheuerle
Plattformwagen K 60/2,
K 75/3**
Farben: orange/schwarz

H

SCHEUERLE

5-SRL-3 / 10128
1985–
Scheuerle Schwerlast-
Selbstfahrer LS 250
„Heuler"
Modell nach DB-Vorbild
mit Großtransformator
Farben: gelborange/
schwarz
Trafo: grün

H

STEINBOCK

5-STL-1 / 10002
1977–
Steinbock Gabelstabler
Farben: rotorange/kadmiumgelb

H

FEUERWEHR-FAHRZEUGE

5-FW-1 / 8032
1987–
Ford FK 2500 LF 8
Nur als Bestandteil der Bausatz-Packungen
„Goldbach" und „Bahlburg"
Farben: feuerrot/schwarz

H

FEUERWEHR-FAHRZEUGE

5-FW-2 / 10292
1987–
Mercedes-Benz Absetzkipper mit Ladekran und Mulde
Farben: feuerrot/schwarz-weiß

H

5-FW-3 / 10296
1987–
Mercedes-Benz Gelenklöscharm „Schwing"
Farben: feuerrot/schwarz-weiß

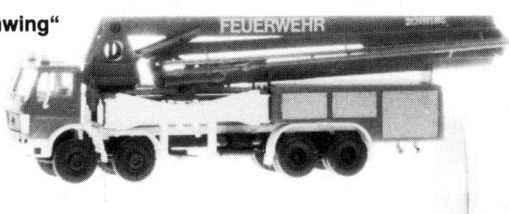

H

THW-FAHRZEUGE

5-THW-1 / 10318
1987–
Mercedes-Benz Kipper mit Tieflade-Anhänger
Farben:
Kipper: ultramarinblau/./
schwarz
Anhänger:
ultramarinblau-schwarz

H

5-THW-2 / 10320
1987–
Liebherr Mobil-Bagger
Farben: ultramarinblau/schwarz

H

5-THW-3 / 10322
1987–
Bergungsräumgerät „Zettelmayer"
Modell mit Polypgreifer, Schaufel, Tieflöffel und Meißel
Farbe: ultramarinblau-schwarz

H

MODEL INTERNATIONAL
(Prep, Revell-Praliné)

Die Firma Model International (Duve und Schultz OHG) wurde 1974 als Versandhandelsfirma für Modellminiaturen und -Bausätze gegründet, da zu dieser Zeit das internationale Angebot in dieser Sparte nur zu einem Teil in den herkömmlichen Geschäften angeboten wurde. Die Zielgruppe waren ausschließlich Sammler und Modellbaufreunde.

Besonders der Maßstab 1:43 stand im Mittelpunkt der geschäftlichen Aktivitäten, bis man die Großhandels- und Importvertretung der spanischen Firma Eko übernahm. Zwar konnte die Qualität der Eko-Produkte durch Einwirken von Model International verbessert werden, dennoch nahm der Handel Eko anfänglich nur zögernd an. Weitere Umsatzsteigerungen erhoffte man sich dann durch eigene Produktionen. Die Walldorf-Miniaturen im Maßstab 1:43 machten sich schnell einen guten Namen in Sammlerkreisen, so daß man sich entschloß, auch im Maßstab 1:87 eine Weißmetall-Bausatz-Serie aufzulegen, die Model International 1979 auszuliefern begann.

Im Jahre 1981 (nunmehr unter dem neuen Firmennamen Duve GmbH) wagte man bei Model International den „großen Schritt" zum Kunststoff-Modell. Damit waren teure Stahlformen, Produktion in hoher Qualität und Fertigung in großen Stückzahlen verbunden.

Dieser Weg des „Selbermachens" war die Reaktion auf die vergebliche Suche nach geeigneten Importen, die per Großhandel, der jetzt intensiv ausgeweitet wurde, angeboten werden sollten.

Erhebliche Anfangsschwierigkeiten und Hindernisse, anfängliche Mißerfolge und der unvorhergesehene Konkurs eines Zulieferers führten zu unglaublichen Fertigungsverzögerungen, die dem Handel sehr viel, in manchen Fällen zu viel Geduld abverlangten. Endlich aber konnten 1981/82 die ersten selbstgefertigten Prep- und Praliné-Modelle ausgeliefert werden.

Im Januar 1986 wurde der Vertrieb der Praliné-Modelle von der Firma Revell/Bünde übernommen.

MERCEDES-BENZ

6-PrMBL-1 / 02–01 – 02–12/ab: 167501
1982–
Mercedes-Benz 1013 Kastenwagen
Modell in verschiedenen Werbe-Ausführungen
Aufdrucke/Farben:
1. „Schreiber-Verlage"
Farben: moosgrün/reinweiß/zinkgelb
2. „Noch Spielwaren"
reinweiß/./verkehrsrot
3. „Transbest Spedition"
ultramarinblau/melonengelb/schwarz
4. „ICI Wiederhold"
smaragdgrün/reinweiß/smaragdgrün
5. „Möbel Franz"
feuerrot/./schwarz
6. „Kunzendorf-Spedition"
ultramarinblau/reinweiß/schwarz
7. „Printex"
feuerrot/reinweiß/feuerrot
8. „Karl Ruland KG"
reinorange/reinweiß/reinorange
9. „Spiel und Spaß"
reinorange/grasgrün/reinorange
10. „Maggi"
feuerrot/zinkgelb/feuerrot
11. „4711"
reinweiß/türkisblau/reinweiß
12. „Faller"
feuerrot/./schwarz

H

WECHSELTRAILER

6-PrWTL-1 / 22-01 – 22-12/780001–780012
1981–
Ackermann-Fruehauf-Auflieger
Auflieger (Chassis: schwarz) mit einem 35 ft-
Container beladen. Verschiedene
Königszapfen liegen dem Modell bei.
Aufdrucke/Farben:
„Union Pacific": chromgelb, „Sea Land":
reinweiß,
„Dubuque": reinweiß, „Burlington":
reinweiß, „Henninger Bier": reinweiß,
„Gösser Bier": reinweiß, „Carlsberg":
reinweiß, „Printex: reinweiß, „Binding Bier":
zinkgelb, „Tuborg Beer": reinweiß,
„Löwenbräu": nachtblau, „Kronenbourg":
verkehrsrot

H

6-PMBL-1 / 80700
1983–
Mercedes-Benz LP 809
Farben: blaugrün/./feuerrot
sowie die unter 6-PMBL-2
genannten Farben

 H

**6-PMBL-2 / 80401–80708 /
80754–80756**
1983–
Mercedes-Benz LP 809
Aufdrucke/Farben:
„Henninger Bier": reinweiß/
verkehrsrot/. (zwei Versionen: a)
seitlich, b) allseitig bedruckt),
„Gösser Bier":
reinweiß/.minzgrün „Tuborg
Beer": reinweiß/./verkehrsrot,
„Carlsberg Beer": a.
hellolivgrün/./reinweiß, b.
gelbgrün/./reinweiß (Fahrerhaus
zusätzlich bedruckt), „Binding
Bier" zinkgelb/./ultramarinblau
(zwei Aufdruck-Versionen),
„Frankfurter Würstchen":
reinweiß/./schwarz,
„Kronenbourg": verkehrsrot/./
ultramarinblau, „Löwenbräu":
himmelblau/./lichtgrau,
„Henninger Bier" (3. Version): reinweiß/weißaluminium/gelbgrün,
„Pilsener Urquell": reinweiß/verkehrsweiß/moosgrün-schwarz,
„AGFA": reinorange/reinweiß/schwarz,
„Dortmunder Union": reinweiß/moosgrün/verkehrsweiß (allseitig
bedruckt),
„GAZ": himmelblau/./lichtgrau,
„Küppers Kölsch" (Sondermodell für Liliput):
dunkelgelbgrün/reinweiß/schwarz
„Flensburger Pilsener": reinweiß/./schwarz,
„Barre Bräu": maigrün/./schwarz,
„Bitburger Pils": laubgrün/./schwarz

 H

 H

6-PMBL-3 / 80730
1984–
**Mercedes-Benz LP 809
Kommunal-Lkw**
Modell mit zwei Gelblichtern
Farben: reinorange/
hellrotorange/schwarz

 H

MERCEDES-BENZ

**6-PMBL-4 / 21-01 /
82102–82104/82110**
1985–
**Mercedes-Benz LP 809
Tankwagen**
Aufdrucke/Farben:
„BP Stromeyer": reinweiß/./
schwarz, „Esso Heizöl":
feuerrot/feuerrot-reinweiß/
schwarz, „Altöl" Karo As": grau-
lichtblau/reinweiß/schwarz,
„Raab Karcher": blutorange/
reinweiß/blutorange, „Aral":
reinweiß/./betongrau

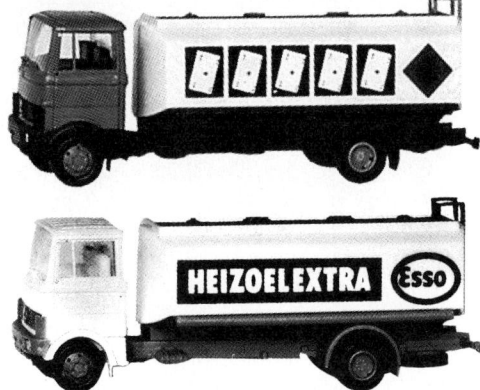

H

H

6-PMBL-5 / 82107
1985–
**Mercedes-Benz LP 809
Milchtankwagen**
Aufdruck: „Milch"
Farben: lichtblau/
weißaluminium/schwarz

H

6-PMBL-6 / 83000–83003
1986–
**Mercedes-Benz LP 809
Getränkewagen**
Aufdrucke/Farben:
„Ottos Limonadenquelle":
hellrotorange/minzgrün/
schwarz, „Sinalco": postgelb/./
feuerrot, „Ottos Bierkutsche":
mittelblau/./verkehrsgrau,
„Herforder Pils": reinweiß/./
feuerrot, „Pepsi": reinweiß/./
schwarz

H

MERCEDES-BENZ

**6-PMBL-7 /
83501–83503**
1987–
**Mercedes-Benz
1320 Sattelzug**
Aufdrucke/Farben:
„Villiger/Braniff":
cremeweiß/./schwarz
„Kühne & Nagel":
stahlblau-lichtblau/./
schwarz
„Flensburger
Pilsener": reinweiß/./
schwarz

H

**6-PMBL-8 /
83804**
1988–
**Mercedes-
Benz LP 809**
Modell mit hoher vorderer Pritschenwand,
mit Sandladung; Straßendienst-
Ausführung
Farben: gelborange/./schwarz

H

6-PMBL-9 / 83800
1987–
**Mercedes-Benz LP 809
Pritsche/Plane**
Farben: stahlblau-lichtblau/
stahlblau/schwarz

H

6-PMBL-10 / 83840
1988–
**Mercedes-Benz LP
809 Kasten-
Hängerzug**
Aufdruck: „Kröger",
Farben: reinweiß/./schwarz,
beige/./schwarz

H

6-PMBL-11 / 84001/84002
1987–
**Mercedes-Benz 1320
Pritschenwagen**
1. Modell ohne Aufdruck, Farben:
stahlblau-lichtblau/./schwarz
2. Aufdruck: „Hellmann
International", Farben:
reinweiß/./blau; Plane: blau

H

6-PMBL-12 / 84003
1987–
Mercedes-Benz 1320
Tankwagen
Aufdruck: „BP Stromeyer"
Farben: cremeweiß/reinweiß/
schwarz

H

6-PMBL-13/84100
1987–
Mercedes-Benz 1320 Kasten-LKW
Farben: stahlblau/./schwarz;
hellbeige/./schwarz

H

6-PMBL-14 / 84101
1987
Mercedes-Benz 1320 Kasten-Hängerzug
Aufdruck: „Marlboro"
Farben: reinweiß/./schwarz

H

6-PMBL-15/84102
1987–
Mercedes-Benz 1320
Planenzug
Aufdruck: „Spedition Emons"
Farben:

H

6-PMBL-16 / 84103
1987–
Mercedes-Benz 1320 Tankzug
(Hängerzug)
Aufdruck: „Esso Heizöl"
Farben: reinweiß/
./schwarz

H

SCANIA

6-PScL-1 / 81800/81801
1984–
Scania H 142 Zugmaschine
Modell in unbedruckter und bedruckter Ausführung.
Farben: schwarz/feuerrot, reinorange/schwarz,
himmelblau/feuerrot, anthrazitgrau/schwarz,
anthrazitmetallic/schwarz, grünmetallic/schwarz,
hellblaumetallic/schwarz, feuerrot/schwarz

H

6-PScL-2 / 81802/ 81806/81808
1985–
Scania H 142 Koffersattelzug
Aufdruck-Varianten:
1. „Scania Deutschland"
2. „Kegelmann"
3. „Ikea"
4. „Landerer"
5. „Kühne & Nagel"
6. „Tillmann"
Farben:
Zugmaschinen: siehe 6-PScL-1 („Kühne & Nagel": saphirblau/ lichtblau)
Auflieger: reinweiß/ schwarz (mehrfarbig bedruckt), saphirblau-lichtblau/schwarz

H

H

6-PScL-3 / 83602
1986–
Scania H 142 Kastenwagen
Aufdruck: „Scania"
Farben: reinweiß/./grünblau, kobaltblau/reinweiß/schwarz

H

6-PScL-4 / 83603
1986–
Scania H 142 Esso-Tankwagen
Aufdruck: „Esso Heizöl Extra"
Farben: reinweiß/./hellblaugrau

H

6-PScL-5 / 83606
1986–
Scania H 142 Kipper
Farben: lichtblau/ weißaluminium/schwarz, goldgelb/weißaluminium/ schwarz, farngrün/ weißaluminium/schwarz, perlweiß/./feuerrot, hellrotorange/./schwarz

H

6-PScL-6 / 81809
1987–
Scania H 142 Koffer-Sattelzug
Modell in „Kamei-Renntruck"-Ausführung
Farben: reinweiß/./schwarz, mit mehrfarbigem Aufdruck

H

6-PScL-7 / 83604
1987–
Scania H 142 Koffer-Lkw
Aufdruck: „Frucht-Express"
Farben: reinweiß/./schwarz

H

BUSSE

6-PBU-1 / 81000
1983–
Mercedes-Benz O 3500
Modelle stets zweifarbig, unbedruckt
Farben: feuerrot/schwarz, hellblau/weißgrau, maisgelb/schwarz, hellgrau/schwarz, altweiß/smaragdgrün, himmelblau/weiß, weiß/himmelblau, cremeweiß/blutorange
(→ Feuerwehr, Polizei, Post)

H

6-PBU-2 / 81001
1983–
Mercedes-Benz O 3500
Aufdrucke:
1. „Alpenvogel", Farben: feuerrot/schwarz
2. „Lautenbach", Farben: hellbeige/olivbraun
3. „10 Jahre Model International"
Farben: feuerrot/aluminium, elfenbein/aluminium, anthrazit/aluminium, jeweils mit grün schabloniertem Aufdruck.
(→ weitere, zum Teil als Sondermodelle bezeichnete, O 3500-Modelle wurden regional im Fachhandel angeboten)

H

BUSSE

6-PBU-3 / 81007
1983–
Mercedes-Benz O 3500 Bahnbus
Aufdruck: „Deutsche Bundesbahn"
Farben: weinrot/.

H

6-PBU-4 / 10-10
1983–85
Mercedes-Benz O 3500 Bundeswehr-Bus
Aufdruck: „Bundeswehr-Musik-Korps"
Farben: schwarzoliv/.

6-PBU-5 / 10-15/10-16
1984–85
Mercedes-Benz O 3500 Bauwagen
Modell mit mattierten Seiten- und
Heckscheiben
1. „Ph. Holzmann", Farben: silbergrau/
lichtgrau
2. „Heitkamp", Farben: silbergrau/
lichtgrau

H

6-PBU-6 / 81023
1987–
Mercedes-Benz O 3500
Modell mit geöffnetem Dach
Aufdruck: „Schwarzwald-Express"
Farben: blutorange/hellbeige

H

FEUERWEHR-FAHRZEUGE

6-PFW-1 / 80409
1982–
Mercedes-Benz 220 SE Feuerwehr
Modell mit linksseitigem Blaulicht; Bodengruppe
anfangs weiß, ab 1984 silberfarbig
Aufdrucke/Farben:
„Feuerwehr Hamburg", „Stuttgart", „Frankfurt";
feuerrot, feuerrot mit weiß abgesetzten Kotflügeln

H

6-PFW-2 / 80305
1983–
Fiat 242 Feuerwehr
Modell mit zwei Blaulichtern
Farbe: feuerrot

H

6-PFW-3 / 80905
1983–
DKW Lieferwagen Feuerwehr
Aufdrucke: „Feuerwehr Hamburg",
„Stuttgart", „Frankfurt"
Farbe: feuerrot

H

6-PFW-4 / 80711
1984–
**Mercedes-Benz LP 809
Feuerwehr**
Modell im Dekor der Feuerwehr
Frankfurt
Farben: feuerrot/./reinweiß

H

6-PFW-5 / 80725
1984–
Mercedes-Benz LP 809 Ölwehr
Modell mit zusätzlichem Heck-
Blaulicht
Farben: feuerrot/./reinweiß-
schwarz

H

6-PFW-6 / 81505
1985–
Mercedes-Benz 170 V Kombi Feuerwehr
Modell in Kasten- und Kombi-Version mit
Seitenfenstern, verschiedene Aufdrucke
Farben: feuerrot/schwarz, feuerrot/.

H

6-PFW-7 / 81705
1985–
Pontiac Transam Fire Chief
Modell mit Aufdrucken
Farbe: feuerrot

H

6-PFW-8 / 81507
1985–
Mercedes-Benz 170 V Feuerwehr KTW
Modell mit RK-Aufdruck
Farben: feuerrot

H

FEUERWEHR-FAHRZEUGE

6-PFW-9 / 81908
1985–
Citroën H Feuerwehr
Aufdrucke/Farben:
„Sapeur Pompiers", „Feuerwehr
Saarbrücken"
feuerrot, Dach: reinweiß

H

6-PFW-10 / 80917
1985–
DKW Feuerwehr mit Dachaufbau
Aufdrucke: „Hamburg", „Stuttgart",
„Frankfurt"
Farbe: feuerrot

H

6-PFW-11 / 82304
1985–
Peugeot 403 Feuerwehr
Aufdruck: „Sapeur Pompiers"
Farbe: feuerrot

H

6-PFW-12 / 82106
1985–
**Mercedes-Benz LP 809
Tankwagen**
Aufdrucke/Farben:
„Feuerwehr": feuerrot/./
schwarz,
„Schaumlöschtankfahrzeug":
feuerrot/./reinweiß

H

6-PFW-13 / 81022
1985–
**Mercedes-Benz O 3500 Feuerwehr-
Bus**
Aufdruck: „Feuerwehr Berlin"
Farben: feuerrot/.

H

6-PFW-14 / 80744
1986–
**Mercedes-Benz LP 809
Feuerwehr-Gerätewagen**
Aufdruck: „GW Chemie"
Farben: feuerrot/feuerrot-
weißaluminium/reinweiß

H

6-PFW-15 / 80747
1986–
Mercedes Benz LP 809
Feuerwehr-Gerätewagen
Aufdruck: „GW Säure"
Farben: feuerrot/./reinweiß-
schwarz

H

6-PFW-16 / 82703
1986–
VW „Brezelkäfer" Feuerwehr
Farbe: feuerrot

H

6-PFW-17 / 82405
1986–
Ford Transit Kastenwagen Feuerwehr
Farben: feuerrot/reinweiß

H

6-PFW-18 / 82413
1986–
Ford Transit Bus Feuerwehr
Farben: feuerrot/reinweiß

H

6-PFW-19 / 83607
1986–
Scania Flugfeld-
Löschfahrzeug
Modell in „Rosenbauer"-Dekor
Farben: feuerrot/./reinweiß

H

6-PFW-20 / 83608
1987–
Scania Flugfeld-
Löschfahrzeug
Modell in „Abu Dhabi"-
Ausführung
Farben: goldgelb/./schwarz

H

FEUERWEHR-FAHRZEUGE

6-PFW-21 / 83304
1987–
Citroen CX Break Feuerwehr
Farbe: feuerrot

H

6-PFW-22 / 80115
1987–
Fiat Fiorino
Aufdruck: „Feuerwehr Graz"
Farben: feuerrot/schwarz

H

6-PFW-23 / 80760
1987–
**Mercedes-Benz LP 809
Drehleiter**
Farben: feuerrot/./schwarz

H

6-PFW-24 / 82406
1987–
Ford Transit (alt) GW
Modell mit seitlichen Rolläden
Farben: feuerrot/reinweiß

H

6-PFW-25 / 83208
1987–
Fiat Ducato Feuerwehr ELW 1
Aufdruck: „112 Feuerwehr"
Farben: feuerrot/reinweiß

H

6-PFW-26 / 83705
1987–
**Ford Transit 85 Kastenwagen
Feuerwehr**
Farben: feuerrot

H

6-PFW-27 / 84044
1987–
**Mercedes-Benz 1320 GW-
Chemie**
Farben: feuerrot/feuerrot-
aluminium/weiß

H

6-PPol-1 / 80404/80413
1982–
Mercedes-Benz 220 SE Polizei
1. mit weiß abgesetzten Kotflügeln
Farbe: moosgrün
2. einfarbige Ausführung
Farbe: minzgrün

H

H

6-PPol-2 / 81008
1983–
Mercedes-Benz O 3500 Polizei-Bus
Farben: chromdioxidgrün/.

H

6-PPol-3 / 03-10
1984–86
Fiat 242 Carabinieri
Farbe: stahlblau

H

6-PPol-4 / 03-11
1984–86
Fiat 242 Bus Carabinieri
Farbe: stahlblau

H

6-PPol-5 / 03-12
1984–86
Fiat 242 Polizia
Farbe: grau-brillantblau

H

6-PPol-6 / 03-13
1984–86
Fiat 242 Bus Polizia
Farbe: grau-brillantblau

H

6-PPol-7 / 81708
1984–86
Pontiac Transam Polizei
Modell mit diversen (Polizei-)Aufdrucken
Farben: siehe unter 6-PPo-1 sowie himmelblau,
olivgrün

 H

6-PPol-8 / 81910
1985–
Citroen H Police
Farben: stahlblau, Dach: reinweiß

 H

6-PPol-9 / 81607
1985–
Porsche 356 Limousine Polizei
Anfangs einfache, dann detailliertere Felgen-
Ausführung
Farbe: blaugrün

 H

6-PPol-10 / 81606
1986–
Porsche 356 Cabrio Polizei
Modell mit linksseitig angebrachtem Blaulicht
Farbe: reinweiß

 H

6-PPol-11 / 82702
1986–
VW „Brezelkäfer" Polizei
Farben: tannengrün

 H

6-PPol-12 / 82407
1986–
Ford Transit Bus Polizei
Farben: minzgrün/schwarz

 H

6-PPol-13 / 83302
1987–
Citroen CX Break Polizei
Farben:

H

6-PPol-14 / 83303
1987–
Citroen CX Break Gendarmerie
Farbe: kobaltblau

H

6-PPol-15 / 82408
1987–
Ford Transit (alt) Kastenwagen
Farben: minzgrün/schwarz

H

6-PPol-16 / 83709
1987–
Ford Transit 85 Kastenwagen
Farben: minzgrün/schwarz

H

6-PPol-17 / 83901
1987–
Volvo 544 Limousine „Polis"
Farbe: schwarz

H

KRANKENWAGEN

6-PKR-1 / 80304
1983–
Fiat 242 Krankenwagen
Aufdrucke:
1. „Deutsches Rotes Kreuz"
2. „DRK Dietzenbach"
Farben: hellelfenbein

H

6-PKR-2 / 80907
1984–
DKW Krankenwagen
Modell in Lieferwagen- und in Bus-
Version
Farben: fehgrau

H

6-PKR-3 / 03-32
1984–86
Fiat 242 Ambulanz
Modell mit mattierten Seitenfenstern
Farbe: reinweiß

H

6-PKR-4 / 80307
1984–
Fiat 242 DRK-Bus
Modell mit mattierten Seitenfenstern
Farbe: hellelfenbein

H

KRANKENWAGEN

6-PKR-5 / 81506
1985–
Mercedes-Benz 170 V Kombi DRK
Farbe: steingrau

H

6-PKR-6 / 82901
1987–
Cadillac Krankenwagen
Modell mit Rotlichtbalken
Farben: cremeweiß, feuerrot, himmelblau

H

6-PKR-7 / 83305
1987–
Citroen CX Break Ambulanz
Farbe: reinweiß

H

6-PKR-8 / 81916
1987–
Citroen H Krankenwagen
Aufdruck: „DRK Baden-Württemberg"
Farbe: hellbeige

H

6-PKR-9 / 81917
1987–
Citroen H Krankenwagen
Aufdruck: „Ambulanz Trier"
Farbe: feuerrot

H

6-PKR-10 / 82402
1987–
Ford Transit (alt) Krankenwagen
Aufdruck: „DRK Notarztwagen"
Farbe: hellbeige

H

6-PKR-11 / 83206
1987–
Fiat Ducato Krankenwagen
Farbe: hellbeige

H

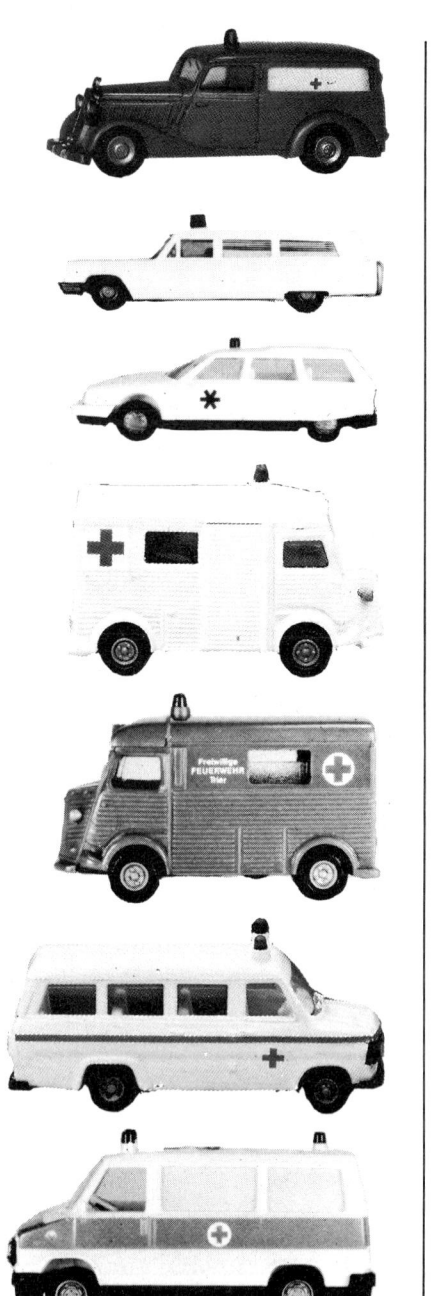

6-PPost-1 / 80108
1982–85
Fiat Fiorino Post
Aufdruck: „P.S.K."
Farbe: kadmiumgelb

H

6-PPost-2 / 80604
1982–
Tempo Dreirad Reichspost
Farbe: feuerrot

H

6-PPost-3 / 80605
1983–
Tempo Dreirad Fernmelde-Dienst
Farbe: grau

H

6-PPost-4 / 80606
1983–
Tempo Dreirad Post
Farben: kadmiumgelb, currygelb

H

6-PPost-5 / 80904
1983–
DKW Lieferwagen Bundespost
Farbe: zitronengelb

H

H

6-PPost-6 / 81003/81004
1983–
Mercedes-Benz O 3500 Postbus
Modell in vier Varianten:
1. Deutsche Reichspost, Farben:
feuerrot/.
2. Deutsche Bundespost, Farben:
kadmiumgelb/.
3. Österr. Post, Farben: hellbeige/
schwarz
4. PTT, Farben: maisgelb/silber

H

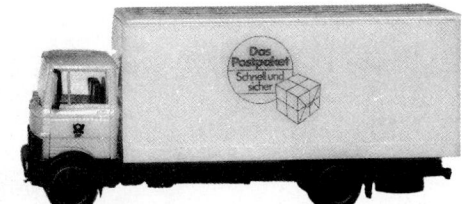

H

6-PPost-7 / 80729
1984–
Mercedes-Benz LP 809 Post
Farben: kadmiumgelb/maisgelb/
schwarz

POST-FAHRZEUGE

6-PPost-8 / 81509
1984–
Mercedes-Benz 170 V Post
Aufdrucke/Farben:
Post: hellcurrygelb, Reichspost:
feuerrot, Bundespost: zitronengelb

H

6-PPost-9 / 82708
1987–
VW „Brezelkäfer" Post
Farbe: kadmiumgelb

H

STRASSENDIENST-FAHRZEUGE

6-PSD-1 / 09-18
1984–86
DKW Lieferwagen AvD
Farbe: verkehrsrot

H

6-PSD-2 / 82422
1987–
Ford Transit (alt) Kastenwagen
Aufdruck: „Siemens Verkehrsdienst"
Farben: blaßblau/schwarz

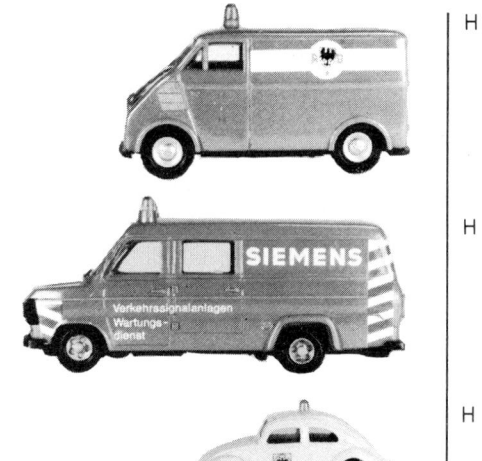

H

6-PSD-3 / 82707
1987–
VW Käfer
Aufdruck: „ADAC Straßenwacht"
Farben: kadmiumgelb/schwarz

H

THW-FAHRZEUGE

6-PTHW-1 / 83801
1987–
Mercedes-Benz LP 809 Pritsche THW
Farben: ultramarinblau/./schwarz

H

PREISER

Im Jahre 1949 gründete Paul M. Preiser, den der Flüchtlingsstrom aus dem Sudetenland nach Steinsfeld (bei Rothenburg/Tauber) verschlagen hatte, eine kleine Fabrikation für handgeschnitzte Modell-Figuren.

Die Firma begann – wie so viele in den Gründerjahren unseres Landes – aus kleinsten Anfängen heraus. Doch schon bald wurde klar, daß Paul M. Preiser eine „Marktlücke" entdeckt hatte. Die Modellbahnfreunde waren von seinen Miniaturfiguren in den Baugrößen H0, TT und 0 begeistert.

Schnell weitet sich die Produktion der immer noch aus Lindenholz gefertigten Figuren und Zubehör-Teile aus.

Erste Zeichen für die viel später beginnende Produktion von H0-Modellautos setzte die Firma Preiser bereits 1951. In diesem Jahr entstanden erste „Automodelle H0", und zwar aus Holz. 1954 kamen die ersten Zirkusmodelle, wiederum aus Holz hinzu.

Einen neuen Abschnitt in der Firmengeschichte des Hauses Preiser leitete das Jahr 1957 ein. In diesem Jahr lief die Produktion von Miniaturfiguren aus Plastik an. Dennoch wurde die zeitweise parallel verlaufende Produktion von Miniaturen aus Holz erst zur Jahreswende 1961/62 eingestellt.

Nebenbei: Die Preiserschen Holzfiguren sind seit einigen Jahren gesuchte Sammlerstücke.

Nach dem Tode des Firmenchefs im September des Jahres 1970 übernahm Horst Preiser die Leitung des väterlichen Unternehmens.

Unter seiner Regie entstanden die ersten H0-Automodelle aus Kunststoff. Den Anfang machte 1980 das Modell 2631/32 (GTLF Faun/Magirus). Vorher im Preiser-Programm befindliche Modelle entstammten nicht der eigenen Entwicklung.

Die heute verfügbaren Preiser-Modelle dürfen ohne Übertreibung zu dem Besten gerechnet werden, was der Markt im Hinblick auf vorbildgetreue Detaillierung, Funktionalität und Maßstäblichkeit bietet. Besonders die am eigenen Gestalten interessierten Sammler – speziell aus dem Bereich der Einsatzfahrzeuge – erwarten gespannt jede Neuheit aus den Kleinkunstwerkstätten der Paul M. Preiser KG.

7-ATL-1 /1122
1983–
**Scheuerle
Vierachs-
Tieflader**
Farben:
gelborange/
rotbraun

**7-ATL-2 /
1124**
1983–
**Scheuerle
Zweiachs-
Auflieger**
Farben:
himmelblau/
schwarz

**7-ATL-3 /
1154**
1985–
**Scheuerle
Achtachs-
Tieflader**
Farben:
feuerrot/
schwarz

**7-ATL-4 /
1174**
1986–
**Sattelauflieger,
flach (Export-
Modell)**
Farben:
hellbeige-
weißaluminium

**7-ATL-5 /
1176**
1987–
**Sattelauflieger/Gitteraufbau
(Export-
Modell)**
Farbe:
hellgelborange

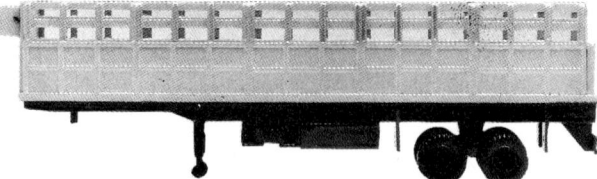

H

H

H

H

H

7-FL-1 / 1102, 1104, 1106, 1108
1982–
Teleskopkran Faun/Krupp
Vier Modell-Varianten
(Farb-Varianten):
1. „Gebr. Markewitsch",
Farbe: feuerrot (1102)
2. „Schweitzer",
Farbe: kadmiumgelb (1104)
3. „Toense",
Farbe: zinkgelb (1106)
4. „Hafemeister",
Farbe: lichtblau (1108)

H

7-FL-2 / 1110
1982–
Faun-Fahrgestell
Modell ohne Aufbauten
für Umbau-Zwecke.
Zwei Modelle
in einer Packung.
Farbe: hellgelbgrau

H

KRUPP

7-KL-1 / 1138
1985–
Industriekran 35 GMT-Krupp
Farben: hellgelborange/./schwarz

H

MAGIRUS

7-ML-1 / 1190
1986–
Magirus Mercur 120 AK Dreiseiten-Kipper
Farben: himmelblau/./schwarz

H

7-ML-2 / 1262
1987–
Magirus F 150 D 10 A
Modell als Dreiseitenkipper mit zugehörigem einachsigem Kompressor
Farben: 1. LKW: perlweiß/./schwarz
2. Kompressor: türkisgrün

H

MERCEDES-BENZ

7-MBL-1 / 1126
1983–
Mercedes-Benz 207 Geldtransporter
Farben: weißaluminium/schwarz

H

7-MBL-2 / 1120
1983–
Mercedes-Benz LAK 2624/36 mit Lastpritsche
Farben: himmelblau/weißaluminium/schwarz,
himmelblau/./schwarz

H

7-MBL-3 / 1118
1984–
Mercedes-Benz LAK 2624 Kipper
Farben: chromgelb/./feuerrot,
himmelblau/./schwarz

H

7-MBL-4 / 1120
1984–
Mercedes-Benz LAK 1624/36 Tieflade-Sattelzug
Farben: ca. minzgrün/minzgrün-hellgrau/rotbraun

H

7-MBL-5 / 1142
1984–
Mercedes-Benz LA 1924 WAK Kommunal
Modell mit zwei verschiedenen Aufbauten
Farben: hellgelborange/schwarz, reinweiß/
schwarz
(→ Feuerwehr)

H

7-MBL-6 / 1140
1985–
Mercedes-Benz LAK 2624/36
Export-Ausführung
Farben: kieselgrau/gelborange/
tomatenrot

H

7-MBL-7 / 1136
1985–
Mercedes-Benz LA 1924
Schausteller-Zugmaschine
Modell mit Ladekran
Farben: hellbeige/weißaluminium/
schwarz

H

7-MBL-8 / 1162
1985–
Mercedes-Benz LA 1924
Dreiseiten-Kipper
Modell mit Ladekran
Farben: blaugrau/./rotbraun

H

7-MBL-9 / 1164/2.1164/3.1164
1986–
Mercedes-Benz AS 2632 Dreiachs-
Sattelzugmaschine
Farben: feuerrot/schwarz, enzianblau/feuerrot,
hellbeige/feuerrot

H

MERCEDES-BENZ

7-MBL-10 / 1196
1986–
Mercedes-Benz LA 1924
Gelenkbühne kommunal
Farben: gelborange/./schwarz
(→ Feuerwehr)

H

7-MBL-11 / 1194
1986–
Mercedes-Benz LA 1924
Dreiseiten-Kipper
Modell in Kommunal-Ausführung mit
Streuer und Kran
Farben: gelborange/./schwarz

H

7-MBL-12 / 1208
1986–
Mercedes-Benz LAK 911 B
Absetzkipper
Farben: minzgrün/./schwarz

H

7-MBL-13 / 1212
1986–
Mercedes-Benz 2632 AK
Absetzkipper
Farben: hellgelborange/./schwarz

H

7-MBL-14 / 1220
1986–
Mercedes-Benz 1719 AK
Absetzkipper
Farben: hellgelborange/./schwarz
(→ Feuerwehr)

H

MERCEDES-BENZ

7-MBL-15 / 1228
1987–
Mercedes-Benz LAK 1113 B/36
Modell als Dreiseitenkipper
ausgeführt
Farben: blaugrau/./schwarz

H

TITAN

7-TL-1 / 1156
1985–
**Titan Schwerlast-Zugmaschine
(Europa-Version)**
Farben: hellrotorange/./hellrotbraun

H

7-TL-2 / 1158
1985–
**Titan Schwerlast-Zugmaschine
(Tropen-Version)**
Farben: beige/./.

H

7-FW-1 / 2629
1978–80
Trockenlöschfahrzeug Tro LF 1200
Erstes (vereinfachtes) Modell eines
Großtanklöschfahrzeuges,
nicht von Preiser entwickelt.
Zwei Farb-Varianten:
1. feuerrot/Dach und Chassis: weiß
2. feuerrot/Dach und Chassis: silber

20,– DM

7-FW-2 / 2631/2632
1980–
GTLF Faun/Magirus
Modell im Bausatz und
als Fertigmodell lieferbar.
Farben: feuerrot/silber

H

7-FW-3 / 1100
1981–
Teleskopkran Faun/Krupp
Zwei Varianten der
Kranführer-Kabine.
Farbe: feuerrot, reinweiß

H

7-FW-4 / 1112/1113
1982–
Tragkraftspritzenanhänger
Modell im Bausatz mit Zubehörteilen oder als
Fertigmodell lieferbar.
Farbe: feuerrot

H

7-FW-5 / 1116
1983–
**Mercedes-Benz 1924
Wechselaufbaufahrzeug**
Modell mit vier
verschiedenen Aufbauten.
Farben: feuerrot/schwarz

H

7-FW-6 / 2626
1983–
Mercedes-Benz 2624 FTLF 8000
Modell mit beweglichem Monitor,
nur als Bausatz lieferbar.
Farben: feuerrot/schwarz

H

7-FW-7 / 2628
1983–
GTLF 18 Faun/Kronenburg
Farben: feuerrot/silber

H

7-FW-8 / 1114
1983–
Schaumwasserwerfer „ALCO"
Farben: feuerrot/silber

H

7-FW-9 / 1128/1129/2.1128
1983–
Mercedes-Benz LF 16 „Ziegler"
Modell im Bausatz mit Zurüst-
Teilen und als Fertigmodell.
Farben: feuerrot/schwarz–
reinweiß

H

7-FW-10 / 1148
1984–
Flutlicht-Anhänger „Kuli"
Farben: feuerrot/reinweiß

H

7-FW-11 / 1144
1984–
**Mercedes-Benz Schlauchwagen
SW 2000**
Farben: feuerrot/./schwarz

H

7-FW-12 / 1134/2.1134
1985–
Magirus DLK 23-12 n. B.
Farben: feuerrot/./schwarz–reinweiß

H

7-FW-13 / 1152
1985–
Wechselaufbauten „Meiller"
Zwei Stück in einer Packung
Farben: feuerrot/weißaluminium
(Anmerkung: Unter Nr. 1214 auch in
ziviler Version lieferbar)

H

FEUERWEHR-FAHRZEUGE

7-FW-14 / 644
1986–
Magirus F Mercur TLF 16
Modell in »Circus-Krone«-
Ausführung
Farben: feuerrot./schwarz

H

7-FW-15 / 1180
1986–
**Mercedes-Benz LA
1924 Feuerwehr-
Gelenkbühne**
Farben: feuerrot/./
schwarz

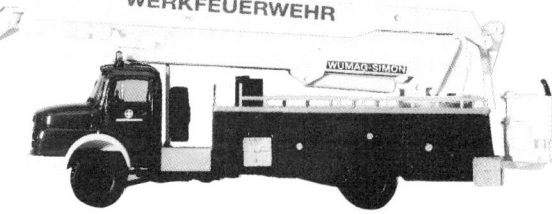

H

7-FW-16 / 1188
1986–
Magirus F Mercur FLF 24
Farben: feuerrot./schwarz

H

7-FW-17 / 1198
1986–
Magirus 150 D 10 FA ZLF 3000
Farben: feuerrot./schwarz

H

7-FW-18 / 1206
1986–
**Magirus 150 D 10 FA Sandstreu-
Fahrzeug**
Farben: feuerrot./schwarz

H

7-FW-19 / 1216
1986–
Magirus F Mercur 125 A TLF 16T
Farben: feuerrot./schwarz

H

7-FW-20 / 1218
1986–
Magirus 150 D 10 FA TLF 16
Farben: feuerrot/./schwarz

H

7-FW-21 / 1172
1987–
Mercedes-Benz 2632 AK/38 TLF 48/50-5 „Ziegler"
Farben: feuerrot/./schwarz

H

7-FW-22 / 1178/1256
1986–
Mercedes-Benz 1922/AK TLF 25/ 50 „Bachert"
Farben: feuerrot/./schwarz (1178), tagesleuchtrot/./schwarz (1256)

H

7-FW-23 / 1182
1986/7–
Mercedes-Benz 1017 Rüstwagen mit Kran „Ziegler"
Farben: feuerrot/./schwarz

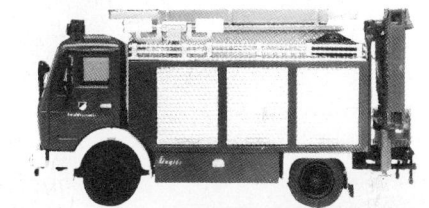

H

7-FW-24 / 1184
1986–
Magirus 150 D 10 FA RW Öl
Farben: feuerrot/./schwarz

H

7-FW-25 / 1186
1986–
Magirus 150 D 10 FA TLF 16 T
Farben: feuerrot/./schwarz

H

7-FW-26 / 1210
1986–
Mercedes-Benz 1632 AK
Absetzkipper
Farben: feuerrot/./schwarz

H

7-FW-27 / 1222
1986–
Mercedes-Benz LA 1519
Absetzkipper
Farben: feuerrot/./schwarz

H

7-FW-28 / 1224
1987–
Magirus F 150 D 10 A Gerätewagen
Farben: feuerrot/./schwarz

H

7-FW-29 / 1240/1258
1987–
Mercedes-Benz 1922 / AK TLF 25/
50 „Bachert" (Export-Version)
1. arabische Ausführung
Farben: sandbeige/./.
2. skandinavische Ausführung
Farben: verkehrsgelb/./schwarz

H

7-FW-30 /1200
1987–
Magirus F Mercur 125 A
Modell in Ausführung „Feuerwehr-
Fahrschule"
Farben: feuerrot/./schwarz

H

7-FW-31 / 1202
1988–
Magirus F 200 D 16A ZB 6
Modell in Ausführung Zubringer-
Löschfahrzeug
Farben:

H

7-FW-32 / 1204
1988–
Magirus F 200 D 16A RW 3 St.
Farben:

H

7-FW-33 / 1230
1987–
Mercedes-Benz LAF 1113 B/42
Modell in Ausführung LF 16
Farben: feuerrot/./schwarz

H

7-FW-34 / 1242
1987–
Magirus F Mercur 125 A
Modell in Ausführung Schaum-
Wasserwerfer
Farben: feuerrot/./schwarz

H

7-FW-35 / 1246
1987–
Mercedes-Benz LAF 1113 B/42
Modell in Ausführung
Schlauchwagen SW 2000
Farben: feuerrot/./schwarz

H

7-FW-36 / 1248
1987–
Mercedes-Benz LAF 1113 B/36
Modell in Ausführung TLF 16 /
„Ziegler"
Farben: feuerrot/./schwarz

H

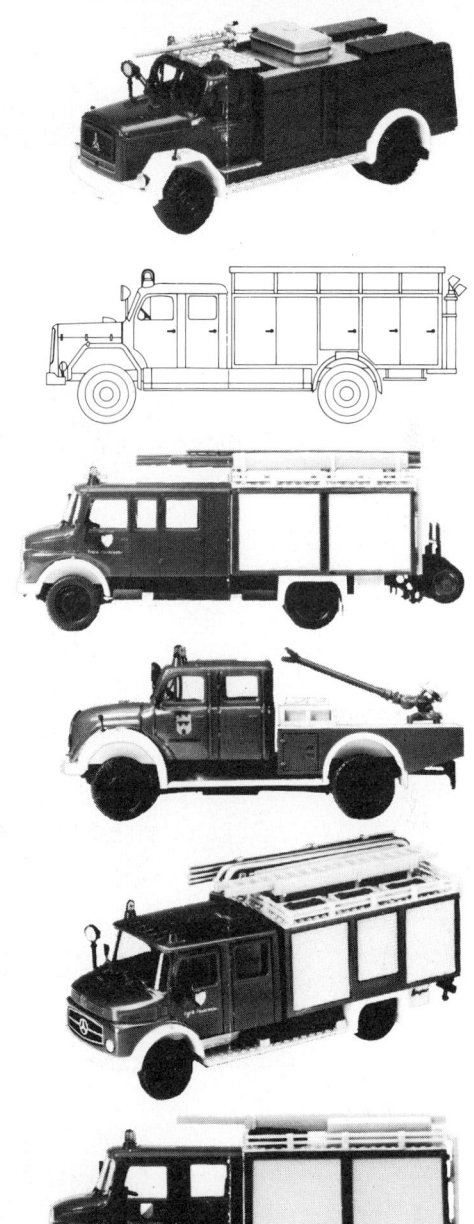

FEUERWEHR-FAHRZEUGE

7-FW-37 / 1250
1987–
Mercedes-Benz LAF 1113 B/42
Modell in Ausführung TroTLF 16 mit
Werfer
Farben:feuerrot/./schwarz

H

7-FW-38 / 1252
1988–
Mercedes-Benz LAF 911 B/42
Modell in Ausführung Rüstwagen
RW1
Farben: feuerrot/./schwarz

H

7-FW-39 / 1254
1988–
Schlauchanhänger 2B/2C
„Ziegler"
Farben:

H

7-FW-40 / 1260
1988–
Magirus F 200 D 16 A ZB 6
Modell in der „Hessen-Ausführung"
Farben:

H

THW-FAHRZEUGE

7-THW-1 / 1168
1986–
Mercedes-Benz 911 B THW
Mannschaftswagen
Farben: ultramarinblau/./schwarz

H

THW-FAHRZEUGE

7-THW-2 / 1192
1986–
Mercedes-Benz LA 1113 B THW
Gerätekraftwagen
Farben: ultramarinblau/./schwarz

H

7-THW-3 / 1238
1987–
Mercedes-Benz LA 1113 B/42
Modell als Lkw des THW
Farben: ultramarinblau/./schwarz –
Plane: ultramarinblau

H

7-THW-4 / 1226
1987–
Mercedes-Benz LAK 1113 B/36
Modell als Dreiseitenkipper des THW
Farben: ultramarinblau/./schwarz

H

POLIZEI-FAHRZEUGE

7-Pol-1 / 1232
1987–
Mercedes-Benz LA 911 B/42
Modell als Lkw des
Bundesgrenzschutzes
Farben: schwarzgrün/./. – Plane:
schwarzgrün

H

7-Pol-2 / 1236
1987–
Mercedes-Benz LA 911 B/42
Modell als Lkw der Polizei
Farben: minzgrün/./. – Plane:
minzgrün

H

KRANKENWAGEN

7-KR-1 / 1234
1987–
Mercedes-Benz LA 911 B/42
Modell als Lkw des DRK
Farben: hellbeige/./. – Plane:
hellbeige

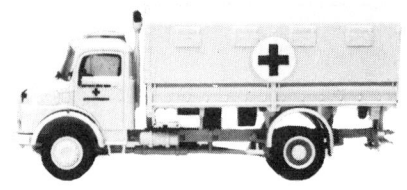

H

LANDWIRTSCHAFTL. FAHRZEUGE

7-LW-1 / 950
1980–
Ackerschlepper IHC
Bausatz enthält zusätzlich Pflug und Fahrerfigur.
Farben: blutorange/creme

H

7-LW-2 / 911
1980–
Dreschmaschine Westfalia
Farben: dunkelsandgelb/rot

H

7-LW-3 / 951
1983–
Ladewagen Landsberg
Farben: blutorange/schwarz

H

**7-LW-4 / 600/3.0600/
4.0600**
1984–
**Hanomag Schlepper
R 45**
Farben: hellgrün,
feuerrot, reinweiß

H

LANDWIRTSCHAFTL. FAHRZEUGE

Preiser

7-LW-5 / 912
1984–
**Hanomag Schlepper
mit zwei Anhängern**
Farben:
a) Schlepper:
ca. blaugrün
b) Hänger:
himmelblau/
orangebraun,
grasgrün/
orangebraun

H

7-LW-6 / 9502
1987–
**Hanomag Schlepper
mit Anhänger**

H

Farben:
a) Schlepper: feuerrot
b) Hänger: himmelblau/orangebraun

ZIRKUS-FAHRZEUGE

Anmerkung:
**Die Preiser-Zirkusfahrzeuge sind außer im „Sarrasani"-
Design auch mit den Logos von „Krone" und „Knie" lieferbar**

7-ZW-1 / 601
1982–
Wohnwagen

H

7-ZW-2 / 602
1982–
Gerätewagen

H

153

7-ZW-3 / 603
1982–
Käfigwagen

H

7-ZW-4 / 604
1982–
Duschwagen

H

7-ZW-5 / 605
1982–
Cassawagen

H

7-ZW-6 / 606
1982–
Toilettenwagen

H

7-ZW-7 / 607
1983–
Bürowagen

H

7-ZW-8 / 608
1983–
Mannschaftswagen

H

ZIRKUS-FAHRZEUGE

Preiser

7-ZW-9 / 609
1983–
Gerätewagen

H

7-ZW-10 / 609
1983–
Gerätewagen
Umbau-Variante zu 7-ZW-9
(zur Eingangs-Darstellung).

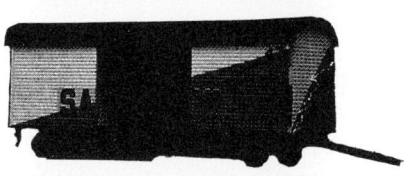

H

7-ZW-11 / 635
1983–
Gerätewagen, offen

H

PKW-ANHÄNGER

7-AH-1 / 676
1984–
Verkaufsanhänger
Farben: reinweiß/silbergrau

H

7-AH-2 / 1150
1985–
Pkw-Anhänger
Zwei Stück in einer Packung
Farben: kupferbraun/weißaluminium/schwarz

H

7-AH-3 / 1160
1985–
Pferdetransport-Anhänger
Farben: kupferbraun/weißaluminium, Verdeck:
hellbeige

H

ROCO

Die Einführung der Linie Roco-Miniatur-Modell erfolgte 1980. Anlaß der Gründung waren zahlreiche Anregungen aus dem Bereich der Fahrzeugsammler, dem Miniaturprogramm (Militärfahrzeuge im Maßstab 1 : 87) der Fa. Roco-Modellspielwaren ein entsprechendes ziviles Programm gegenüberzustellen. Der Vertrieb der Roco-Miniatur-Modellfahrzeuge erfolgt über die Fa. Roco-Modellspielwaren GmbH & Co. KG.

Ziel von Roco-Miniatur-Modell ist es, den zahlreichen Eisenbahnfreunden interessante und perfekt gemachte Fahrzeuge zur Verfügung zu stellen. Des weiteren soll die große Zahl der Autosammler mit besonderen Fahrzeugen angesprochen werden. Zu Beginn der Produktion waren unter anderem einige Roco-Miniatur-Modelle Varianten der bekannten Roco-Minitanks.

Mit zunehmender Etablierung der Miniatur-Modelle wurden jedoch auch komplett eigenständige Fahrzeuge für diesen Bereich entwickelt (z. B. die Steyr 91).

Die Roco-Miniatur-Modelle sind Fahrzeuge im exakten Maßstab, in einer – für den Sammler – interessanten Ausführung. Die Modellauswahl berücksichtigt ungewöhnliche Fahrzeugtypen.

Beste Detaillierung, exakte Beschriftung und Funktionsnachbildung zeichnen die Roco-Miniatur-Modelle aus (vergleiche: z. B. Hiab-Kran oder Schneepflug).

Entsprechend den oben angesprochenen Zielen der Firma ist das Fahrzeugprogramm in fünf Schwerpunkte gegliedert:

1. Einsatzfahrzeuge: die große Palette der Feuerwehrfahrzeuge, die Fahrzeuge des technischen Hilfswerks (THW) und des Roten Kreuzes.
2. Baumaschinen
3. Nutzfahrzeuge: vom Oldtimer Opel Blitz bis zum modernen „Jumbo"-Sattelzug.
4. Geländewagen
5. Zubehör: zur Ergänzung und für Eigenbau.

Die Entwicklung von Roco-Miniatur-Modell in Zahlen:
1980: Einführung der Linie Roco-Miniatur-Modell
1981: Vorstellung auf der Nürnberger-Spielwarenmesse mit 19 verschiedenen Modellen
1982: Erweiterung des Programms um 19 Modelle
1983: 17 neue Modelle werden zur Spielwarenmesse 1983 angekündigt.
1984 und 1985: Ausbau des Programmes der Einsatzfahrzeuge, besonders im Bereich der Oldtimer-Modelle.

8-GL-1 / 1400
1982–86
GMC Flugfeld-Tankwagen
Farbe: feuerrot/
schwarz, Aufdruck: „Texaco"

H

8-GL-2 / 1409
1986–87
GMC Kranwagen
Farben: chromgelb/./schwarz

H

8-GL-3 / 1401
1987–
GMC Kranwagen/Belgien
Aufdruck: „Cassart"
Farben: feuerrot/./schwarz

H

MAGIRUS

8-ML-1 / 1515
1985–
**Magirus 310 D
Pritschensattelzug**
Aufdruck: „Michelin"
Farben:
ultramarinblau/./
schwarz

H

8-ML-2 / 1522
1986–
**Magirus Iveco 310 D 6x4
Kipper-Lkw**
Farben: enzianblau/
weißaluminium/schwarz

H

8-ML-3 / 1523
1986–
**Magirus 310 D Sattelzugmaschine
der Deutschen Bundesbahn**
Farben: kieselgrau/schwarz

H

MAGIRUS

8-ML-4 / 1524
1987–
**Magirus M
(Viererclub)
Dreierbrückenzug**
Modell mit 20 ft DB-
Container beladen
Farben: kieselgrau/schwarz;
Container: kieselgrau

H

8-ML-5 / 1527
1987–
**Magirus 310 D Lkw mit
Absetzkipper**
Aufdruck: „Schwarz-Bau"
Farben: patinagrün/./schwarz

H

8-ML-6 / 1655
1987–
**Magirus 310 D Winterdienst-
Lkw**
Modell mit Streu-Aufsatz und
Schneepflug
Farben: gelborange/./schwarz

H

MAN

8-MAL-1 / 1501
1982–86
MAN-Kipper
Dreiachs-Lkw mit kippbarer Pritsche,
Gelblicht auf dem Fahrerhaus.
Farben: pastellorange/./oxidrot,
grasgrün/./oxidrot

H

8-MBU-1 / 1502
1982–
Unimog 1300 L
Modell mit langem Radstand
Farben: maisgelb/./schwarz, türkisgrün/./schwarz,
verkehrsorange/./schwarz

H

8-MBU-2 / 1503
1982–
Unimog 1300
Modell mit kurzem Radstand
Farben: pastellorange/./schwarz, resedagrün/./
schwarz, enzianblau/./achatgrau, reinorange/./schwarz

H

8-MBU-3 / 1650
1982–
Unimog 1300 Straßenmeisterei
Modell mit kurzem Radstand, mit zwei Gelblichtern.
Heck mit Warnstreifen bedruckt
Farbe: gelborange/./schwarz

H

8-MBU-4 / 1509
1983–
Unimog 1300 L
Modell mit beweglichem Kran und Kurzpritsche
Farben: perlweiß/./schwarz, kadmiumgelb/./schwarz

H

8-MBU-5 / 1333 (Set)
1985
Unimog 1300 mit Schneepflug
Aufdrucke: Seefeld-Zeichen
Farben: resedagrün/./schwarz

H

8-MBU-6 / 1526 (Set)
Unimog mit Saurer-Bus
1986–
Unimog 1300
Aufdruck: „Schwarz-Bau AG"
Farben: patinagrün/./
graphitschwarz

H

Roco

MERCEDES-BENZ

8-MBL-1 / 1530
1987–
**Mercedes-Benz
L 5000 Lkw mit
Anhänger**

H

Mit Rautenband
seitlich bedruckt
Farben: brillantblau/./
schwarz; Planen:
grauweiß
(2. Anhänger siehe 8-AHL-1 / 1531)

8-MBL-2 / 1525
1988–
Mercedes-Benz L 1500 S
Pritschen-Lkw
Farben:

H

RENAULT

8-RL-1 / 1528
1987–
**Renault (Viererclub)
Dreierbrückenzug**
Modell mit
Wechselpritsche
beladen
Aufdruck: „Rouch"
Farben: ca. feuerrot/./schwarz,
Plane: kieferngrün

H

8-SL-1 / 1651
1982
Steyr 91 Kipper
Sondermodell „Ski-WM Schladming"
mit zusätzlichen Anbauteilen.
Fahrerhaus kippbar, mit
verstellbarem Schneepflug,
beweglichem Kran und Kipp-
Pritsche.
Farben: reinweiß/silber/rotbraun

H

8-SL-2 / 1652
1982–
Steyr 91 Kipper
Serienausführung des Vormodells, jedoch
ohne Schneepflug.
Farben: gelborange/./rotbraun

H

8-SL-3 / 1506/1507
1982–
Steyr 91 Sattelzug
Modell mit dreiachsigem Jumbo-Auflieger. Fahrerhaus
kippbar. Mit abnehmbarer Plane.
Modellvarianten:
1. mit weißem Aufdruck:
„Lagermax"
Farben: enzianblau/./lichtgrau
Plane: dunkelgrau
2. mit schwarzem Aufdruck:
„Schenker"
Farben: moosgrün/./rotbraun
Plane: goldgelb
3. 1984
Aufdruck: „GONDRAND"
Farben: chromgelb/./verkehrsblau
Plane: chromgelb
4. 1986
Aufdruck: „Frikus Graz"
Farben: hellrotorange/gelbgrün/hellrotorange
Plane: hellrotorange

H

8-SL-4 / 1508
1983–
Steyr 91 Kipper
Modell mit beweglichem Kran
in der Farbgebung der ÖBB.
Farben: rotorange/./schwarz

H

8-SL-5 / 1653
1983–
Steyr 91 Kipper „Straßenmeisterei"
Modell ohne Kran, mit Schneepflug-
Anbauplatte
Farben: gelborange/./rotbraun

H

8-SL-6 / 1408
1983–
**Steyr 91 Plus Kipper mit
Tiefladeanhänger („ELIN")**
Modell wie 8-SL-4,
jedoch mit dreiachsigem
Tiefladeanhänger
Farben: cremeweiß/./olivgrün

H

8-SL-7 / 1512
1983–
Steyr 680
Modell mit nachgebildeter
Holzpritsche
Farben: brillantblau/hellbraun/schwarz

H

8-SL-8 / 1514/1520
1985–
**Steyr 91 Pritschen-
Sattelzug**
1. Aufdruck: „Spedition
Gärtner"
Farben: weißgrün/./
schwarz – Plane:
goldgelb
1986
2. Aufdruck: „Bad
Ischler Spezialsalz"
Farben: reinweiß/./
umbragrau
Plane: himmelblau

H

8-SL-9 / 1519
1985–
Steyr 91 Sattelzugmaschine
der Österreichischen Bundesbahn
Farben: blutorange/schwarz

H

8-SL-10 / 1517
1985–
Steyr 680 Pritschen-Lkw
Aufdruck: „Kühne u. Nagel"
Farben: kobaltblau/hellblau/
schwarz
Plane: kobaltblau

H

8-SL-11 / 1654
1986–
Steyr 91 Kipper-Lkw
mit Salzstreuaufsatz, mit
Trilexfelgen
Farben: enzianblau/
weißaluminium/enzianblau
Streuaufsatz: gelborange

H

LKW-ANHÄNGER

8-AHL-1 / 1531
1987–
Zweiachs-Anhänger
Modell passend zu 8-MBL-1
Farben: brillantblau/schwarz

H

8-AHL-2 / 1529
1987–
Sattelauflieger-Set
1. Dreiachs-Jumbo-Auflieger
Aufdruck: „Jumbo"
Farben: himmelblau-weißaluminium, Plane: gelb
2. Zweiachs-Pritschen-Auflieger
Aufdruck: „Norfolk Line"
Farben: saphirblau-weißaluminium/schwarz, Plane:
ultramarinblau
3. Wechsel-Pritsche
Aufdruck: „Kühne & Nagel"
Farben: hell-lichtblau, Plane: ultramarinblau

H

8-BF-1 / 1403
1982–86
Caterpillar Grader
Modell aus dem ehem. Umex-Programm. Mit
beweglichen Teilen, Fahrerhaus mit Gelblicht.
Farbe: safrangelb

H

8-BF-2 / 1404
1982–86
Caterpillar Scraper
Modell aus dem ehem. Umex-Programm.
Mit beweglichen Teilen.
Farbe: safrangelb

H

8-BF-3 / 1405
1982–86
Caterpillar Schürfkübelzug
Modell aus dem ehem. Umex-Programm. Mit
beweglichen Teilen.
Farbe: safrangelb

H

8-BF-4 / 1407
1983–
Dreiachs-Tiefladeanhänger
Modell mit beweglichen Rampen
Farbe: maisgelb

H

8-BF-5 / 1406
1984–
**Faun
Sattelzugmaschine
(4achsig)**
mit
Kässbohrer-
Tieflade-
Auflieger
(vierachsig
„Elefant")
Farbe:
safrangelb

H

8-BF-6 / 1516 (Set)
1987–
Baumaschinen Transport

H

1. Steyr 91 Kipper
Aufdruck: „Schwarz-Bau"
Farben: patinagrün/schwarz
2. Goldhofer Dreiachs-Tiefladeanhänger
Farbe: patinagrün
3. Liebherr Raupenbagger (Kibri-Bausatz)
Farbe: patinagrün

BUSSE

8-BU-1 / 1600
1985–
Saurer Komet Postautobus
„Glocknerbus"
Aufdruck: „Österreichische Post"
Farben: gelbbeige-schwarz/schwarz

H

8-BU-2 / 1601
1985–
Saurer Komet Autobus
„Salzkraft Salzburg"
Farben: feuerrot/schwarz

H

8-BU-3 / 1526 (Set)
Unimog mit Saurer-Bus)
1986–
Saurer Komet Autobus
Typ „ausrangiert" mit Wohneinrichtung;
Aufdruck: „Schwarz-Bau AG"
Farben: patinagrün/graphitschwarz
(vgl. 8-MBU-6)

8-FW-1 / 1303
1981–
Pinzgauer Kleinlöschfahrzeug
Dreiachsige Ausführung, geliefert mit Tragkraftspritze.
Zahlreiche Zusatzteile, bekannt mit abgerundeten und
eckigen Blaulichtern
Farben: feuerrot/schwarz, feuerrot/weiß

H

8-FW-2 / 1304
1981–
Unimog Tanklöschfahrzeug
Modell mit Leitersatz und Dachgittern
Farben: feuerrot/feuerrot-silber/schwarz,
feuerrot/feuerrot-silber/weiß

H

8-FW-3 / 1300
1982–
DKW-Munga Funkkommandowagen
Modell mit Steckblaulicht an Fensterholm
Farben: feuerrot/schwarz, Verdeck: schwarz

H

8-FW-4 / 1310
1982–
Pinzgauer ELW
Dreiachsige Ausführung mit drei Blaulichtern und einem
roten Warnlicht. Mit aufgeklebtem Dachlautsprecher
und mit Fanfaren-Satz.
Farben: feuerrot/reinweiß

H

8-FW-5 / 1311
1982–
Steyr 91 TLFA 4000
Modell mit Kippfahrerhaus und beweglichem Monitor.
Heckklappe beweglich
Farben: feuerrot/feuerrot-silber/weiß und schwarz

H

8-FW-6 / 1312
1983–
Steyr 91 TLFA 4000
Modell wie 8-FW-5, jedoch in Tagesleuchtfarbe
(Sonderserie).
Farben: leuchtorange/leuchtorange-silber/weiß-
schwarz

H

8-FW-7 / 1314
1983–
Unimog S Feuerwehr
Modell mit abnehmbarer Plane, mit Vorbau-Pumpe, zwei
Steckblaulichtern an den Fensterholmen.
Farben: feuerrot/./schwarz, Plane: hellgraubeige

H

8-FW-8 / 1315/1333 (Set)/1342
1983–
Steyr 680 TLF 2000
Farben: feuerrot/./schwarz
1985: im Set mit Aufdruck: „Seefeld"
Farben: feuerrot/./schwarz
1986: Berufsfeuerwehr Linz
Farben: feuerrot/./weiß

H

8-FW-9 / 1319
1983–
Unimog 1300
Modell mit kurzem Radstand in
Feuerwehr-Ausführung mit Plane.
Farben: feuerrot/./weiß und schwarz

H

8-FW-10 / 1317/1330
1984–
Opel Blitz Tanklöschfahrzeug
Farben: feuerrot/./weiß und schwarz, tannengrün/./
schwarz

H

8-FW-11 / 1321
1984–
Pinzgauer Feuerwehr
Zweiachsig mit Plane
Farben: feuerrot/reinweiß, Plane: anthrazitgrau

H

8-FW-12 / 1327
1984–
GMC KW 10 Fw-Kranwagen
Farben: blutorange/./schwarz

H

8-FW-13 / 1322/1336
1984–
Dodge W 300 FF Cheetah
Flughafenlöschfahrzeug
Farben: feuerrot/./reinweiß
1985 Aufdruck: „Cheetah"
verkehrsgelb/./schwarz

H

8-FW-14 / 1328
1985–
Steyr Rüstfahrzeug
mit HIAB-Kran u. Container (abnehmbar)
Farben: feuerrot/./reinweiß

H

8-FW-15 / 1331
1985–
Opel Blitz Fw Pritschen-Lkw
Farben: feuerrot/./schwarz, Plane: hellgrau

H

8-FW-16 / 1333 (Set)
1985–
Dodge Feuerwehr mit Tragkraftspritze
Aufdrucke: „Seefeld" (div.)
Farben: feuerrot/./schwarz, Plane: flaschengrün

H

8-FW-17 / 1334
1985–
Jeep mit Hardtop/Fw
Mit Blaulichtleiste
Farben: feuerrot/schwarz

H

8-FW-18 / 1335
1986–
Mercedes-Benz
L 1500 S – LF 8
Modell mit
Tragkraftspritzen-
Anhänger
Farben: feuerrot/
schwarz

H

FEUERWEHR-FAHRZEUGE

8-FW-19 / 1337
1986–
Opel Blitz
Tanklöschfahrzeug
TLF 15
Modell mit
Pulverlösch-
Anhänger
Farben: feuerrot/
schwarz-reinweiß

H

8-FW-20 / 1345
1986–
Dodge Pick Up Feuerwehr
Modell mit Blaulichtbalken und Plane
Farben: feuerrot/./schwarz, Plane: perlweiß

H

8-FW-21 / 1344 (Set)
1986
Magirus Drehleiter DLK 23-12
Aufdruck: „Feuerwehr der Stadt Wien"
Farben: feuerrot-reinweiß/
feuerrot-weißaluminium/
schwarz

H

8-FW-22 / 1344 (Set)
1986
Steyr 586 TLF 2000
Aufdruck: „Feuerwehr der Stadt Wien"
Farben: feuerrot/schwarz

H

8-FW-23 / 1341
1987–
Mercedes-Benz L 4500 S / LF 25
Farben: feuerrot/./schwarz

H

8-FW-24 / 1342
1987–
Steyr 680 TLF 2000
Aufdruck: „Feuerwehr Stadt Linz"
Farben: feuerrot-reinweiß/feuerrot/schwarz

H

8-FW-25 / 1307
1987–
Unimog Feuerwehr mit Hiab-Kran
Farben: feuerrot/./schwarz

H

8-FW-26 / 1348
1987–
Dodge Cheetah Flughafen-Feuerwehr
Ausführung Schweiz/Bern-Belp
Farben: hellgrünbeige/./schwarz

H

8-FW-27 / 1349
1987–
Magirus M Drehleiter DLK 23-12
Farben: feuerrot/feuerrot-aluminium/schwarz

H

8-FW-28 / 1350
1987–
Feuerwehr-Anhänger-Set
1. Anhänger mit Motorzille
Farben: feuerrot/.
2. Pulverlösch-Anhänger
Farben: feuerrot-weiß/schwarz

H

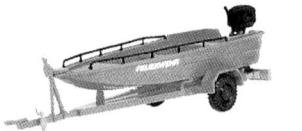

8-FW-29 / 1351
1987–
Mercedes-Benz LF 8
Ausführung Bischofshofen
Farben: feuerrot/./schwarz

H

8-KR-1 / 1305
1981–
Pinzgauer Rotes Kreuz
Dreiachsige Ausführung in drei Modell-Varianten:
1. Version: reinweiß mit zwei Blaulichtern auf dem Aufbau
2. Version: hellelfenbein mit zwei Blaulichtern auf dem Fahrerhausdach und einen Blaulicht auf dem Aufbau
3. Version: hellelfenbein mit zwei Blaulichtern auf dem Dach sowie Reserverad

H

8-KR-2 / 1306
1982–
Unimog Rotes Kreuz
Modell mit zwei Blaulichtern auf dem Fahrerhausdach und einem Blaulicht am Heck des Aufbaus.
Farben: hellelfenbein/schwarz
Aufbau seitlich und am Heck bedruckt

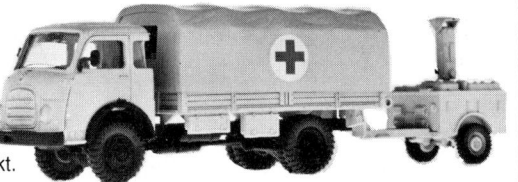

H

8-KR-3 / 1318
1983–
Steyr 680 Rotes Kreuz
Modell mit Plane. Zusätzlich mit Feldküche in gleicher Farbgebung.
Farben: hellelfenbein/./schwarz,
Plane: lichtgrau mit roten Kreuzen bedruckt.

H

8-KR-4 / 1352
1987–
Dodge Cheetah Krankenwagen
Ausführung Rotes Kreuz
Modell mit Zubehör-Teilen
Aufdruck: „Ambulance"
Farbe: reinweiß

H

THW-FAHRZEUGE

8-THW-1 / 1302
1982–
MAN 5 to THW
Neues MAN-Fahrerhaus mit Pritsche
Farben: ultramarinblau/./schwarz,
Plane: anthrazit

H

8-THW-2 / 1301
1982–
DKW Munga THW
Modell wie 8-FW-3
Farben: ultramarinblau/schwarz, Verdeck: schwarz

H

8-THW-3 / 1308
1982–
MAN 5 to THW
Altes MAN-Fahrerhaus mit
Kofferaufbau. Blaulicht auf
dem Aufbau.
Farben: ultramarinblau/./schwarz

H

8-THW-4 / 1309
1982–
Einachsanhänger THW
Modell mit aufsteckbarer Deichsel und klappbarem
Stützrad und Zubehör.
Farbe: ultramarinblau, Plane: anthrazit

H

8-THW-5 / 1313
1983–
Unimog S THW
Modell ähnlich wie 8-FW-7.
Farben: ultramarinblau/./schwarz,
Plane: anthrazit

H

8-THW-6 /1320
1983–
Feldküche THW
Modell mit aufsteckbarer Deichsel und Stützrad.
Farbe: ultramarinblau

H

8-THW-7 / 1323
1984–
VW Iltis THW
Farben: ultramarinblau/schwarzgrau
Verdeck: schwarzgrau

H

8-THW-8 / 1324
1984–
Magirus Deutz Jupiter-THW
Farben: ultramarinblau/./
schwarzgrau
Plane: schwarzgrau

H

8-THW-9 / 1332 (Set)
1985–
Pinzgauer Kastenwagen
Dreiachsig mit 3 Blaulichtern
Farben: ultramarinblau/schwarz

H

8-THW-10 / 1332 (Set)
1985–
Unimog 1300 L
Modell mit langem Radstand
Farben: ultramarinblau/./schwarz
Plane: schwarzgrau

H

8-THW-11 / 1332 (Set)
1985–
Bootsanhänger mit 2 Booten
Aufdruck: „THW"
Farben: ultramarinblau/schwarz

H

ROSKOPF

1955 wurde sie gegründet, die Firma Roskopf Miniaturmodelle, in West-Berlin. Firmengründer Marcel Roskopf, Jahrgang 1928, Diplom-Politologe, für sein damaliges Alter bereits in relativ verantwortlicher Position im öffentlichen Dienst, war ein „Aussteiger". Er liebte Modelle noch mehr, als seine interessante Tätigkeit an der Nahtstelle zwischen Ost und West. Herr Roskopf berichtet:

„Autos gab's bereits. Altmeister Peltzer produzierte sie, in ständig steigender Qualität. Fast alles andere gab es auch schon. Aber keine Bundeswehrfahrzeuge. Die BW wurde damals gerade erst begründet. Die Liebe zu schweren Nutzfahrzeugen war da, und wenn Militärfahrzeuge der BW durch Erhaltung des Gleichgewichts zum Frieden beitragen, sind sie doch wohl auch Nutzfahrzeuge, oder?

Also Friedrich Peltzer, damals schon von gelegentlichen telefonischen Sammlergesprächen bekannt, schüchtern-bescheiden angerufen: „Sagen Sie, verehrter Meister, haben Sie in nächster Zeit vor, BW-Modelle herauszubringen?" „Um Gottes willen, der vorige Staat schuldet mir noch Zigtausende für Ausbildungsmodelle, da gehe ich nicht mehr ran!" Nun, unser heutiger Staat ist nicht der vorige, Geschäfte mit ihm waren nicht geplant. Den Sammlern von Fahrzeugmodellen sollte eine gewisse Ergänzung in einer anderen Sparte geboten werden.

Es war immer das Bestreben der Firma Roskopf, andere nicht nachzuahmen, sondern originär-kreativ Neues zu schaffen. Andere haben das nicht getan. Ob es sie glücklich gemacht hat?

1958/59 übersiedelte die Firma nach Traunreut in größere Betriebsräume, 1974 in den eigenen Neubau in Traunstein.

Der Einstieg in den 1:87er-Maßstab erfolgte erst 1982 mit den Saurer-LKW-Modellen. Zivile Nutzfahrzeuge sollten eben in den sich inzwischen herausgebildeten Sammlermaßstab passen. Starke persönliche Bindungen zu unserem Nachbarland haben den Firmeninhaber veranlaßt, den traditionsreichen Fahrzeugbau der Schweiz modellmäßig anzugehen. Hier ist noch einiges zu erwarten, aber auch die deutschen und französischen Sammler werden nicht zu kurz kommen.

Frau Ingrid Roskopf leitet den gesamten Verkauf Inland/Ausland und ist überhaupt der gute Geist der Firma, deren rund 50 Mitarbeiter nicht nur fürs Geld, sondern auch mit viel Liebe zur Sache arbeiten. Hinzu kommen noch die Mitarbeiter von zwei Zulieferfirmen, die, überwiegend für Firma Roskopf beschäftigt, ebenfalls vom Qualitätsmodell-Bazillus angesteckt sind und somit wesentlich zum Gelingen der jeweils neuen Kreationen beitragen.

9-BL-1 / 473
1987–
Berliet TAK 8 Koffersattelzug
Aufdruck: „DANZAS"
Farben: kadmiumgelb/postgelb/schwarz

H

9-BL-2 / 734
1987–
Berliet TAK 8 Koffersattelzug
Aufdruck: „Dubois"
Farben: moosgrün/schwarzgrün/schwarz

H

9-BL-3 / 474
1987–
Berliet GAK 19 Pritschen-LKW
Farben: ultramarinblau/silbergrau/schwarz,
silbergrau/schwarz, tomatenrot/silbergrau/
schwarz, flaschengrün/silbergrau/schwarz

H

9-BL-4 / 735
1987–
Berliet TAK 8 Koffersattelzug
Aufdruck: „SNCF"
Farben: stahlblau/./schwarz

H

MERCEDES-BENZ

9-MBL-1 / 433
1984–
Mercedes-Benz Vierachs-Kipper
Farben: hellgrau/silber/korallenrot,
chromgelb/silber/korallenrot, dunkelblau/
silber/korallenrot, feuerrot/silber/korallenrot

H

9-MBL-2 / 508
1984–87
**Mercedes-Benz
Sattelzug**
Aufdruck: „Erdinger
Weissbier"
Farben: reinweiß/./
blau

H

9-MBL-3 / 434
1984–86
**Mercedes-Benz
Kühlzug**
Aufdruck:
„Berchtesgadener
Land"
Farben: reinweiß/./
schwarz

H

9-MBL-4 / 437
1984–86
**Mercedes-Benz
Vierachs-
Tankwagen**
Aufdruck: „BP
Stromeyer"
Farben: reinweiß/./
schwarz

H

9-MBL-5 / 438
1984–
**Mercedes-Benz
1633
Sattelzugmaschine**
Zwei Stück in einer
Packung
Farben: feuerrot/
schwarz, reinweiß/
schwarz, türkisblau/
schwarz, hellblau/
schwarz

H

9-MBL-6/511
1984–87
**Mercedes-Benz
Vierachs-
Tankwagen**
Nur Schweiz,
Aufdruck: „BP"
Farben: reinweiß/./
schwarz

20,– DM

9-MBL-7 / 509
1984–
**Mercedes-Benz
Sattelzug**
Aufdruck: „Calanda
Bräu"
Farben:
kadmiumgelb/./
ultramarinblau –
Plane: reinweiß

H

9-MBL-8 / 510
1984–87
**Mercedes-Benz
Sattelzug**
Aufdruck: „Emmi
Joghurt"
Farben: reinweiß/./
lichtblau

H

9-MBL-9 / 514
1984–
**Mercedes-Benz
Pritschen-Sattelzug**
Aufdruck:
„Hüttenberger
Kraftverkehr"
Farben: reinorange/./
rotbraun

H

9-MBL-10 / 443
1984–
**Mercedes-Benz/
Moser Müllwagen**
Farben:
1. orange/orange/
schwarz
2. orange/silber/
schwarz

1. 20,– DM
2. H

9-MBL-11 / 701
1985–
**Mercedes-Benz
Kühlsattelzug**
Aufdruck: „Danzas"
Farben: reinweiß/./
schwarz

H

MERCEDES-BENZ

9-MBL-12 / 702
1985–86
Mercedes-Benz
Pritschensattelzug
Aufdruck: „Danzas"
Farben: postgelb/./
schwarz, Plane: blau

H

9-MBL-13 / 703
1985–86
Mercedes-Benz
Sattelzug mit
Einachs-Auflieger
Aufdruck:
„SERNAM"
Farben: schwarz/./.

H

9-MBL-14 / 704
1985–86
Mercedes-Benz
Kühlsattelzug
Aufdruck:
„Président"
Farben: reinweiß/./
schwarz

H

9-MBL-15 / 705
1985–86
Mercedes-Benz
Sattelzug
Aufdruck:
„Calberson"
Farben: schwarz-
orange/orange/
schwarz

H

9-MBL-16 / 706
1985–
Mercedes-Benz
Sattelzug
Aufdruck: „Yoplait"
Farben: reinweiß-
lindgrün/reinweiß/
schwarz

H

9-MBL-17 / 515
1985–
**Mercedes-Benz
Pritschen-Sattelzug**
Aufdruck: „Spedition
Ebener"
Farben: himmelblau/
tomatenrot/schwarz –
Plane: gelb

H

9-MBL-18 / 446
1985–87
**Mercedes-Benz
Sattelzug mit
Einachs-Auflieger**
Aufdruck: „H. Wenig"
Farben: beige/
hellgrün/tomatenrot

H

9-MBL-19 / 455
1985–87
**Mercedes-Benz
Sattelzug mit
Einachsauflieger**
Aufdruck: „Neudeck"
Farben: moosgrün/./
tomatenrot – Plane:
gelb

H

9-MBL-20 / 451
1985–87
Mercedes-Benz Pritschen-Lkw
Zwei Stück in einer Packung
1. Aufdruck: „Schenker"
Farben: moosgrün/moosgrün
tomatenrot – Plane: gelb
2. Aufdruck: „Dachser"
Farben: dunkelblau/dunkelblau
schwarz – Plane: gelb

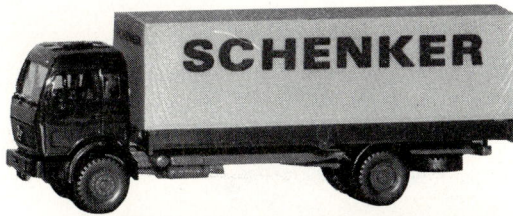

H

H

MERCEDES-BENZ

9-MBL-21 / 519
1985–86
Mercedes-Benz Pritschen-Lkw
Aufdruck: „Eichhof Bier"
Farben: kadmiumgelb/silber,
tomatenrot – Plane:
kadmiumgelb
Parallel-Modell unter gleicher
Nummer (519) nur Schweiz mit
Saurer-Fahrerhaus

18,– DM

9-MBL-22 / 707
1985–86
**Mercedes-Benz
Sattelzug**
Aufdruck: „Gervais"
Farben: reinweiß-
hellblau/reinweiß/
schwarz

H

9-MBL-23 / 708
1985–86
**Mercedes-Benz
Sattelzug mit
Einachs-Auflieger**
Aufdruck: „TNTE"
Farben: zitronengelb/
zitronengelb-
reinweiß/schwarz

H

9-MBL-24 / 709
1985–86
**Mercedes-Benz
Pritschensattelzug**
Aufdruck: „sceta"
Farben:
helltürkisblau/./
schwarz

H

9-MBL-25 / 710
1985–86
Mercedes-Benz Kasten-Lkw
Aufdruck: „Mondia"
Farben: reinweiß/./tomatenrot

H

9-MBL-26 / 711
1985–87
Mercedes-Benz Kasten-Lkw
Aufdruck: „MIKO"
Farben: beige-himmelblau/
beige/schwarz

H

9-MBL-27 / 712
1985–87
Mercedes-Benz Kasten-Lkw
Aufdruck: „DARTY"
Farben: schwefelgelb-hellgelb/./
tomatenrot

H

9-MBL-28 / 524
1985–
Mercedes-Benz Kasten-Lkw
Aufdruck: „Manner"
(Sondermodell/Schweiz, in
Deutschland 1986)
Farben: hellrosa-reinweiß/
hellrosa/dunkelblau

H

9-MBL-29/ 458
1986–
**Mercedes-Benz 20 ft
Container-Sattelzug**
Aufdruck: „DB"
Farben: kieselgrau/
aluminium
anthrazitgrau –
Container: kieselgrau

H

9-MBL-30 / 529
1986–
**Mercedes-Benz
Pritschen-
Hängerzug**
Aufdruck:
„Jacky Maeder"
Farben: reinweiß/
aluminium/mausgrau,
Planen: reinweiß

H

MERCEDES-BENZ

9-MBL-31 / 467
1986–87
**Mercedes-Benz
Bierwagen**
Aufdruck:
„Hannen Alt"
Farben: goldmetallic/
dunkelblau/.

H

9-MBL-32 / 464
1987–
**Mercedes-Benz
Tanksattelzug**
Aufdruck:
„BP stromeyer"
Farben: reinweiß/./
schwarz

H

9-MBL-33 / 469
1987–
**Mercedes-Benz 814
Sattelzug**
Aufdruck:
„Schenker"
Farben: patinagrün/./
Plane: zinkgelb

H

9-MBL-34 / 535
1987–
**Mercedes-Benz
Holztransporter**
Farben: patinagrün/
weißaluminium/
basaltgrau

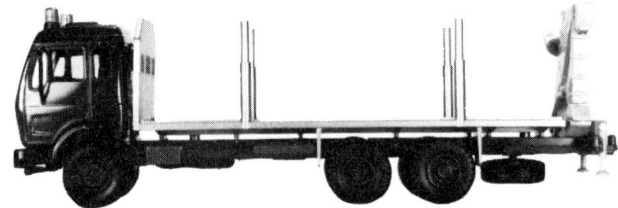

H

9-MBL-35 / 471
1987–
**Mercedes-Benz 814
Koffer-LKw**
Aufdruck:
„Schenker"
(8 verschiedene
Städtenamen)
Farben: patinagrün/./

H

9-MBL-36 / 733
1987–
Mercedes-Benz 814
Koffer-LKw
Aufdruck: „Eurapid"
Farben: reinweiß/./
schwarz

H

9-MBL-37 / 533
1987–
Mercedes-Benz
Tanksattelzug
Aufdruck: „Esso"
Farben: reinweiß/./
schwarz

H

9-MBL-38 / 476
1987–
Mercedes-Benz 814
Kipper
Farben: türkisblau/./
schwarz
gelborange/./schwarz

H

9-MBL-39 / 477
1987–
Mercedes-Benz 814
Kühlwagen
Aufdruck: „Schöller
Eisspezialitäten"
Farben: reinweiß/./
schwarz
Nur Schweiz:
Aufdruck: „Pierrot"
Farben:
reinweiß/./.schwarz

H

9-MBL-40 / 466
1987–
Mercedes-Benz
3836 Sattelkipper
Farben:
pastellorange/
weißaluminium/
schwarz

H

9-RL-1 / 448
1985–86
**Renault Turboleader
Kühlzug**
Aufdruck: „Renault
Turboleader" und
Zierstreifen
Farben: reinweiß-
schwarz-tomatenrot/
reinweiß/.

H

9-RL-2 / 449
1985–86
**Renault R 310
Sattelzug**
Aufdruck: „Martini"
Farben: ca.
capriblau/./schwarz

H

9-RL-3 / 715
1985–86
**Renault R 310
Sattelzug**
Aufdruck: „Renault"
Farben: reinweiß/
reinweiß-
verkehrsgelb/
schwarz

H

9-RL-4 /717
1985–
**Renault R 310
Pritschensattelzug**
Aufdruck: „Onatra"
Farben: goldgelb/
goldgelb/tomatenrot,
Plane: nußbraun

H

9-RL-5 / 718
1985–87
**Renault R 310
Pritschensattelzug**
Aufdruck: „Ducros"
Farben: reinweiß/
reinweiß/tomatenrot –
Plane: lichtgrau

H

Anmerkung:
Die Modelle **9-RL-3**
bis **9-RL-5** wurden
1985 zuerst in
Frankreich
ausgeliefert. Sie sind
auch in Deutschland
erhältlich gewesen.

9-RL-6 / 459
1986–
**Renault Turboleader
40 ft Container-Zug**
Aufdrucke: „Renault
Turboleader"
Container: „Hapag/
Lloyd", „cti",
„Schenker", „Jacky
Maeder", „Danzas"
Farben: schwarz/
aluminium/.
Container: aluminium,
tomatenrot, türkisgrün

H

9-RL-7 / 460
1986–
**Renault Turboleader
Pritschensattelzug**
Aufdruck: „Renault
Turboleader" und
Zierstreifen
Farben: reinweiß-
schwarz/aluminium
tomatenrot – Plane:
violettblau

H

9-RL-8 / 454
1986–
Renault Kasten-Lkw
Modell mit Spoiler und
neuem Kasten-
Aufbau
Aufdruck: „Danzas"
Farben:
kadmiumgelb/./
schwarz

H

9-RL-9 / 719
1986–87
**Renault R 310
Kühlsattelzug**
Aufdruck: „Thiriet"
Farben: reinweiß-
rosé/reinweiß-rosé-
aluminium/schwarz

H

9-RL-10 / 720
1986–87
**Renault R 310
Pritschensattelzug**
Aufdruck:
„Dentressangle"
Farben: blutorange/
blutorange-
aluminium/blutorange

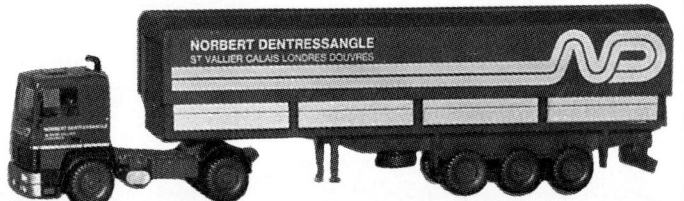

H

RENAULT

9-RL-11 / 722
1986–
**Renault R 310
Pritschensattelzug**
Modell in Militär-
Version
Farben:
tannengrün/./.

H

9-RL-12 / 526
1986–87
**Renault R 310
Kasten-Sattelzug**
Aufdruck: „Welti
Furrer air cargo"
Farben:
kadmiumgelb/./
braunrot

H

9-RL-13 / 723
1986–
**Renault R 310
Kasten-Sattelzug**
Aufdruck:
„SERNAM"
Farben:
himmelblau/./
tomatenrot

H

9-RL-14 / 724
1986–
**Renault R 310 20 ft
Containersattelzug**
Aufdruck (auf
reinweißem
Container): „CGM"
Farben:
ultramarinblau/
schwarz, Auflieger:
hellgrau

H

9-RL-15 / 726
1986–
**Renault R 310
Möbel-Hängerzug**
Aufdruck: „Les
Déménageurs
Bretons"
Farben: reinweiß-
hellgrün/./hellgrün

H

RENAULT

9-RL-16 / 727
1986–
**Renault R 310 Kühl-
Sattelzug**
Aufdruck: „Lacroix"
Farben: reinweiß-
himmelblau/./
tomatenrot, Auflieger:
schwarz

H

9-RL-17 / 465
1987–
**Renault R 310 Wein-
Tankzug**
Farben: reinweiß/
aluminium/braunrot

H

9-RL-18 / 728
1987–
**Renault R 310
Tanksattelzug**
Aufdruck: „Total"
Farben: reinweiß-
feuerrot/reinweiß-
feuerrot/schwarz

H

9-RL-19 / 724
1987–
**Renault R 370/390
Container-Sattelzug**
Aufdruck: „YM-Line"
Farben: reinweiß/
weißaluminium/
tomatenrot

H

9-RL-20 / 731
1987–
**Renault R 310
Koffer Lkw.**
Aufdruck:
„Kronenbourg"
Farben: korallenrot/./
tomatenrot

H

9-RL-21 / 732
1987–
**Renault R 370/390
Kühlkoffer-Sattelzug**
Aufdruck: „Renault"
Farben: reinweiß/./.

H

SAURER

9-SL-1 / 401
1982–85
Saurer Vierachs-Kasten-Lkw
Aufdruck:
„Feldschlösschen
Bier"
Farben: reinweiß/./
graublau
(Modell mit gravierten
Seitentüren am
Kasten-Aufbau)

H

9-SL-2 / 402
1982–87
Saurer Vierachs-Kasten-Lkw
Aufdruck: „Joost
Käse Export"
Farben: moosgrün/
reinweiß/moosgrün

H

9-SL-3 /404
1982–87
Saurer Kasten-Lkw
Aufdruck: „Coop
Früchte"
Farben:
hellrotorange/
reinweiß/graublau

H

9-SL-4 / 405
1982–87
Saurer Dreiachs-Holztransporter
Modell auch mit Berna-
Fahrerhaus*, mit heckseitig
angebrachtem Ladekran
Farben: moosgrün/silber/
moosgrün, laubgrün/silber/
laubgrün, himmelblau/silber/
blaßblau

H
* 30,–

9-SL-5 / 406
1982–
Saurer Vierachs-Pritschen-Lkw
Anfangs mit (1.)
Normal-, ab 1984 (2.)
mit Fernfahrerhaus.
Farben:
ultramarinblau/
silbergrau/graublau,
laubgrün/silbergrau/
laubgrün

1. 15,– DM
2. H

9-SL-6 / 407
1982–87
**Saurer Dreiachs-
Pritschen-Lkw**
Farben: blutorange/
silber/graublau,
Plane: blau
(Abziehbilder Zubehör)

H

9-SL-7 / 408
1982–
**Saurer Pritschen-
Hängerzug**
Farben: moosgrün/
silber/moosgrün,
Planen: resedagrün
laubgrün/silber,
laubgrün, Planen:
resedagrün
(Abziehbilder
Zubehör)

H

9-SL-8 / 417
1982–85
**Saurer Pritschen-
Lkw**
Aufdruck: „Henniez"
Farben: reinweiß/
silber/graublau,
Plane: blau

H

9-SL-9 / 418
1982–85
**Saurer Vierachs-
Pritschen-Lkw**
Aufdruck:
„Schützengarten-
Bier"
Farben: reinweiß/
silber/graublau,
Planen: blutorange

H

9-SL-10 / 419
1982–86
**Saurer Pritschen-
Hängerzug**
Aufdruck: „Cardinal"
Farben:
kadmiumgelb/silber/
graublau, Planen:
zinkgelb

H

SAURER

9-SL-11 / 414
1983–86
**Saurer Pritschen-
Sattelzug**
Aufdruck: „Danzas"
Farben:
kadmiumgelb/silber/
schwarz, Plane:
nachtblau

H

9-SL-12 / 420
1983–85
**Saurer Kasten-
Hängerzug**
Aufdruck: „Coop
Bohnenkaffee"
Farben:
hellrotorange/
reinweiß/graublau

H

9-SL-13 / 421
1983–85
**Saurer Pritschen-
Hängerzug**
Aufdruck: „Saurer
Ersatzteile"
Farben:
ultramarinblau/
reinweiß/
graublau,
Planen:
nachtblau

H

9-SL-14 / 422
1983–
**Saurer Vierachs-
Kasten-Lkw**
Aufdruck: „Eier
Lüchinger"
Farben: sandgelb/./
graublau

H

9-SL-15 / 409
1983–
Saurer Vierachs-Kipper
Farben:
silbergrau/aluminium/
silbergrau,
gelborange/
aluminium/
gelborange,
moosgrün/
aluminium/moosgrün,
aluminium/./.,
weinrot/aluminium/
weinrot, dunkelblau/
aluminium/
dunkelblau

H

9-SL-16 / 403
1983–85
Saurer Kasten-Lkw
Aufdruck:
„Hopfenperle"
Farben: reinweiß/./
graublau

H

9-SL-17 / 603
1983–85
Saurer Kasten-Hängerzug
Unbedrucktes Modell
zum Aufbringen der
Roskopf-Abziehbilder
Nr. 496.
Farben:
achatgrau/
reinweiß/
graublau,
feuerrot/
reinweiß/graublau

H

9-SL-18 / 423
1983–
Saurer Pritschen-Hängerzug mit Ladebühne
Aufdruck: „Migros"
Farbe: gelborange/
silber/gelborange,
Planen: orange

H

SAURER

9-SL-19 / 428
1983–86
Saurer Pritschen-Lkw
Aufdruck: „Bataillard"
Farben: feuerrot/
silber/graublau,
Plane: feuerrot

H

9-SL-20 / 413
1983–87
Saurer Vierachs-Kasten-Lkw
Modell mit
Kühlaggregat
Aufdruck: „Knellwolf
Fleischprodukte"
Farben: lichtblau/./
graublau

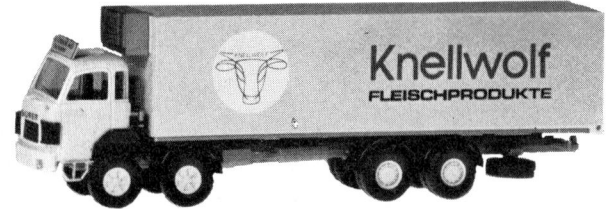

H

9-SL-21 / 425
1983–
Saurer Baustoff-Lkw mit Kran
Anfangs ohne, später
mit (Röhren-)Ladung
Farben:
moosgrün/silber/
graublau, Kran:
orange, gelborange/
silber/graublau, Kran:
orange

H

9-SL-22 / 415
1983–
Saurer Kasten-Sattelzug
Modell mit Fernfahrer-Kabine
Aufdruck: „Frisco"
Farben: reinweiß/./
schwarz

H

9-SL-23 / 430
1983–
Saurer Pritschen-Hängerzug
Modell mit
Fernfahrer -
Kabine

Aufdruck: „Peter
Wolf/Söhne"
Farben: graublau/
silber/graublau,
Planen: blaßgrün

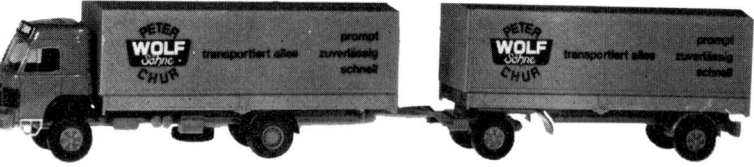

H

9-SL-24 / 501/502
1983
**Saurer Kasten-
Hängerzug**
Aufdruck: „Franz Carl
Weber"
Farben: feuerrot/
silber/graublau
Nur Schweiz, auch
ohne Hänger*
bekannt

25,– DM
*20,–DM

9-SL-25 / 431
1983–
**Saurer
Pritschensattelzug**
Aufdruck: „Egger
Bier"
Farben: reinweiß/
reinweiß/schwarz,
Plane: feuerrot

H

9-SL-26 / 503
1983
**Saurer Kasten-
Sattelzug**
Aufdruck: „Anita und
Albert"
Farben: lichtgrün/
reinweiß/lichtgrün

55,– DM

9-SL-27 / 504
1983–84
**Saurer Pritschen-
Hängerzug**
Aufdruck: „Evian"
Farben: reinweiß/
silber/schwarz,
Planen: feuerrot

25,– DM

SAURER

9-SL-28 / 505
1983–84
**Saurer Vierachs-
Pritschen-Lkw**
Aufdruck: „Danzas"
Farben:
kadmiumgelb/silber/
schwarz, Plane:
nachtblau

25,– DM

9-SL-29 / 432
1984–86
**Saurer Pritschen-
Sattelzug**
Aufdruck: „Danzas"
Farben:
kadmiumgelb/
kadmiumgelb/
schwarz, Plane:
nachtblau

H

9-SL-30 / 411
1984–
**Saurer Vierachs-
Tankwagen**
Aufdruck: „Shell"
Farben:
kadmiumgelb/./
hellrot

H

9-SL-31 / 416
1984–
Saurer Zweiachs-Kipper
Farben: kadmiumgelb/
aluminium/kadmiumgelb,
blaßgrün/aluminium/blaßgrün,
capriblau/aluminium/grau,
feuerrot/aluminium/grau,
hellgrün/aluminium/grau

H

9-SL-32 / 506
1984–85
**Saurer Zweiachs-
Hängerzug**
Aufdruck: „Pepita"
Farben: reinweiß/
aluminium/
basaltgrau, Planen:
dunkelgrün

25,– DM

9-SL-33 / 507
1984–85
**Saurer Vierachs-
Tankwagen**
Modell mit Fernfahrer-
Kabine
Aufdruck:
„Jeanneret"
Farben: reinorange/
aluminium/reinorange

20,– DM

9-SL-34 / 426
1984–85
**Saurer Kühl-
Hängerzug**
Aufdruck: „Coop
Tiefkühlprodukte"
Farben:
pastellorange/
reinweiß/blaßblau

H

9-SL-35 / 512
1984–85
Saurer Pritschen-Lkw
Nur Schweiz: Modell mit
Fernfahrer-Kabine
Aufdruck: „Glaströsch"
Farben: aluminium/mausgrau,
Plane: blau

35,– DM

9-SL-36 / 513
1984–85
**Saurer Pritschen-
Sattelzug**
Aufdruck:
„Löwenbräu
München"
Farben: reinweiß/
aluminium/
himmelblau, Plane:
hellblau

25,– DM

9-SL-37 / 427
1984–
Saurer Kommunal-Fahrzeug
Modell mit Räumschild und
Streu-Aufsatz
Farben: gelborange/aluminium/
schwarz

H

SAURER

9-SL-38 / 444
1984–
Saurer/Moser Müllwagen
Nur Schweiz
Farben: orange/silber/schwarz

H

9-SL-39 / 516
1985–86
Saurer Sattelzug
Aufdruck:
„Feldschlösschen"
Farben: reinweiß/./
blaßblau

20,– DM

9-SL-40 / 447
1985–
Saurer Schwerlast-Zugmaschine
Farben: chromgelb/aluminium/chromgelb

H

9-SL-41 / 445
1985–
Saurer Zweiachs-Zugwagen
Farben: chromgelb/aluminium/chromgelb

H

9-SL-42 / 517
1985–86
Saurer Vierachs-Tankwagen
Aufdruck: „Avia",
Abziehbilder
zusätzlich beigelegt
Farben: feuerrot/
reinweiß/feuerrot

H

9-SL-43 / 519
1985–86
Saurer Pritschen-Lkw
Aufdruck: „Eichhof Bier"
Farben: kadmiumgelb/silber/
schwarz, Plane: kadmiumgelb
nur Schweiz.
Parallel-Modell unter gleicher
Nummer (519) mit Mercedes-
Fahrerhaus*

20,– DM
* 18,– DM

9-SL-44 / 520
1985–
**Saurer Vierachs-
Pritschen-Lkw**
Nur Schweiz
Aufdruck:
„Valserwasser"
Farben: blaugrün/
aluminium/
basaltgrau,
Plane: blaugrün

H

9-SL-45 / 521
1985–86
**Saurer Vierachs-
Pritschen-Lkw**
Nur Schweiz
Aufdruck: „Coca
Cola"
Farben: reinweiß/
aluminium/feuerrot,
Plane: rubinrot

45,– DM

9-SL-46 / 523
1985–
**Saurer Vierachs-
Pritschen-Lkw**
Nur Schweiz
Aufdruck: „Calanda
Bräu"
Farben:
kadmiumgelb/
kadmiumgelb/
ultramarinblau, Plane:
reinweiß

H

9-SL-47 / 525
1986–
**Saurer Kühl-
Sattelzug**
Nur Schweiz, zum Teil
auch in Deutschland
angeboten
Aufdruck: „Migros
Biscuits Glaces"
Farben: reinweiß/./
blaugrau

H

9-SL-48 / 527
1986–87
Saurer Schwerlast-Zugmaschine
Aufdruck: „O. Zuber Aadorf"
Farben: braunrot/aluminium/schwarz

H

SAURER

9-SL-49 / 531
1986–
**Saurer Vierachs-
Tankwagen**
Aufdruck:
„AGROLA"
Farben: grün/
aluminium/grün

H

9-SL-50 / 450
1987–
**Saurer 6 C-H
Pritsche/Plane**
Aufdruck:
„A. Bärtschi Basel"
Farben: hellrot/./.,
Dach hellgrau
abgesetzt, Plane: grau

H

9-SL-51 / 478
1987–
**Saurer 5 C-H
Getränkewagen**
Aufdruck:
„Feldschlösschen
Bier"
Getränkekisten sind
beigelegt
Farben: reinweiß/./
graublau

H

BUSSE

9-BU-1 / 439
1985–
FBW Alpenpostwagen
Modell mit abnehmbarem Dach
Farben: kadmiumgelb/schwarz
(passendes Figuren-Set von Preiser)

H

9-BU-2 / 436
1985–
**Saurer IV - HU PTT-
Bus**
Aufdruck: „PTT"
Farben:
kadmiumgelb/
reinweiß-
kadmiumgelb/
schwarz

H

9-BU-3 / 530
1986–
Saurer IV – HU Bus
Aufdruck: „Rh V"
Farben: reinorange/./
schwarz

H

LKW-ANHÄNGER

9-AHL-1 / 730
1987–
**Sattelauflieger
Trailor**
Aufdruck: „Trailor
location"
Farben: gelbgrün-
aluminium, Plane:
hellrotorange

H

FEUERWEHR-FAHRZEUGE

9-FW-1 / 424
1983–
Saurer Tanklöschfahrzeug
Farben: feuerrot/feuerrot-
aluminium/schwarz

H

9-FW-2 / 435
1984–
**Saurer/Rosenbauer
Tanklöschfahrzeug**
Farben: feuerrot/feuerrot-
aluminium/schwarz

H

FEUERWEHR-FAHRZEUGE

9-FW-3 / 442
1985–
Saurer/Rosenbauer Rüstwagen
Modell mit Kran und Container
Farben: feuerrot/feuerrot-
aluminium/schwarz

H

9-FW-4 / 452
1985–
Mercedes-Benz
Tanklöschfahrzeug
Farben: feuerrot/feuerrot-
aluminium/schwarz

H

9-FW-5 / 440
1986–
Mercedes-Benz/Ziegler
Tanklöschfahrzeug
Farben: feuerrot/feuerrot-
aluminium/reinweiß-schwarz

H

9-FW-6 / 457
1986–
Renault Camiva Feuerwehr TLF
Farben: feuerrot/feuerrot-
aluminium/schwarz

H

9-FW-7 / 461/800 (Set)
1986–
Mercedes-Benz 814 TLF 8
Farben: feuerrot/feuerrot-
weißaluminium/schwarz;
tagesleuchtrot (Set)

H

9-FW-8 / 462/800 (Set)
1986–
Mercedes-Benz 814 GW 8
Farben: feuerrot/feuerrot-
weißaluminium/schwarz;
tagesleuchtrot (Set)

H

9-FW-9 / 463/800 (Set)
1986–
Mercedes-Benz 814 LF 8
Farben: feuerrot/feuerrot-
weißaluminium/schwarz;
tagesleuchtrot (Set)

H

9-FW-10 / 729
1987–
**Renault R 310
Feuerwehr-
Tanksattelzug**
Farben: feuerrot-
schwarz/feuerrot-
weißaluminium/
weißaluminium

H

9-FW-11 / 470
1987–
Berliet GAK Löschfahrzeug
Farben: feuerrot/./schwarz

H

9-FW-12 / 472
1987–
**Mercedes-Benz 814 Feuerwehr-
Gerätewagen**
Aufdruck: „112 Feuerwehr"
Farben: feuerrot/./schwarz

H

9-FW-13 / 475
1987–
**Mercedes-Benz Feuerwehr-
Rüstwagen mit Kran**
Farben: feuerrot/feuerrot-
aluminium/reinweiß-schwarz, Kran:
reinweiß

H

9-THW-1 / 453
1985–
Mercedes-Benz THW Rüstwagen
Farben: dunkelblau/dunkelblau-
aluminium/schwarz

H

POST-FAHRZEUGE

9-Post-1 / 456
1986–
**Mercedes-Benz
Pritschen-
Hängerzug**
Aufdruck: DBP-
Fernmeldedienst
Farben: postgelb/./
schwarz, Planen:
postgelb

H

9-Post-2 / 532
1987–
**Mercedes-Benz 814
PTT Kastenwagen**
Farben: gelborange/
weißaluminium/
tomatenrot

H

WIKING

Gegründet wurde die heute hauptsächlich als Hersteller von Auto-Miniaturen im (angenäherten) H0-Maßstab bekannte Berliner Firma im Jahre 1932 unter der Firmenbezeichnung Wiking-Modellbau Peltzer u. Peltzer. Wie schon der Name sagt, war Wiking eigentlich ein Schiffsmodell-Hersteller. Die heute so gefragten H0-Modelle sind eine Erweiterung anderer Fahrzeug-Gruppen. Neben den Schiffen im Maßstab 1 : 1250 produzierte man Flugzeug-Modelle in 1 : 200. Im gleichen Maßstab gab es eine Serie von Wehrmachtsmodellen und Verkehrsmodellen aus Metall.

Der Rohstoff-Mangel nach dem zweiten Weltkrieg zwang Wiking zur Produktion „nützlicher Dinge" wie Kämme und Knöpfe. Restbestände der Flugzeug-Modelle mußten dazu wie auch für die ersten Auto-Miniaturen zermahlen werden. Diese erschienen 1948 im Maßstab 1 : 100. Die noch relativ einfachen Miniaturen aus dieser Zeit sind unter der Bezeichnung „Drahtachser" (wegen der eingeschweißten dünnen Achsen aus Draht) heute gesuchte Sammel-Stücke.

Die Produktion der Modellautos nahm immer größeren Raum ein, bis sie schließlich die anderen Linien fast völlig verdrängte. Dem Maßstab der immer beliebter werdenden Modelleisenbahnen folgend, wurden die Modelle nach und nach der Baugröße H0 angeglichen. Unter der Regie des im November 1981 verstorbenen Firmengründers und Inhabers Friedrich Peltzer wurde Wiking schnell zum Marktführer bei den Autos im kleinen Maßstab, der Firmenchef zum weltgrößten Automobilproduzenten, wenn auch nur mit Modellen in 1 : 87 bis 1 : 90. Fast dreißig Jahre waren Wiking-Autos und H0-Modellfahrzeuge identische Begriffe.

Trotz des Nachdrängens neuer Anbieter konnte Wiking – auch nach dem Tode des Firmenchefs – seine Position als Marktführer behaupten.

Die Leitung der Firma war und ist seitdem erfolgreich bemüht, Entwicklung, Produktion und Vertrieb kontinuierlich fortzuführen, wobei man sich an den von Friedrich Peltzer vorgegebenen Leitlinien orientiert. Dies gilt verstärkt unter der neuen Firmenleitung durch die Sieper-Werke (SIKU), die sich neben dem Ausbau der Produktion (neues Werk in Berlin/West, 1986 eröffnet) auch der Traditionspflege verpflichtet sehen.

10-BÜL-1 / T 47
1952–54
Büssing Schwerlastwagen 8 to, unverglast
(Büssing 8000)
Fahrerhaus und Pritsche *ein* Formteil.
(1.) ohne und (2.) mit gravierter Ladefläche.
Farben (Fh/Ch):
1. dunkelgrau/ultramarinblau, graublau/karminrot,
   ultramarinblau/karminrot
2. graublau/karminrot*

Anmerkung:
MAN-Büssing
siehe MAN

35,– DM
* 50,– DM

10-BÜL-2 / T 47/47
1956–58
Büssing 4500, unverglast
Modell auch mit Verdeck geliefert. Pritsche mit
integriertem Zughaken (nach oben gerichtet).
Farben: himmelblau/./., mausgrau/./.

28,– DM

10-BÜL-3 / 54
1958 (Katalogangabe)
Büssing 4500 mit Kastenaufbau, unverglast
Modell ist im Katalog 1958 abgebildet, jedoch in der
dort gezeigten unverglasten Ausführung nicht
bekannt. → 10-BÜL-7
(verglast. Ausführung)

10-BÜL-4 / 47 I
1958–68
Büssing LU 7
Fahrerhaus und Pritsche *ein* Formteil, anfangs mit
Fahrerfigur; Sitzbank in Farbe des Chassis; ab 1959
mit Verdeck (1.), ab ca. 1968 zusätzlich gravierte Blinker
(2.)
Farben (Fh/Ch):
1. mausgrau/anthrazitgrau, blutorange/
   schwarzoliv, hellgraubeige/schwarzoliv,
   hellgraubeige/himmelblau, lichtgrau/himmelblau
2. graubeige/feuerrot, blaßgrün/blutorange,
   hellblaugrau/blutorange

1. 35,– DM
2. 30,– DM

10-BÜL-5 / 47s
1958–69
Büssing 8000
Verglastes Modell; Fahrerhaus und Pritsche *ein*
Formteil. Mehrfach unwesentlich veränderte
Fahrgestelle. Ab ca. 1964/65 mit zusätzlichen
Blinkern auf den Kotflügeln, ab ca. 1966 mit Prägung
47s.
Farben (Fh/Ch):
1. (ohne Blinker):
graublau/karminrot, himmelblau/karminrot,
hellblaugrau/feuerrot, resedagrün/schwarzoliv,
graubeige/karminrot
2. (mit Blinkern):
hellblaugrau/feuerrot, hellgraubeige/oxidrot,
dunkelpatinagrün/oxidrot

1. 40,– DM
2. 30,– DM

10-BÜL-6 / 47
1959–69
Büssing 4500
Verglastes Modell. Auch mit Verdeck geliefert.
Pritsche mit integriertem Zughaken (1.) oder
Pritsche ohne Zughaken, dafür separater, silberner
Zughaken im Schlitz des Chassis eingeklebt (2.). Ab
ca. 1966 neue, breitere Pritsche mit Verdeck,
Chassis mit zwei Rücklichtstangen und integriertem
Zughaken, zusätzlich gravierte Blinker am
Fahrerhaus. (3.).
Farben:
1. hellgraubeige/blaßbraun/hellgraubeige
2. mausgrau ●/./., himmelblau/./.
3. lichtgrau/./graublau, graublau/./ lichtgrau,
   lichtgrau/./azurblau, azurblau/./lichtgrau

1. 35,– DM
2. 30,– DM
3. 35,– DM

10-BÜL-7 / 54
1959–62
Büssing 4500 mit Kastenaufbau
Variante (2.) von 10-BÜL-6 mit Kastenaufbau.
Zwei Modellausführungen bekannt:
1. mit Aufkleber (weiß auf dunkelblau): „Wiking
   Transporte"
   Farben: mausgrau/lichtgrau – Dach mausgrau/
   mausgrau
2. mit Aufdruck (gelb): Spedition
   Farben: hellgraubeige/blaßbraun – Dach
   hellgraubeige/hellgraubeige (siehe auch → Post)

1. 90,– DM
2. 150,– DM

10-BÜL-8 / 64
1959–62
Büssing 4500 Sprengwagen
Modell mit abnehmbarer Kehrwalze (beweglich).
Farben: hellbeige/./., eisengrau/./.*

180,– DM
* 250,– DM

10-BÜL-9 / 78–78a
1959–65
Büssing 4500 Tankwagen
Modell in Ausführung „ESSO" (78) und „ARAL" (78a);
mit Papieraufklebern.
Farben:
1. (ESSO): blaßrot/./.
2. (ARAL): ultramarinblau ●/silber/ultramarinblau ●

1. 180,– DM
2. 200,– DM

10-BÜL-10 / 56
1961–66
Büssing 4500 Getränkewagen
Steg und Heck mit Papieraufklebern („Coca Cola").
Modell beladen mit 12 Flaschenkästen (abnehmbar).
Farben: gelborange/./ – Steg und Heck: feuerrot

180,– DM

10-BÜL-11 / 57
1961–62
Büssing 4500 Milchauto
Modell mit Pritsche vom Pferdewagen; mit 10
abnehmbaren Milchkannen beladen.
Farben: himmelblau/./., mausgrau/himmelblau/mausgrau*

100,– DM
* 150,– DM

BÜSSING

10-BÜL-12 / 478
1975–80
Büssing 8000 (Veteran)
Fahrerhaus und Pritsche *ein* Formteil, gegenüber
dem Vormodell (10-BÜL-5) zusätzlich mit
umgeklapptem Dreieck auf dem Fahrerhausdach, ab
1980 mit Prägung 478.
Farben (Fh/Ch):
1. (mit Prägung 47s) braunbeige ●/braunrot
2. (mit Prägung 478) azurblau/braunrot ●

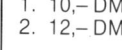

1. 10,– DM
2. 12,– DM

10-BÜL-13 / 477/24477
1980–
Büssing LU 7 Lastzug
(Veteran)
Fahrerhaus und
Pritsche *ein* Formteil,
gegenüber Vormodell
(10-BÜL-4)
unwesentlich verändert.
Jetzt als Lastzug mit
Dreiachs-Hänger.
Farben: hellblaugrau/./
braunrot, moosgrün/./braunrot

12,– DM

10-BÜL-14 / 476
nur 1982
Büssing 4500 (Veteran)
Gegenüber Vormodell (10-BÜL-6/Variante 3)
unwesentlich verändert.
Farben: azurblau/./lichtgrau, lichtgrau/./azurblau

15,– DM

10-BÜL-15 / 24839
1984–
Büssing 8000
Langholztransporter
Farben: moosgrün/schwarz

H

10-BÜL-16 / 24882
1986–
Büssing 8000
Esso-Tankzug
Farben: feuerrot/./schwarz

H

10-BÜL- 17 / 27852
1986–
Büssing 8000
Zugmaschine
mit Tieflader
Modell mit
Kabeltrommel
beladen
Farben:
moosgrau/./.

H

10-DAL-1 / 24780
1985–
DAF Tanksattelzug BP
Aufdruck: „BP stromeyer"
Farben: reinweiß/./ schwarz

H

10-DAL-2 / 24555
1985–87
DAF Pritschen-Sattelzug
Farben: feuerrot/ silbergrau, schwarz, Plane: grauweiß

H

10-DAL-3 / 24524
1986
DAF 2 ×20 ft Stahlcontainer-Sattelzug
Aufdruck: „Alianca"
Farben: feuerrot/ hellgrau/blau

H

10-DAL-4 / 20526
1987–
DAF 20 ft Container-Sattelzug
Aufdruck: „VAW Chemie"
Farben: silbergrau/./azurblau

H

DODGE

10-Do-L-1 / T 4a/T 42
1949–51
Lkw Dodge, mit festen Achsen
1. Chassis als rechteckige Fläche, „WM"-Zeichen hinter der Hinterachse, Drahtzughaken (auch) an Chassis befestigt.
2. Chassis mit Schlitz hinter der Hinterachse
Pritschen:
a. flache Pritsche mit Drahtzughaken
b. flache Pritsche mit integriertem Zughaken, nach unten gerichtet
c. neue, hochbordige Pritsche der unverglasten Modelle ab 1953, Zughaken nach unten gerichtet.
Farben:
Kombinationen aus den Farben für Fahrerhaus mit Chassis (FH) und Pritsche (PR):
Fhl: ultramarinblau, minzgrün, grau, dunkelgrau, himmelblau, blaßrot, schwarz
Prl: schwarz, grau, dunkelgrau, rot, blaßrot, braun, graublau, beige, minzgrün, beige

1. und 2.
ab 90,– DM

10-Do-L-2 / TV 4a
nur 1950
Lkw Dodge, mit Verdeck, mit festen Achsen
Versionen und Farben siehe Vormodell.
Mit abnehmbaren, offenen *Planen* in den Farben:
dunkelgrau, beigebraun, blaßbraun, himmelblau, kadmiumgelb

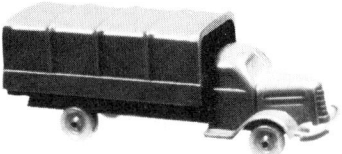

120,– DM

10-Do-L-3 / T 4a/TK 4a
1950–51/1952–53
Lkw Dodge kippbar, mit festen Achsen
Chassis mit Schlitz hinter der Hinterachse, Pritsche nicht festgeklebt.
Farben: siehe 10-Do-L-1

110,– DM

10-Do-L-4 / TKS/T 44
1950
Dodge Kipper mit Schüttgutklappe, mit festen Achsen
Chassis mit Schlitz hinter der Hinterachse. Modell mit hochbordiger Pritsche und beweglicher Schüttgutklappe.
Farben: minzgrün/dunkelgrau, blaßrot/himmelblau, rot/ultramarinblau, minzgrün/dunkelbraun, grau/dunkelbraun

210,– DM

10-Do-L-5 / T 30
1950
Dodge Kasten-Lkw, mit festen Achsen
[Der Kastenwagen auf Dodge-Fahrgestell ist aufgrund der Formteile möglich, jedoch nicht bekannt. Dies gilt nicht für den Post-Lkw.]

DODGE

10-Do-L-6 / T 21
1949–51/1952–53
Dodge Tankwagen, mit festen Achsen
Modell ohne und mit „Esso", „Standard"-
Abziehbildern
Farben:
1. mit Abziehbild: cremeweiß/dunkelgrau,
   mausgrau/dunkelblau
2. ohne Abziehbild: mausgrau/gelb,
   mausgrau/weinrot, mausgrau/feuerrot,
   feuerrot/mausgrau, feuerrot/feuerrot,
   kadmiumgelb/dunkelblau

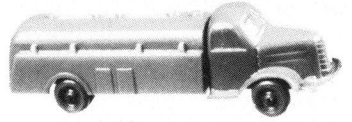

ab 250,– DM

FIAT

10-F-L-1 / T 4b/T 42
1950–51
Lkw Fiat, mit festen Achsen
Alle Versionen und Farbangaben wie bei Lkw Dodge
(vgl. 10-Do-L-1)

siehe
10-Do-L-1

10-F-L-2 / TV 4b
1950
Lkw Fiat mit Verdeck, mit festen Achsen
Siehe Angaben zum Dodge-Modell (vgl. 10-Do-L-2)

120,– DM

10-F-L-3 / T 4b/TK 4b
1950
Lkw Fiat kippbar, mit festen Achsen
Siehe Angaben zum Dodge-Modell (vgl. 10-Do-L-3)

110,– DM

10-F-L-4 / TKS/T 44
1950–51/1952–53
Fiat Kipper mit Schüttgutklappe, mit festen Achsen
Siehe Angaben zum Dodge-Modell (vgl. 10-Do-L-4)

210,– DM

10-F-L-5 / T 30/T 54
1950–53
Fiat Kasten-Lkw, mit festen Achsen
Bodengruppe nur mit Schlitz hinter der Hinterachse, mit
hohem Kasten (flaches Dach)
Farbangaben (zusammen mit Beschriftungen):
a) mausgrau/beige – Dach enzianblau – Stempeldruck
   MÖBEL-TRANSPORTE-WIKING (schwarz),
   mausgrau/enzianblau – Dach gelb – Stempeldruck
   MÖBEL-TRANSPORTE-WIKING (weiß),
   schwarz/enzianblau – Dach gelb – Stempeldruck
   MÖBEL-TRANSPORTE-WIKING (weiß)
b) schwarz/beige – Dach enzianblau – Abziehbild
   WIKING-TRANSPORTE (orange/Schrift blau)
c) anthrazit/enzianblau – Dach mausgrau –
   Papieraufkleber WIKING-TRANSPORTE (gelb/
   Schrift rot),
   anthrazit/enzianblau – Dach beige – Papieraufkleber
   WIKING-TRANSPORTE (gelb/Schrift rot),
   mausgrau/beige – Dach enzianblau –
   Papieraufkleber WIKING-TRANSPORTE (gelb/
   Schrift schwarz),
   mausgrau/türkis – Dach türkis – Papieraufkleber
   WIKING-TRANSPORTE (gelb/Schrift schwarz)
(Weitere Kombinationen durchaus möglich).

200,– DM
–300,– DM

10-F-L-6 / T 21
1949–51/1952–53
Fiat Tankwagen, mit festen Achsen
Modell-Varianten und Farben siehe 10-Do-L-6

250,– DM

10-FL-1 / T 46/46
1952–59
Ford 3500 Lkw, unverglast
Zwei Grundvarianten lassen sich unterscheiden:
1. Modell mit offenem Boden, alte Pritsche mit
    Zughaken nach unten gerichtet (anfangs
    kippbar). Auch mit altem Verdeck (offen)
    geliefert.
2. Fahrerhaus mit geschlossenem Boden, neuere
    Pritschenform mit nach oben gerichtetem
    Zughaken. Auch mit neuerem Verdeck
    (geschlossen) geliefert.
Farben (Fh und Ch/Pr):
1. himmelblau/graublau, lichtblau/graublau,
    himmelblau/blaßbraun, oliv/.
2. mausgrau/himmelblau, hellgraubeige/
    blaßbraun, blaßbraun/., gelborange/blaßbraun,
    resedagrün/blaßbraun, olivgrün/., himmelblau/.

1. und 2.
35,– DM

10-FL-2 / T 54/54
1954–58
Ford 3500 mit Kastenaufbau, unverglast
Zwei Grundvarianten lassen sich unterscheiden:
1. Modell mit offenem Boden, mit großem Kasten,
    ohne integrierten Zughaken. Papieraufkleber:
    Wiking Transporte (dunkelblau auf gelb oder rot
    auf gelb.
1.a Modell mit offenem Boden und kleinem Kasten mit
    integriertem Zughaken, Papieraufkleber Wiking-
    Transporte
2. Fahrerhaus mit geschlossenem Boden, mit
    flacherem Kasten, mit integriertem Zughaken.
    Aufkleber Wiking Transporte (weiß auf
    dunkelblau)
Farben (Fh und Ch/Ka):
1. himmelblau/hellblaßbraun*
1.a himmelblau/lichtgrau
2. hellgraubeige/., himmelblau/hellgraubeige,
    anthrazit/mausgrau,
(→ siehe auch Post)

1.   120,– DM
1.a 150,– DM
2.   60,– DM
* 70,– DM

10-FL-3 / T 56/56–57
1955–60
Ford 3500 Getränkewagen, unverglast
Modell in den Ausführungen „Coca Cola" (56) und
„Sinalco" (57). Papieraufkleber auf Steg und Heck, bei
Sinalco-Version auch auf den Fahrerhaustüren.
Modelle waren werksseitig *nicht* beladen.
Farben:
1. (Coca Cola): melonengelb/. – Steg und Heck:
    feuerrot, kadmiumgelb/. – Steg und Heck:
    feuerrot
2. (Sinalco): lichtgrau/./Kotflügel und Chassis
    feuerrot schabloniert

65,– DM

FORD

10-FL-4 / T 64/64
1955–58
Ford 3500 Sprengwagen, unverglast
Modell mit abnehmbarer Kehwalze (beweglich).
Farben: hellgraubeige/., beige/.*, grünbeige/.,
eisengrau/., olivgrün/.

70,– DM
* 90,– DM

10-FL-5 / 46n/46
1958–66
Ford 2500 Lkw
Modell anfangs ohne, ab 1959 mit Verdeck. Zwei
Bodenplatten-Varianten.
Farben (einfarbig): olivgrün, hellgraublau

40,– DM

10-FL-6/ 78–78a
1958
Ford 3500 Tankwagen, unverglast
Modell in den Ausführungen „ESSO" (78) und „ARAL"
(78a). Modell mit Papieraufklebern.
Farben:
1. (ESSO): blaßrot/./. ●
2. (ARAL): ultramarinblau/silber/ultramarinblau ●

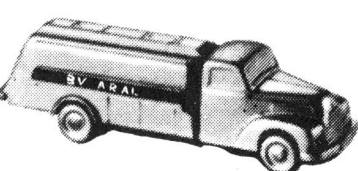

1. und 2.
60,– DM

10-FL-7 / 57
1959–60
Ford 3500 Milchauto, unverglast
Modell mit Pritsche vom Pferdewagen, mit 10
abnehmbaren Milchkannen beladen.
Farben: himmelblau/./.

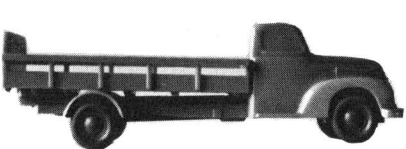

80,– DM

10-FL-8 / 540
1978–
**Ford Transcontinental
Koffersattelzug**
Zwei Modell-Ausführungen;
stets mit Ford-
Schriftzug (graviert):
1. „Hungarocamion"
(roter Aufdruck)
Farben: Fh zweifarbig: kadmiumgelb–braunrot und
Farbumkehrung/Koffer: kadmiumgelb/Ch: azurblau
2. „Dachser" (blauer Aufdruck)
Farben: siehe Variante (1.)

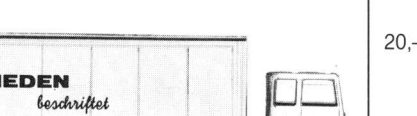

20,– DM

10-FL-9 / 530
1979–1983
Ford Transcontinental
Pritschensattelzug
Zwei Modell-
Ausführungen; stets mit
Ford-Emblem im Grill.
Auflieger ohne und mit
Unterfahrschutz. Pritsche
hinten erst abgeschrägt,
dann eckig:
1. „West-Friesland"
(Aufdruck dunkelgrün)
Farben: Fh zweifarbig:
kadmiumgelb–dunkelpatinagrün und
Farbumkehrung/Auflieger: dunkelpatinagrün –
Verdeck: gelb/Ch: braunrot
2. „West-Friesland Internationale Spedition"
(Aufdruck dunkelgrün) Farben: siehe Variante (1.)

1. 20,– DM
2. 15,– DM

10-FL-10 / 540/24540
1982–
Ford Transcontinental
Koffersattelzug
Modell stets mit Ford-
Emblem im Grill.
Aufdruck: „ICI-Meisterpreis"
Farben: Fh zweifarbig:
pastellorange–hellminzgrün
oder
reinorange–hellminzgrün/
Koffer: weißgrau – Dach: hellminzgrün/Ch: feuerrot
1984: neuer Aufdruck: „Ducolux – ein starkes
Stück Farbe"
1985: neuer Aufdruck: „Wiederhold"
Farben: patinagrün/reinweiß/feuerrot,
Dach: grün
1986: patinagrün/reinweiß/patinagrün,
Dach: grün

H

10-FL-11 / 802/24782
1984–
Ford Transcontinental
Tankzug
Aufdruck: „Shell"
Farben: postgelb/./
feuerrot

H

GROVE

10-GRL-1 /
40632
1987–
Grove
Autokran
Farben:
gelborange/./schwarz
Aufdruck: „Grove"

H

HENSCHEL

10-HL-1 / T 49/49
1953–58
Henschel Tieflade-Sattelzug,
unverglast
Auflieger mit beweglicher Rampe.
Auflieger mit festen Achsen in
Kombination mit der Henschel-
Zugmaschine möglich.
Farben:
a. Zugmaschine: ultramarinblau, himmelblau, azurblau, lichtblau,
   anthrazitgrau, beige, hellgraubeige, blaßbraun, lichtgrau, hellgrau, mausgrau
b. Auflieger: ultramarinblau, blaugrau ●, hellgrau ●, betongrau,
   schwarz, anthrazitgrau

35,– DM

10-HL-2 / T 52/52
1953–58
Henschel Sattelzug, unverglast
Vier bekannte Modellausführungen (weitere
denkbar):
1. Aufkleber: Wiking Ferntransporte (rot auf
   gelb oder weiß auf dunkelblau)
2. Aufkleber: „Intercity" (rot auf gelb)
3. Aufkleber: „Kühlwagen" (schwarz auf gelb
   oder weiß auf dunkelblau)
4. Aufkleber: „Seefische" (schwarz auf gelb
   oder weiß auf dunkelblau)
Farben:
a. Zugmaschinen: zumeist himmelblau oder blaßbraun.
   Aber auch fast alle anderen Farben von 10-HL-1 möglich.
b. Auflieger: himmelblau, reinweiß, cremeweiß, lichtblau

ab 70,– DM

10-HL-3 / T 79/79
1953–58/1959/64
Henschel Supertankwagen (Tankzug
ESSO)
Vier Modell-Varianten lassen sich
unterscheiden:
1. durchbrochene Scheiben,
   Aufkleber: „ESSO Motoroil"
2. durchbrochene Scheiben,
   Aufkleber: „ESSO Extra Motoroil"
3. verglaste Scheiben, sonst wie (2.),
   ab 1959
4. wie (3.), jedoch mit überarbeiteten
   Fahrgestellen und silberner Sattelplatte
Farben (stets einfarbig): blaßrot ● (1.),
feuerrot ●, blutorange (2.), feuerrot (3.),
dunkelfeuerrot (4.)

1. und 2.
40,– DM

3. und 4.
65,– DM

10-HL-4 / T 63
1954–58
Henschel Abschleppwagen, unverglast
Modell stets mit starrem Draht-
Abschlepphaken.
Farben: anthrazitgrau, blaßbraun,
ultramarinblau, hellgrau ●, lichtgrau,
eisengrau, himmelblau

30,– DM

10-HL-5 / T 52h/52h
1955–58
Henschel Zugmaschine, unverglast
Farben: blaßbraun, himmelblau, mausgrau ●,
eisengrau, lichtgrau

20,– DM

10-HL-6 / T 52s
1956
Henschel Zugmaschine, unverglast
Modell mit Aufbau (Kurzpritsche) =
Zugmaschine von 10-HL-7.
Farben (Fh und Ch/Pr): mausgrau ●/ anthrazitgrau

20,– DM

10-HL-7 / T 59/59
1956–60
Henschel DB-Straßenroller, unverglast
Hänger des Modelles hat bewegliche Rampe
und Bremsklotzplatte. Anfangs im Karton
geliefert*.
Farben:
a. Zugmaschine: mausgrau ●/
   anthrazitgrau
b. Hänger: anthrazitgrau ●

45,– DM
* 60,– DM

HENSCHEL

10-HL-8 / T 80/80
1956–58
Henschel Tankzug Shell, unverglast
Auflieger mit geprägtem „Shell"-Schriftzug
(rot). Sattelplatte anfangs in der Form der
Zugmaschine, später separates, silbernes
Formteil.
Farben (Zugmaschine/Auflieger/Auflieger-
Chassis): feuerrot/kadmiumgelb/
dunkelgrau, feuerrot/zinkgelb/dunkelgrau

50,– DM

10-HL-9 / 53
1957–58
Henschel Zementtransport-Sattelzug,
unverglast
Farben: himmelblau (einfarbig) – Silos:
lichtgrau oder grünbeige

70,– DM

10-HL-10 / 58
1957–60
Henschel Pkw-Transporter,
unverglast
Sattelplatte der Zugmaschine später
separates, silbernes Formteil (vgl. 10-HL-8).
Farben:
a. Zugmaschinen: zumeist
   blaßbraun oder himmelblau
b. Auflieger: zumeist hellgraubeige ●

45,– DM

HANOMAG-HENSCHEL

10-HL-11 / 41h
1959–68
Henschel HS 100
Modell anfangs ohne (1.), später mit Verdeck (2.), ab
1963 mit zusätzlich gravierten Blinkern.
Farben: korallenrot/blaßbraun/., blaßbraun/./
korallenrot*, korallenrot/./blaßbraun, graublau/./
lichtgrau, lichtgrau/./blaugrau

1. 120,– DM
2. 80,– DM
* 150,– DM

10-HL-12 / 41p
1963–71
Henschel HS 14 (Einfachkabine)
Drei Modell-Varianten lassen sich unterscheiden:
1. ohne Plane, erste Pritschenausführung (gerade)
2. mit neuer Pritsche (wie MB 1620) und Plane
3. wie (2.), jedoch mit neuem Chassis und
   dreiecksförmigem Zughaken
Farben (Fh zumeist zweifarbig):
1. lindgrün–dunkelpatinagrün/lindgrün/
   dunkelpatinagrün, lichtgrau–hellblaugrau/lichtgrau/
   hellblaugrau
2. azurblau–feuerrot/azurblau/feuerrot
3. azurblau–feuerrot/azurblau/braunrot,
   lichtgrau–hellblaugrau/lichtgrau/hellblaugrau,
   feuerrot/hellgraubeige/braunrot (RA)

1. und 2.
40,– DM
3. 45,– DM

10-HL-13 / 41f
1963–64
Henschel HS 14 (Doppelkabine)
Pritschenausführung wie Variante (1.) von 10-HL-12.
Farben (Fh zweifarbig): lindgrün–dunkelpatinagrün/
lindgrün/dunkelpatinagrün, lichtgrau–hellblaugrau/
lichtgrau/hellblaugrau

40,– DM

10-HL-14 / 51h
1964–70
Henschel Pritschensattelzug
Zwei Modell-Varianten lassen sich
unterscheiden:
1. Zugmaschine mit Zughaken, bewegliche
   Aufliegerstützen
2. Zugmaschine ohne Zughaken, starre
   Aufliegerstützen
Modell ab 1965 mit Verdeck.
Farben (Fh zweifarbig): azurblau–feuerrot/
azurblau–feurrot, azurblau–feuerrot/
azurblau–braunrot

1. 65,– DM
2. 50,– DM

10-HL-15 / 79
1965–70
Henschel Supertankwagen (ESSO-
Tankzug)
Modell mit Einfach- und Doppelkabine*. Mit
kleinem und großem Königszapfen,
Fahrerhaus-Chassis mit und ohne
Zughaken.
Aufkleber: „ESSO Extra Motoroil"
Farben (einfarbig): feuerrot ●

60,– DM
* 80,– DM

HANOMAG-HENSCHEL

10-HL-15a / 51r
1967–69
Henschel Rungensattelzug
Modell mit Einfach- und Doppelkabine*.
Immer mit kleinem Königszapfen.
Farben (Fh zweifarbig): olivgrün–feuerrot/
olivgrün/feuerrot
Rungen: hellgrau oder silber

100,– DM
* 80,– DM

10-HL-16 / 53b
1967–68
**Henschel HS 100 Transportbeton-
Mischer**
Fahrerhaus stets mit Blinkern.
Farben: Fh und Ch: feuerrot
Mischeraufbau: beige/hellgraubeige oder
hellgraubeige/beige

120,– DM

10-HL-17 / 52a/521
1970–74
**Hanomag Henschel
Containerzug**
Ausführungen:
Modell immer beladen mit
zwei 20 ft Containern,
entweder Alucontainer (1.)
oder Plywood-Container

(2.). Zugmaschinen mit alter oder neuer
Inneneinrichtung. Zwei Kotflügelformen. Auflieger
(immer mit großem Königszapfen) ohne oder mit Unterfahrschutz.
Beschriftungen:
„Trans-Container" (Aufkleber oder Aufdruck), „Hapag
Lloyd" (Aufkleber oder Aufdruck), „Euro Container"
(Aufkleber), „Rentcon" (Aufkleber), „United States"
(Aufkleber), „Danzas" (Aufdruck), „DAL"(Aufdruck),
„CSI" (Aufkleber), „Sea Containers" (Aufkleber).
Farben:
a. Zugmaschinen (fast ausnahmslos zweifarbig);
   bei Verwendung von Alucontainern (1.):
   braunrot-cremeweiß, graubeige/cremeweiß und
   Farbumkehrungen /Ch: hellgrau oder braunrot
   bei Verwendung von Plywood-Containern (2.):
   graubeige–cremeweiß und Umkehrung,
   lichtgrau–reinweiß und Umkehrung,
   anthrazitgrau–reinweiß, blaugrau–lichtgrau,
   blaugrau–creme, lichtgrau (einfarbig)/Ch: hellgrau oder braunrot
b. Auflieger: hellgraubraun, graubraun ●
c. Container: reinweiß, lichtgrau, hellgrau, silber

a, b, c:
bis 35,– DM

HANOMAG-HENSCHEL

Wiking

10-HL-18 / 51h/514
1971–73/1974
**Hanomag Henschel
Pritschensattelzug**
Modell hat stets alte
Inneneinrichtung.
Farben:
a. Zugmaschinen
   (zumeist zweifarbig):
   braunrot–cremeweiß und Umkehrung,
   graubeige–cremeweiß und Umkehrung, azurblau
   (einfarbig)
b. Auflieger: cremeweiß, graubeige, azurblau
c. Chassis: hellgrau, braunrot

35,– DM

10-HL-19 / 41/410
1972–75
Hanomag Henschel Stahlpritschen-Lastzug
Hänger anfangs
mit Doppel-
bereifung, bei der
letzten
Ausführung mit
Einfachbereifung.
Farben (Fh zumeist
zweifarbig):
hellblaugrau–lichtgrau und Umkehrung/Ch: grau und braunrot
hellblaugrau/hellgrau, himmelblau/himmelblau –
Planen: gelborange/himmelblau*

40,– DM
* 85,– DM

10-HL-20 / 44/440
1973–76
**Hanomag
Henschel
Kofferzug**
Modell mit
beiden
Kotflügelformen,
mit alter und
neuer Inneneinrichtung.
Sechs Modell-Varianten sind unterscheidbar:
1. „Zeitfracht"
Farben: Fh: braunrot–cremeweiß und Umkehrung/
Koffer: hellgraubeige, lichtgrau/Dächer: reinweiß,
lichtgrau/Ch: braunrot, oxidrot
2. „Eier aus Holland"
Farben: Fh: reinweiß–hellgraubeige und
Umkehrung/Koffer: reinweiß/Dächer: reinweiß,
hellgraubeige, himmelblau, lichtgrau/Ch: mausgrau
3. „Dachser-Spedition"
Farben: Fh: lichtgrau/Koffer: lichtgrau/Dächer:
reinweiß/Ch: schwarz
4. „Festo Pneumatic"
Farben: Fh: himmelblau/Koffer: himmelblau (heller
als Fh)/Dächer: himmelblau/Ch: braunrot, schwarz,
auch in Mercedes-Benz 2223-Version bekannt

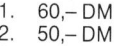

1. 60,– DM
2. 50,– DM
3. 90,– DM
4. 120,– DM

219

5. „Deutsche Markeneier"
Farben: Fh: sandgelb–reinweiß und Umkehrung/
Koffer: reinweiß/Dächer: sandgelb/Ch: mausgrau
6. „Philips"
Farben:
a. Fh und Ch wie Variante (1.) Zeitfracht/Koffer:
   sandgelb/Dächer: lichtgrau
b. Fh: sandgelb–reinweiß und Umkehrung/Koffer:
   sandgelb, weiß/Dächer: weiß, sandgelb,
   lichtgrau/Ch:mausgrau
c. wie (b.), jedoch Fh: feuerrot–reinweiß und Umkehrung.

5. 180,– DM
6. 60,– DM

10-HL-21 / 645
1975–79
Henschel Schuttwagen mit Kippmulde
Modell der Einfachkabine mit eckigen
Scheinwerfern.
Farben: hellelfenbein/mausgrau/braunrot,
pastellorange/./braunrot, pastellorange/./feuerrot
Ladung (herausnehmbar): hellgrau ●

15,– DM

10-HL-22 / 521
1975–82
Hanomag Henschel Normcontainer-Sattelzug
Modell mit neuer Inneneinrichtung ohne und mit
Unterfahrschutz, beladen mit zwei 20ft Containern.
Aufdrucke: „Hapag Lloyd", „DAL".
Farben:
a. Zugmaschinen:
   hellgraubeige–reinweiß
   und Umkehrung,
   graubeige–reinweiß und
   Umkehrung
b. Auflieger: reinorange, braunrot
   (1983)
c. Container: reinweiß

ab 20,– DM

10-HL-23 / 502
1982–84
Hanomag ST 100 (Veteran)
Zugmaschine mit Tieflade-Anhänger.
Farben:
a. Zugmaschine: azurblau/Dach: schwarz/Ch:
   braunrot/Druckluftbehälter: schwarz oder silber
b. Anhänger: azurblau/Boden: silber

ab 15,– DM

10-HL-24 / 3500/26850
1983–
Hanomag ST 100 mit zwei Hängern (Klassiker)
Hänger beladen mit herausnehmbaren Kohle-
Einsätzen.
Farben:
a. Zugmaschine: lehmbraun/Dach: schwarz/Ch:
   schwarz/Druckluftbehälter: schwarz
b. Anhänger: Pr: lehmbraun/Ch: schwarz/Ladung:
   schwarz

H

10-HL-25 / 27851
1985–
**Hanomag ST 100
mit zwei
Möbelanhängern**
Aufdruck: „E. Scholz
Möbeltransporte"
Farben:
a. Zugmaschine:
   kadmiumgelb/
   Dach: dunkelgrau/
   Ch: schwarz
b. Anhänger:
   kadmiumgelb/
   Dächer:
   dunkelgrau/Ch:
   schwarz

H

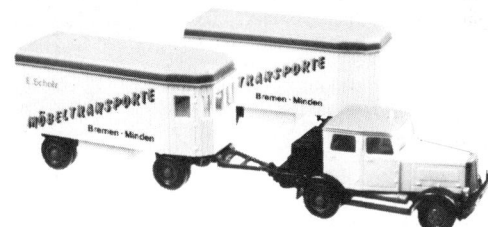

10-HL-26 / 24590
1986
Hanomag/Henschel DB Straßenroller
Neuauflage für Primex (und Serie)
Farben: hellgrün/./.

H

10-KL-1 / T 48/48
1955–58
Krupp Titan Lkw, unverglast
Modell stets mit Plane (hinten offen). Peilstangen
erst lang, dann kurz.
Farben: basaltgrau/./anthrazitgrau*, himmelblau/./
blutorange, himmelblau/./feuerrot

35,– DM
* 50,– DM

10-KL-2 / 48k
1957–58
Krupp Titan Thermos-Wagen, unverglast
Aufdruck: „Thermos-Wagen" (in rot oder dunkelblau).
Farben: himmelblau/./feuerrot, hellgraubeige/./
feuerrot, graubeige/./feuerrot

70,– DM

10-KL-3 / 48
1959–68
Krupp Titan Lkw
Modell mit Plane (anfangs offene, dann
geschlossene Plane). Modell mit geschlossener und
offener Achsführung, zumeist ohne, in der letzten
Ausführung mit Blinkern auf den Vorderkotflügeln.
Farben: gelbgrün/./feuerrot, himmelblau/./feuerrot,
elfenbein/./feuerrot, elfenbein/./blutorange,
lichtgrau/./feuerrot

30,– DM

10-KL-4 / 48k
1959–68
Krupp Titan Thermos-Wagen
Modell mit geschlossener, später offener
Achsführung, zumeist ohne, in der letzten
Ausführung mit Blinkern auf den Vorderkotflügeln.
Aufdruck: „Thermos Wagen" (in weiß, rotbraun, rot,
blau oder grün).
Farben: himmelblau/./feuerrot, gelbgrün/./feuerrot*,
elfenbein/./blaßrot, lichtgrau/./feuerrot

70,– DM
* 90,– DM

10-KL-5 / 480
1978–
Krupp Titan Lastzug (Veteran)
Farben: hellbeige
●/feuerrot,
hellbeige ●/
braunrot,
azurblau/braunrot,
capriblau/./
braunrot,
oxidrot/./schwarz

H

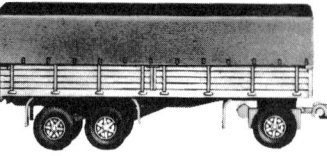

KRUPP

10-KL-6 / 486
1979–87
Krupp 806 Lastzug
(Veteran)
Anfangs Kühlergrill in
Chassisfarbe (braunrot),
dann silbernes Formteil.
Farben: azurblau/./braunrot, dunkelpatinagrün/./
braunrot

H

10-KL-7 / 24488
1984–87
**Krupp 806
Pritschen-Sattelzug**
Grill-Varianten vgl.
10-KL-6
Farben: zementgrau/
zementgrau/braunrot,
Plane: eisengrau

H

MAGIRUS

10-ML-1 / T 42/42
1954–58
Magirus 3500 Lkw, unverglast
Zwei Varianten der Pritsche (verschiedene
Pritschenformen)
1. integrierter Haken nach unten gerichtet
2. integrierter Haken nach oben gerichtet
Farben: resedagrün/./., resedagrün/blaßbraun/
resedagrün, dunkellichtblau/basaltgrau/
dunkellichtblau, blaßbraun/dunkelresedagrün/
blaßbraun, basaltgrau/himmelblau/basaltgrau,
himmelblau/./., mausgrau/graublau/mausgrau

1. 40,– DM
2. 30,– DM

10-ML-2 / T 67/67
1956–58
Magirus Müllwagen, unverglast
Mit zwei abnehmbaren Mülltonnen ausgestattet.
Auch mit am Heck aufgeklebten Warnstreifen.
Farben (stets einfarbig): beige, schwarzgrün*

60,– DM
* 70,– DM

10-ML-3 / 39
1959–69
Magirus Langholztransporter
Ladegut Rundholz. Zugstangen anfangs aus Draht,
später aus Kunststoff.
Farben: Fh: graublau (einfarbig)/Auflieger: silber/
Ch: graublau, Fh: himmelblau–lichtgrau/Auflieger:
silber/Ch: himmelblau, Fh: himmelblau (einfarbig)/
Auflieger: silber/Ch: himmelblau

55,– DM

MAGIRUS

10-ML-4 / 42
1959–61
Magirus 3500 Lkw
Modell mit abnehmbarer Plane. Zughaken zumeist
separates Formteil in Schlitz am Chassis geklebt.
Farben: himmelblau/./., resedagrün/./., basaltgrau/
himmelblau/basaltgrau, hellgraubeige/blaßbraun/
hellgraubeige*, basaltgrau/./.

45,– DM
55,– DM

10-ML-5 / 49
1959–64
Magirus 3500 Tiefladesattelzug
Modell mit beweglicher Rampe, Seilwinde auf
Auflieger geklebt. Auflieger: 1. vorne
abgerundet, 2. eckige Form (azurblau)
Farben:
a. Zugmaschine: graublau, himmelblau
b. Auflieger: betongrau, graublau, azurblau

ab 40,– DM

10-ML-6 / 51
1959–64
Magirus Pritschensattelzug
Modell mit einachsigem Auflieger mit abnehmbarer
Plane. Pritsche identisch mit Dreiachs-Anhänger 48a.
Farben:
a. Zugmaschine: resedagrün,
himmelblau–lichtgrau, feuerrot
b. Auflieger: hellbeige, hellgraubeige, hellelfenbein

75,– DM

10-ML-7 / 53
1959–63
Magirus Zementtransport-Sattelzug
Farben:
a. Zugmaschine: resedagrün (einfarbig)
b. Auflieger: resedagrün – Silos: grünbeige,
lichtgrau

90,– DM

10-ML-8 / 54
1959–62
Magirus 3500 mit Kastenaufbau
Zwei Modellausführungen bekannt (vgl. Büssing →
10-BÜL-7, auch mit MB 5000 bekannt):
1. mit Aufkleber (weiß auf dunkelblau): „WVM" oder
„Wiking Transporte"
Farben: mausgrau/lichtgrau–Dach: mausgrau/
mausgrau
2. mit Aufdruck (gelb): „Spedition"
Farben: hellgraubeige/blaßbraun – Dach:
hellgraubeige/hellgraubeige (→ siehe auch Post)

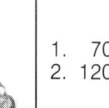

1. 70,– DM
2. 120,– DM

10-ML-9 / 52
1959–62
Magirus „Kühlwagen" Sattelzug
Aufkleber: „Seefische" (andere möglich)
Farben:
a. Zugmaschine: zumeist himmelblau
b. Auflieger: zumeist reinweiß

90,– DM

10-ML-10 / 67/64m
1959–68
Magirus Müllwagen
Vier Modell-Varianten im Verlauf der Produktion:
1. ohne Dachlüfter, ohne Blinker
2. ohne Dachlüfter, mit Blinkern
3. mit Dachlüfter und Blinkern
4. mit Gelblicht auf Sockel und Blinkern
Farben: beige ●, letzte Versionen hellbeige ●

1. 60,– DM
2. 90,– DM
3. 70,– DM

10-ML-11 / 78–78a
1959–65
Magirus Tankwagen
Modell in Ausführung „ESSO" (78) und „ARAL" (78a),
mit Papieraufklebern.
Chassis in Farbe des Fahrerhauses oder silber.
Farben:
1. ESSO: blaßrot/./, feuerrot/./, feuerrot/./silber
2. ARAL: ultramarinblau/silber/ultramarinblau,
   himmelblau/silber/himmelblau*, kobaltblau/
   silber/kobaltblau, kobaltblau/silber/silber

1. 160,– DM
2. 170,– DM
* 200,– DM

10-ML-12 / 80
1959–64
Magirus Shell Tankzug (RA)
Modell immer mit glattem Fahrerhaus.
Farben:
a. Zugmaschine: feuerrot, blaßrot
b. Auflieger: kadmiumgelb/anthrazitgrau

95,– DM

10-ML-12a / 64
1959–62
Magirus Sprengwagen
Modell mit abnehmbarer Kehrwalze
(beweglich)
Farbe: hellbeige/./.

280,– DM

10-ML-13 / 42k
1960–67/1968–73
Magirus Saturn Kipper
Drei Modell-Versionen bekannt:
1. Zweiachser mit kippbarer, *dünnwandiger*
Pritsche, beweglicher Heckklappe. Kipphebel
rechts, später links.
Farben: lichtgrau/./dunkelgrau, lichtgrau/./silber,
graubeige/./feuerrot, hellgraubeige/./schwarz,
lichtgrau/./feuerrot
2. Dreiachser mit kippbarer, *dickwandiger* Pritsche,
beweglicher Heckklappe. Kipphebel links (1968)
Farben: ozeanblau/lichtgrau/rotbraun, ozeanblau/
lichtgrau/feuerrot
3. Dreiachser mit kippbarer, *hoher* Pritsche,
beweglicher Heckklappe. Kipphebel rechts (1970)
Farben: feuerrot/hellgraubeige/., gelborange/
hellgraubeige/., taubenblau/lichtgrau/., ozeanblau/
lichtgrau/dunkelgrau

1. 55,– DM
2. 45,– DM
3. 40,– DM

MAGIRUS

10-ML-14 / 42s
1960–65
Magirus Saturn Lkw
Zughaken ist stets separates, silbernes Formteil.
Pritschen mit verschiedenfarbigen Einlagen.
Farben: feuerrot/./elfenbein, azurblau/./silber,
azurblau/./feurrot, feuerrot/braunbeige/elfenbein,
feuerrot/resedagrün/feuerrot*
Modell ist auch *mit Kohleladung* bekannt.**

50,– DM
* 70,– DM
** 80,– DM

10-ML-15 / 42
1961–64
Magirus 3500 Lkw mit Kohleladung
Modell mit herausnehmbarer Kohleladung
(Formteil).
Farben: Modell einfarbig oder mit feuerrotem
Chassis: himmelblau, resedagrün
(Andere „Kohle-Lkw": Magirus Saturn, Magirus Sirius,
Mercedes L 5000 [offene und geschlossene Stoßstangen].)

80,– DM

10-ML-16 / 42r
1961–63
Magirus Sirius Lkw
Modell immer mit Plane.
Farben: hellbeige/./feuerrot, lichtgrau/./feuerrot
 auch Kombinationen, sowie „exotische"
Farbzusammenstellungen: hellorange/feuerrot/.
oder reinorange/resedagrün/schwarz*

60,– DM
* 150,– DM

10-ML17 / 56s
1961–65
Magirus Sirius Getränkewagen
Aufkleber: „Sinalco" (Papieraufkleber auf Steg, Türen
und Heck). Beladen mit 12 abnehmbaren
Flaschenkästen.
Verschiedene Varianten der Aufkleber:
1. kleine Schrift-Type
2. große Schrift-Type
Farben: lichtgrau/./feuerrot, lichtgrau/./karminrot

1. 130,– DM
2. 100,– DM

10-ML-18 / 58
1961–64
**Magirus 3500 Pkw-
Transporter**
(Immer ohne Ladegut)
Farben:
a. Zugmaschinen: himmelblau,
feuerrot, blaßrot, resedagrün
b. Auflieger: zumeist zweifarbig: hellgraubeige/
graubeige, resedagrün/patinagrün, hellgraubeige (einfarbig)

60,– DM

10-ML-19 / 67
1961–67/1968–75
Magirus Saturn Muldenkipper
Zwei Modell-Versionen bekannt:
1. Zweiachser mit Kipp-Pritsche, Kipphebel rechts,
später links.
Farben: stets helle Orangetöne, Chassis: silber,
mausgrau, feuerrot, orange
2. Dreiachser mit Kipp-Pritsche, Kipphebel links
(1968).
Farben: Stets Orangetöne (hell, dunkel), Chassis:
rotbraun, hellgraubeige

1. 55,– DM
2. 40,– DM

10-ML-20 / 80a
1961–64
Magirus 3500 Tankzug ARAL
Modell immer mit glattem Fahrerhaus.
Papieraufkleber an den Seiten und
am Heck.
Farben:
a. Zugmaschinen: himmelblau/., himmelblau/
lichtgrau
b. Auflieger: silber/anthrazitgrau

120,– DM

10-ML-21 / 59
1961–64
Magirus 3500 DB Straßenroller
Hänger des Modelles hat bewegliche Rampe und
Bremsklotzplatte.
Farben:
a. Zugmaschine: himmelblau
   (einfarbig),
   himmelblau/./lichtgrau
b. Anhänger: anthrazitgrau

160,– DM

10-ML-22 / 49s
1961–64
Magirus 3500 Schwergut-Tieflader
Farben:
a. Zugmaschine: himmelblau
   (einfarbig),
   himmelblau/./lichtgrau
b. Anhänger: silber/
   verschiedenfarbige Einlege-
   Böden

160,– DM

10-ML-23 / 52
1963–64
Magirus 3500 Kühlsattelzug
Modell mit Schiebetüre, ohne Aufkleber.
Farben:
a. Zugmaschine: reinweiß/blaugrau
b. Auflieger: reinweiß/blaugrau – Dach: silber

80,– DM

10-ML-24 / 53k
1963–67
Magirus Saturn Kesselwagen
Zwei Beschriftungs-Varianten:
1. Papieraufkleber: „SHELL Heizöl"
2. Folienaufkleber: „THERMOSHELL"
Farben: feuerrot/kadmiumgelb/feuerrot,
kadmiumgelb/./feuerrot

50,– DM

10-ML-25 / 56
1963–66
Magirus 3500 Getränkewagen
Aufkleber: „Coca Cola" (auf Steg und Heck)
Farben: hellorange/./feuerrot,
beladen mit 12 abnehmbaren Kästen

130,– DM

10-ML-26 / 42r
1964–66
Magirus Sirius Lkw mit Ladekran
Farben: hellbeige/./feuerrot,
lichtgrau/./feuerrot*

85,– DM
* 110,– DM

10-ML-27 / 53b
1964–66
Magirus 3500 Transportbeton-Mischer
Drei Modell-Varianten bekannt:
1. glattes Fahrerhaus, ohne Dachlüfter, ohne
   Blinker
2. mit Blinkern
3. mit Dachlüfter und Blinkern
Farben: feuerrot/beige – Aufbau: hellgraubeige/
feuerrot, feuerrot/hellgraubeige –Aufbau: beige/
feuerrot

1. und 2.
120,– DM
3. 160,– DM

10-ML-28 / 53b
1965
Magirus Saturn Transportbeton-Mischer
Farben siehe Vormodell (10-ML-27)

120,– DM

10-ML-29 / 51m/516
1966–75
Magirus 235 D Pritschensattelzug
Modell mit (1.) beweglichen, (2.) starren
Aufliegerstützen. Stets alte
Inneneinrichtung, Modell mit
kleinem und großem Königszapfen.
Farben: rotbraun/./grau, azurblau/./grau,
graubeige/./rotbraun, grauweiß/./rotbraun

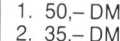

1. 50,– DM
2. 35,– DM

10-ML-30 / 47m/475
1967–81
Magirus 235 Lkw
Modell mit alter und neuer Inneneinrichtung,
zuerst ohne, später mit Reserverad (mit Halterung).
Farben: altweiß/./rotbraun, cremeweiß/./rotbraun,
azurblau/./rotbraun
Verdecke: verschiedenfarbig

ab 30,– DM

10-ML-31 / 51s
1967–73
Magirus 235 D Sattelzug mit Ladung
Modell beladen mit 6 Röhren mit zwei
Drahtbügeln befestigt. Modell anfangs
mit kleinem, dann mit
großem Königszapfen.
Farben: hellblaugrau/./grau, ozeanblau/./grau

50,– DM

10-ML-32 / 42d/423
1969–75
Magirus 100 D 7 Lkw
Modell mit alter und neuer (selten) Inneneinrichtung.
Anfangs niedrige, später hohe Plane.
Farben: graubeige/./braunrot, hellgraubeige/./
braunrot, azurblau/./braunrot

30,– DM

10-ML-33 / 80a/801
1969–75
Magirus 235 D ARAL Tanksattelzug
Drei Beschriftungs-Varianten:
1. Papieraufkleber (Seiten und Heck)
2. Folienaufkleber (Seiten und Heck)
3. Aufdruck: „ARAL" auf den Seiten,
Folienaufkleber am Heck
Farben:
a. Zugmaschinen: ultramarinblau, kobaltblau,
   azurblau (auch mit schwarzem Chassis).
b. Auflieger: reinweiß in Kombination mit den
   Blautönen der Zugmaschinen
   (siehe auch 10-MAL-20)

1. 35,– DM
2. 30,– DM
3. 50,– DM

10-ML-34 / 42m
1970–73
Magirus Kasten-Lkw
Papieraufkleber: „WM Möbel" (orange auf weiß,
schwarz auf weiß).
Farben: graubeige/graubeige – Dach: moosgrün/
braunrot, graubeige/moosgrün – Dach: graubeige/
braunrot

40,– DM

10-ML-35 / 52b/522/24522
1970–
**Magirus Kühlcontainer-
Sattelzug**
Beladen mit 2x 20 ft
Kühlcontainern. Modell
anfangs mit alter, später mit
neuer Inneneinrichtung.
Ohne und mit
Unterfahrschutz, beide
Kotflügelformen.
Beschriftungs-Varianten:

1, 2, 3
25,– DM
3, 4, 5
20,– DM

1. „Interfrost" (weiß auf blau)/Papieraufkleber
2. „Interfrost" (Aufdruck)
3. Transthermos-Zeichen „T" (Aufdruck)
4. Fisch-Symbol (Aufdruck)
5. „Sfc" und Fisch-Symbol (Aufdruck)
Farben:
a. Zugmaschinen: hellblaugrau, azurblau, altweiß/
   Chassis grau, azurblau
b. Chassis/Auflieger: azurblau
c. Container: reinweiß, grauweiß
1984: Chassis von Zugmaschine und Auflieger
basaltgrau
1985: Chassis von Zugmaschine und Auflieger
anthrazitgrau

10-ML-36 / 52n
1971–73
Magirus Kühlsattelzug
Modell mit seitlichen Schiebetüren.
Aufkleber: „Butter" (schwarz auf weiß).
Farben: Fh und Kühlaufbau stets reinweiß,
Chassis: azurblau, ozeanblau, graublau,
Dächer: silber, hellgrau, graublau ●

55,– DM

10-ML-37 / 50g/503
1972–
Magirus Tieflade-Sattelzug
Modell mit alter und neuer Inneneinrichtung, beide
Kotflügelformen bei der Zugmaschine. Ab 1977 mit
Ladegut Kabeltrommel.
Farben: orange/orange –
Platte silber/braunrot,
hellgraublau/hellgraublau –
Platte lichtgrau/grau,
ozeanblau/ozeanblau – Platte lichtgrau/grau,
rotbraun/rotbraun – Platte silber, schwarz (beladen),
dunkelpatinagrün/dunkelpatinagrün – Platte silber/
schwarz (beladen)
feuerrot/./schwarz
(Kabeltrommel unbedruckt)

ab 25,– DM

10-ML-38 / 671
1974–
Magirus Muldenkipper
Modell mit (1.) alter und (2.) neuer Inneneinrichtung.
Farben: hellorange/./feuerrot, dunkelorange/./
feuerrot, patinagrün/./lichtgrau

1. 15,– DM
2. H

10-ML-39 / 673
1974–
Magirus Pritschenkipper
Modell mit (1.) alter und (2.) neuer Inneneinrichtung.
Farben: hellresedagrün/./feuerrot, weißgrau ●/./
feuerrot, ozeanblau/./feuerrot, azurblau/./feuerrot,
lichtblau/./feuerrot, patinagrün/./lichtgrau

1. 15,– DM
2. H

10-ML-40 / 680
1974–77
Magirus Transportbeton-Mischer
Modell mit alter und neuer Inneneinrichtung. Stets
mit Papiergrill. Mit und ohne Auspuff-Andeutung
(Stahlachse).
Farben: feuerrot/hellgraubeige ●/feuerrot, feuerrot/
hellgraubeige ●/rotbraun, feuerrot/hellgrau/feuerrot

bis 20,– DM

10-ML-41 / 590
1975–77
Magirus DB Straßenroller
Hänger des Modelles hat bewegliche Rampe und
Bremsklotzplatte. Zugmaschine mit alter und neuer
Inneneinrichtung, stets mit Gelblicht. Zwei
Radformen beim Anhänger.
Farben:
a. Zugmaschine:
taubenblau/mausgrau
b. Anhänger: taubenblau, anthrazitgrau

30,– DM

10-ML-42 / 24426
1984–87
**Magirus Koffer
Lkw mit Tandem-
Anhänger**
Aufdruck:
„Blumen aus
Holland"
Farben: feuerrot/
reinweiß/schwarz,
Dächer: feuerrot,
minzgrün/
reinweiß/schwarz,
Dächer: minzgrün

H

MAGIRUS-IVECO

10-ML-43 / 24523
1986–
**Magirus-Iveco
40 ft Container-
Sattelzug**
Papieraufkleber:
„ALIANCA"
Farben: feuerrot/
silbergrau/
azurblau

H

MAN (MAN-Büssing)

10-MAL-1 / 41m/41
1959–69
MAN 415 Lkw
Zwei Modell-Varianten:
1. schmale Pritsche, mit und ohne Plane
   (geschlossen), ohne Rücklichtstange.
2. breite Pritsche, mit Plane (offen), mit
   Rücklichtstange (1966).
Farben:
1. maigrün (einfarbig), betongrau (einfarbig),
   azurblau/./betongrau, betongrau/graublau/betongrau
2. kieselgrau/./azurblau, lichtgrau/./azurblau,
   azurblau/./lichtgrau, azurblau/./kieselgrau

1. 50,– DM
2. 60,– DM

10-MAL-2 / 41g
1960–65
MAN Gelände-Lkw
Zwei Modell-Varianten:
1. ohne und mit silberner Pritscheneinlage, ohne Blinker
2. mit silberner Pritscheneinlage, mit Blinkern.
Zughaken bei (1.) und (2.) mit kleinem und großem Steg.
Farben: olivgrün, Dach hellgrau, Seilwinde und
Kardanwelle silber

1. 50,– DM
2. 55,– DM

10-MAL-3 / 41n
1966–71
MAN 10 230 Lkw
Zuerst nur Solo-Lkw, ab 1967 mit zweiachsigem
Anhänger unter gleicher Bestellnummer*. Zwei
Chassis-Varianten (letztere mit dreieckigem Zughaken).
Farben: hellgraubeige/./feuerrot, lichtgrau/./braunrot**

50,– DM
* 70,– DM
** 80,– DM

10-MAL-4 / 80s
1966–71
MAN 10 230 Shell Tanksattelzug
Modell mit kleinem (dann mit Zughaken) und
großem Königszapfen (dann ohne
Zughaken). Beschriftungs-Varianten:
1. „SHELL" (Folienaufkleber)
2. „SHELL" (Abziehbild –
   verschieden groß)
3. „SHELL" (Abziehbild)
Farben: Fh und Auflieger: kadmiumgelb und
silberne Formteile/Chassis: feuerrot

1. 60,– DM
2. 50,– DM
3. 65,– DM

10-MAL-5 / 51
1967–69
MAN 415 Pritschensattelzug
Modell anfangs ohne, ab 1968 mit Ladung (10
Oelfässer)
Farben: hellgraubeige/./feuerrot – Ladung:
himmelblau, feuerrot

60,– DM

10-MAL-6 / 51g
1967–71
MAN 10 230 Koffersattelzug
Modell mit kleinem und großem Königszapfen.
Kleiner Zapfen: Variante (1.) und (2.)
Großer Zapfen: Variante (2.) und (3.)
Drei Modell-Varianten:
1. Papieraufkleber: „WM"
Farbe: lichtblau (einfarbig)
2. Papieraufkleber: „Intercity"
Farben:
a. Zugmaschine: hellgraubeige/feuerrot
b. Auflieger: hellgraubeige–feuerrot/feuerrot
3. Papieraufkleber: „Wiking"
Farben:
a. Zugmaschine: hellgraubeige/feuerrot
b. Auflieger: reinweiß–feuerrot/feuerrot

1. 180,– DM
2. 100,– DM
3.   90,– DM

10-MAL-7 / 52
1967–69
MAN 415 Kühlsattelzug
Modell mit seitlicher Schiebetüre, ohne Aufkleber.
Farben:
a. Zugmaschine: blaugrau/feuerrot, azurblau/
   feuerrot
b. Auflieger: reinweiß/blaugrau – Dächer: silber

60,– DM

10-MAL-8 / 80
1967–68
MAN 415 Shell Tanksattelzug
Zwei Modell-Varianten (unterschiedlich lang):
1. Mit kleinem, silbernen Königszapfen, *Prägung* „SHELL" seitlich.
2. Mit kleinem, integriertem und zurückversetzten Königszapfen, *Abziehbild* „Shell" seitlich.
Am Heck in beiden Versionen Folienaufkleber.
Farben:
a. Zugmaschine: kadmiumgelb/feuerrot
b. Auflieger: kadmiumgelb/anthrazitgrau

1. 80,– DM
2. 130,– DM

10-MAL-9 / 41a
1968–70
MAN 415 Frontlenker Lkw
Farben: azurblau/./braunrot, hellgraubeige/./braunrot

45,– DM

10-MAL-10 / 51z/509
1969–74
MAN 19230 Zugmaschine
Drei Modell-Varianten:
1. ohne Lastpritsche, Fahrerhaus mit Lüftergittern
2. a. mit Lastpritsche, mit Lüftergittern
2.b. mit Lastpritsche, ohne Lüftergitter
3. wie (2.), jedoch mit MAN-Büssing-Grill
Farben:
1. lichtgrau /mausgrau/azurblau
2a. hellgraubeige/./braunrot, azurblau/lichtgrau/ mausgrau, lichtgrau/./azurblau, lichtgrau/ azurblau/., lichtgrau/./mausgrau, lichtgrau/./ ozeanblau
2b. lichtgrau/./mausgrau, lichtgrau/azurblau/ ozeanblau
3. lichtgrau/./mausgrau. Auch in Ausführung mit MB 1620-Fahrerhaus als Fleischmann-Werbemodell*

1. und 2.a
30,– DM
2.b und 3.
25,– DM

* 35,– DM

10-MAL-11 / 51w
1971–73
MAN 9186 mit Wechselpritsche
Fahrerhaus nur mit Lüftergittern.
Bogen mit selbstklebenden Papieraufklebern liegt bei.
Farben: Fh und Pr: azurblau/Ch: braunrot,
Stahlcontainer: lichtgrau, braunrot, Absetzständer: anthrazitgrau

50,– DM

10-MAL-12 / 59/590
1971–74 / 1977
MAN 19230 DB Straßenroller
Vier Grund-Varianten lassen sich unterscheiden
(stets mit Gelblicht, stets mit „DB"-Aufkleber an der
Lastpritsche). Anhänger des Modelles hat
bewegliche Rampe und Bremsklotzplatte.
1. Zugmaschine mit alter Inneneinrichtung, mit
   Lüftergittern
2. wie (1.), jedoch ohne Lüftergitter
3. wie (2.), jedoch mit MAN-Büssing-Grill
4. nur 1977: wie (3.), jedoch mit Rückspiegeln, mit
   alter und neuer Inneneinrichtung.

ab 50,– DM

Farben:
Zugmaschinen
und Anhänger
bei Variante
(1.): graublau, taubenblau.
Bei Varianten (2.–4.): taubenblau

10-MAL-13 / 41m/808
1972–80
MAN 415 Lkw mit Oeltank
Tank durch Papieraufkleber oder Folienaufkleber
beschriftet („ESSO").
Farben: resedagrün (einfarbig), moosgrau
(einfarbig), graubeige/taubenblau, taubenblau/
graubeige, moosgrau/graubeige, graubeige/
moosgrau, blaßrot (einfarbig), feuerrot (einfarbig),
olivgrün (einfarbig)

ab 25,– DM

10-MAL-14 / 50g
1972
MAN 19230 Tieflade-
Sattelzug
Üblicherweise mit Magirus-Zugmaschine
ausgeliefert (vgl. 10-ML-37).
Farben: orange/orange – Platte silber oder braunrot,
graublau/graublau – Platte silber

200,– DM

10-MAL-15 / 78/804
1973–76
MAN 19230 Texaco Tanksattelzug
Modell mit alter und neuer Inneneinrichtung, ohne
Lüftergitter, auch mit MAN-Büssing-Grill.
Farben:
a. Zugmaschine: feuerrot/grau ●
b. Auflieger: feuerrot (einfarbig)/
   grau ●, feuerrot–reinweiß/grau ●*

60,– DM
* 150,– DM

10-MAL-16 / 671
1974–
MAN Muldenkipper
Modell mit (1.) alter und (2.) neuer Inneneinrichtung.
Farben: reinorange/./feuerrot, patinagrün/./lichtgrau

1. 15,– DM
2. H

10-MAL-17 / 673
1974–
MAN Pritschenkipper
Modell mit (1.) alter und (2.) neuer Inneneinrichtung.
Farben: grauweiß/./feuerrot, hellresedagrün/./
feuerrot, ozeanblau/./feuerrot, azurblau/./feuerrot,
lichtblau/./feuerrot, patinagrün/./lichtgrau

1. 15,– DM
2. H

10-MAL-18 / 517
1976–78
MAN Pritschensattelzug
Modell mit alter und neuer
Inneneinrichtung.
Farben: Fh und Pr: olivgrau/
braunrot, hellelfenbein/
braunrot - Planen: patinagrün

25,– DM

**10-MAL-19 /
470**
1977–83
**MAN-Büssing
Lastzug**

1. 30,– DM
2. 20,– DM
3. 35,– DM

Drei Modell- und zwei Aufdruck-Varianten:
1. Motorwagen mit langem Zughaken, Anhänger
   ohne Unterfahrschutz
2. wie (1.) Anhänger mit Unterfahrschutz
3. Motorwagen mit kurzem Zughaken, Anhänger
   wie (2.)
a. Aufdruck: „Fern-schnell-gut"
Farben: Fh und Pr: lichtgrau/Ch: mausgrau/Planen:
graublau
b. Aufdruck: „MAN" (1981)
Farben: Fh und Pr: azurblau/Ch: mausgrau/Planen:
lichtgrau

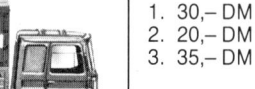

1. 15,– DM
2. 12,– DM

10-MAL-20 / 801
1977–84
MAN ARAL Tanksattelzug
Stets mit Rückspiegeln und neuer
Inneneinrichtung. 1984: Zugmaschine mit neuem
Fahrgestell
1. *Aufdruck* (seitlich und hinten): „ARAL"
2. *Folienaufkleber:* „ARAL" (mit
Wolken), hinten bedruckt. Modell
auch mit Scheibenwischern bekannt.
Farben:
a. Zugmaschinen: lichtblau
b. Auflieger: reinweiß/lichtblau
   (siehe auch 10-ML-33)

10-MAL-21 / 422
1978–79
MAN-Lkw für Nahverkehr
Modell bekannt mit dünnen und verstärkten
Außenspiegeln. Anfangs langer, dann kurzer
Zughaken.
Farben: feuerrot/./enzianblau
Planen (erst offen, dann geschlossen): zumeist
graubeige ●, hellresedagrün, azurblau, ozeanblau,
ultramarin, patinagrün, beige (RA).

18,– DM

10-MAL-22 / 424
1979–84
MAN Lastzug für Nahverkehr
Modell nur mit kurzem Zughaken, mit dünnen und
verstärkten Außenspiegeln.
Drei Modell-Varianten:
1. Aufdruck:
„Hellmann International"
Farben: grauweiß/./
enzianblau – Planen:
enzianblau (siehe auch 10-MAL-28 /8306)
2. Aufdruck: „Elbe-Obst (1981)
Farben: enzianblau/altweiß/enzianblau – Planen: hellgrau
3. Aufdruck: „Leistritz" (1983)
Farben: maigrün (einfarbig) – Planen: hellrotorange

1. 25,– DM
2. 15,– DM
3. 20,– DM

**10-MAL-23/
471**
1979–86
**MAN-Büssing
Kofferlastzug**
Aufdruck:
„Weiss-
Lebkuchen"
Farben: reinweiß/./feuerrot
1984 aus Werbemodell-
Packung 198402:
Aufdruck: „Union Transport"
Farben: feuerrot/feuerrot/graphitgrau, Dächer: reinweiß
1985 aus Packung 198501:
Aufdruck: „HANIEL"
Farben: patinagrün/reinweiß/schwarz, Dächer: grün

25,– DM

10-MAL-24 / 517 / 24517
1979–
MAN Pritschensattelzug
(Langpritsche)
Modell mit Pritsche
von 10-FL-9 (Ford).
Fahrerhaus erst ohne,
dann mit Scheibenwischern.
Aufdruck: „Rosbacher Brunnen"
Farben: blaßrot/./enzianblau, feuerrot/./enzianblau

18,– DM

1984: Modell mit Aufdruck: „Spedition Maier"
Farben: feuerrot/feuerrot/schwarz, Plane azurblau **   ** 20,– DM
1986: Modell mit Aufdruck: „Zünd Transport"   * 20,– DM
Farben: lichtgrau/lichtgrau/lichtgrau-anthrazitgrau*,   20,– DM
Plane: reinorange
1986: Modell mit Aufdruck: „VAW Chemie"
Farben: silbergrau/azurblau/graphitgrau – Plane:
silbergrau

10-MAL-25 / 535
1981–83
MAN Pritschensattelzug (Normalpritsche)
Aufdruck: „MAN"
Fahrerhaus erst ohne, dann mit Scheibenwischern.
Bekannt auch mit Dreiachs-Zugmaschine (auch
Fleischmann)*
Farben:
1. lichtblau/./anthrazitgrau –   15,– DM
   Plane: stahlblau   * 40,– DM
2. hellelfenbein/./schwarz –
   Plane: stahlblau oder gelb
3. Sondermodell „complan"
   Farben: hellelfenbein/hellelfenbein/schwarz, Plane:
   gelb

10-MAL-26 / 577
1981–84
Containerzug mit stilisiertem MAN 415
Alte Form der MAN 415 Frontlenker-Zugmaschine,
mit neutralem Grill.   10,– DM
Aufdruck: „Danish"
Farben:
a. Zugmaschine: braunrot/hellgrau
b. Auflieger: reinweiß, grauweiß

10-MAL-27 / 472
1983–84
MAN-Büssing Kühl-Lastzug
Modell ähnlich 10-MAL-23, jedoch mit zusätzlichen
Kühlaggregaten an den Stirnseiten.
Aufdruck: „Packfisch" und Symbol   18,– DM
Farben: reinweiß/./feuerrot

**10-MAL-28 / 8306
(Packung)**
1984
**MAN Pritschen-
Hängerzug**
Aufdruck:
„hellmann
international" (zusätzlich
an Front und Heck
bedruckt)
Farben: grauweiß/
grauweiß –
enzianblau/
enzianblau

10,– DM

**10-MAL-29 / 8305
(Packung)**
1984
**MAN Koffer-
Sattelzug**
Aufdruck:
„KERKHOFF"
Farben:
lichtblau/./
basaltgrau

15,– DM

10-MAL-30 / 8207
1984
**MAN
Koffersattelzug**
Modell aus
Werbemodell-
Packung 198302
Aufdruck: „Heyden
Sirius Computer"
Farben: graubeige/./
hellorange

13,– DM

**10-MAL-31 / 826/
24786**
1984–
**MAN Flüssiggas-
Sattelzug**
Aufdruck: „Jani
Gastransport"
Farben: reinweiß/./
lichtgrau

H

10-MAL-32 / 25421
1985–87
**MAN Pritschen-
Hängerzug**
Aufdruck: „Walter
Pieper KG"
Farben: schwarz/
schwarz/feuerrot,
Planen: kadmiumgelb

H

10-MAL-33 / 27471
1985–87
**MAN Koffer-
Hängerzug**
Aufdruck: „TEHALIT"
Farben: moosgrau/./.

H

**10-MAL-
34 / 26473**
1986–
**MAN-
Büssing
Pritschenzug**
Aufdruck:
„Schmidt
Spedition"
Neues,
überarbeitetes
Fahrerhaus
Farben:
perlweiß/./
rubinrot –
Planen:
rubinrot
1987:
Aufdruck:
„Steinle"
Farben:
lehmbraun/./
schwarz –
Planen:
gelborange

H

10-MBU-1 / T37/37
1953–70
Mercedes-Benz Unimog
Fünf Grund-Varianten (ab 1953):
1. offen, ohne Windschutzscheibe, alte Figur, ohne Lenkrad
2. offen, mit Cellon-Scheibe, alte Figur ohne Lenkrad
und neue Figur mit separatem Lenkrad.
3. offen, mit neuer ungeteilter Kunststoffscheibe, offene Achshalterung
4. auch mit eingelegtem Pritschenboden, Andeutung von Türen
5. Pritsche mit Bretterstruktur, Rücklichter unten.
Farben:
1. reinorange, blaßrot, patinagrün, resedagrün,
minzgrün, smaragdgrün, schwarzgrün, basaltgrau*
2. olivgrün, minzgrün ●, hellresedagrün, blaugrün
3. maigrün, minzgrün ●4. resedagrün
5. tannengrün, ca. smaragdgrün

1. und 2.
25,– DM
* 40,– DM
3.–5.
30,– DM

10-MBU-2 / T37a/37a
1956–59
Mercedes-Benz Unimog, unverglast
Fahrerhaus geschlossen.
Modell auch mit Schneepflug (bis 1961)
Farben: resedagrün, minzgrün, smaragdgrün, olivgrün,
mausgrau, ozeanblau, azurblau.
Modell mit Schneepflug: nur minzgrün ●, Pflug:
mausgrau

22,– DM

MERCEDES-BENZ-UNIMOG

10-MBU-3 / 37n
1960–68
Mercedes-Benz Unimog 411 geschlossen
Drei Modell-Varianten:
1. hinterer Achsraum offen
2. hinterer Achsraum geschlossen
3. wie (2.), jedoch mit ringförmiger Verstärkung vorne
(für Schneepflug)
Farben:
1. lichtgrau, gelbgrün
2. blaugrau, azurblau, feuerrot
3. feuerrot, azurblau, ozeanblau

15,– DM

10-MBU-4 / 36
1962–65
Mercedes-Benz Unimog S
Modell mit anfangs langem, dann kurzem Zughaken.
Auch mit Plane.
Farben: ultramarinblau (einfarbig), lichtgrau (einfarbig)*,
lichtgrau/ultramarinblau, ultramarinblau/lichtgrau

25,– DM
* 35,– DM

10-MBU-5 / 36s
1962–74
Mercedes-Benz Unimog S „oliv"
Modell mit anfangs langem, dann kurzem Zughaken.
Fahrerhaus mit Faltverdeck, letzte Ausführungen stets
mit Plane.
Farben: olivgrün, flaschengrün, resedagrün*,
tannengrün, Planen: hellgrau ●
Letzte Version: einfarbig oliv (inkl. Planen).

25,– DM
* 30,– DM

10-MBU-6 / 64k/642
1964–75
Mercedes-Benz Kommunal-Unimog
Modell mit Schneepflug (beweglich/abnehmbar).
Pritsche mit Einsatz. Fahrerhaus mit Gelblicht auf Sockel
(unterschiedlich hoch).
Farben: hellelfenbein ●, reinorange, hellorange,
chromgelb
Pflug (mit und ohne Gravur): silber

30,– DM

10-MBU-7 / 36w/366
1965–74
Mercedes-Benz Unimog Werkstattwagen
Drei Modell-Varianten:
1. mit einem Blinklicht auf dem Fahrerhausdach
2. mit einem Blinklicht auf Sockel
3. mit zwei Blinklichtern in Sockeln.
Farben:
1. ultramarinblau/lichtgrau, lichtgrau/ultramarinblau,
ultramarinblau (einfarbig), lichtgrau (einfarbig)
2. und 3. schwarz/./feuerrot, schwarz/feuerrot/.

35,– DM

10-MBU-8 / 37g/370
1967–83
Mercedes-Benz Unimog 406
Modell (1.) mit und (2.) ohne Lenkrad. Prägung 37 g,
ab 1980: 370.
Farben: moosgrün (einfarbig), dunkelresedagrün
(einfarbig), azurblau (einfarbig), ozeanblau (einfarbig),
dunkelpatinagrün (einfarbig), kieferngrün/./resedagrün,
resedagrün/./kieferngrün, schilfgrün (einfarbig),
hellelfenbein (einfarbig), resedagrün/./patinagrün,
patinagrün/./resedagrün, schwarz/./reinorange,
reinorange/./schwarz

1. 18,– DM
2. 10,– DM

10-MBU-9 / 37n/371
1971–77
Mercedes-Benz Unimog 411
Überarbeitete Ausführung (Feingravur) von 10-MBU-1,
Variante 5.
Farben: patinagrün (einfarbig), graubeige (einfarbig),
grauweiß (einfarbig), azurblau (einfarbig),
hellgraubeige/kieferngrün, kieferngrün/graubeige,
tannengrün/graubeige, blaugrün/graubeige, graubeige/
tannengrün, graubeige/blaugrün

15,– DM

10-MBU-10 / 375
1980–
Mercedes-Benz Unimog 1700 L
Modell ohne, dann mit Auspuff-Nachbildung
Farben: reinorange/./anthrazitgrau*, lichtgrün/./
anthrazitgrau, kadmiumgelb/./schwarz

H

* 6,– DM

10-MBU-11 / 18646
1987–
Mercedes-Benz Unimog 1300 L mit Schneepflug
Farben: hellrotorange/./schwarz

H

MERCEDES-BENZ

10-MBL-1 / T4
1948–51
Mercedes-Benz Diesel Lkw, mit festen Achsen
Sechs Modell-Varianten sind zu unterscheiden:
1. offene Stoßstangen, anfangs ohne, dann mit
Gravur: Made in Germany. Mit Scheibenwischer,
Holzpritschen-Nachbildung
2. wie (1.), jedoch mit geschlossenen Stoßstangen
3. wie (2.), jedoch mit unprofilierter Pritsche
4. wie (3.), jedoch ohne Scheibenwischer
5. wie Vormodelle, jedoch mit Drahtzughaken
6. wie Vormodelle, jedoch mit integriertem
Zughaken nach unten.
Farben: graumeliert (einfarbig) ●, hellgrau (einfarbig)
●, anthrazitgrau/hellgrau, blaugrau/hellgrau,
hellgrau/blaßbraun, graumeliert/beige,
graubraunmeliert (einfarbig),nachtblau/feuerrot,
zinkgelb/ultramarinblau, ultramarinblau/schwarz,
hellgrau/blaßrot (andere Farbkombinationen
möglich).

1. 180,– DM
2. 180,– DM
3. 190,– DM
4. 170,– DM
5. 160,– DM
6. 180,– DM

10-MBL-2 / T45/45
1952–59
Mercedes-Benz L 3500 Lkw, unverglast
Modell anfangs ohne, dann mit Plane (erst offen,
dann geschlossen).
Drei Grund-Varianten lassen sich unterscheiden:
1. glattes Grill, Boden offen, Pritsche zumeist
beweglich, Zughaken in Pritsche integriert nach
unten gerichtet.
2. strukturiertes Grill, Boden geschlossen, Pritsche
geklebt, Zughaken nach unten gerichtet.
3. wie (2.), jedoch Zughaken nach oben gerichtet.
Farben (Fh und Ch/Pr):
1. himmelblau/mausgrau, olivgrün (einfarbig),
   blaßbraun (einfarbig), hellgrau/türkisblau
2. und 3. olivgrün (einfarbig), resedagrün (einfarbig),
blaßbraun (einfarbig), himmelblau/anthrazit,
anthrazit/himmelblau, himmelblau (einfarbig),
hellgrau/himmelblau, blaßbraun/resedagrün,
resedagrün/blaßbraun, chromgelb/blaßbraun
Planen: hellgraubeige ●

1. 55,– DM
2. und 3.
   35,– DM

10-MBL-3 / T54/54
1954–58
Mercedes-Benz 3500 mit Kastenaufbau, unverglast
Zwei Grund-Varianten:
1. glattes Grill, Boden offen, mit großem Kasten
ohne Zughaken. Papieraufkleber: „Wiking Transporte"
(dunkelblau auf gelb oder rot auf gelb)
1.a Modell mit offenem Boden und kleinem Kasten, mit
integriertem Zughaken, Papieraufkleber: „Wiking-
Transporte"
2. strukturiertes Grill, Boden geschlossen, mit
flachem Kasten mit integriertem Zughaken.
Aufkleber: „Wiking Transporte" (weiß auf dunkelblau).

1.   100,– DM
1.a 120,– DM
2.   60,– DM

Farben:
1. himmelblau/hellblaßbraun
2. himmelblau/hellgraubeige, blaßbraun/
   hellgraubeige, hellgraubeige/.
(→ siehe auch Post)

10-MBL-4 / T43/43
1954–58
Mercedes-Benz L 5000, unverglast
Modell anfangs ohne, dann mit Plane.
Zwei Modell-Varianten:
1. Pritsche mit integriertem Zughaken nach unten
gerichtet
2. Pritsche mit integriertem Zughaken nach oben
gerichtet
Farben (Fh und Ch/Pr): himmelblau/., himmelblau/
mausgrau, mausgrau/himmelblau, blaßbraun/.,
basaltgrau/., resedagrün/., resedagrün/blaßbraun,
blaßbraun/himmelblau,blaßrot/blaßbraun (andere
Kombinationen möglich)

1. 40,– DM
2. 35,– DM

10-MBL-5 / T44/44/67
1955–60
Mercedes-Benz 3500 Muldenkipper, unverglast
Zwei Modell-Varianten:
1. mit mehrgliedriger Kippvorrichtung
2. mit einfacher Kippvorrichtung
Farben (stets einfarbig): hellelfenbein ●,
anthrazitgrau, himmelblau*

1. 60,– DM
2. 40,– DM
* 70,– DM

10-MBL-6 / T56/56 T57/57
1955–60
Mercedes-Benz 3500 Getränkewagen, unverglast
Modell in den Ausführungen „Coca Cola" (56) und
„Sinalco" (57). Papieraufkleber auf Steg und Heck, bei
Sinalco-Version auch auf den Fahrerhaustüren.
Modelle waren werksseitig *nicht* beladen.
Farben:
1. (Coca Cola): melonengelb/. – Steg und Heck:
   feuerrot, kadmiumgelb/. – Steg und Heck:
   feuerrot
2. (Sinalco): lichtgrau/./Kotflügel und Chassis
   feuerrot schabloniert. Letzte Version ohne
   Schablonierung.

55,– DM

10-MBL-7 / T64/64
1955–58
Mercedes-Benz 3500 Sprengwagen, unverglast
Modell mit abnehmbarer Kehrwalze (beweglich).
Farben: beige ●

80,– DM

10-MBL-8 / 50
1958–67
Mercedes-Benz Großraum Lkw
Vier Modell-Varianten sind zu unterscheiden:
1. geschlossene Achshalterung, mit Fahrerfigur
Aufdruck: „Wiking Fernverkehr u. Spedition"
2. geschlossene Achshalterung, ohne Fahrerfigur
Aufkleber: „Ferntransporte", „WM Ferntransporte AG",
„WM Großraumtransporte" *
3. hinten offene Achshalterung
Aufkleber: „Trans Europa"
4. wie (3.), zusätzlich Prägung 50 und Germany
Aufkleber: „Spedition", „TransEuropa"
Farben (Aufbau/Dach/Chassis): lichtgrau/
himmelblau/silber, himmelblau/lichtgrau/silber,
lindgrün/patinagrün/braunrot, lindgrün/braunrot/
silber, lindgrün/braunrot/.

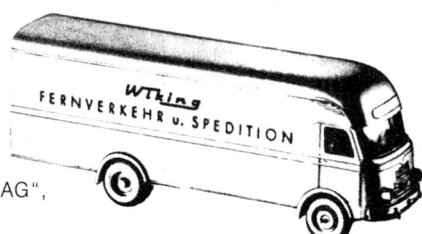

1. 90,– DM
2. 100,– DM
3. 75,– DM
4. 75,– DM
* 130,– DM

10-MBL-9 / 78/78a
1958
Mercedes-Benz 3500 Tankwagen, unverglast
Modell in den Ausführungen „ESSO" (78) und „ARAL"
(78a). Modell mit Papieraufklebern.
Farben:
1. (ESSO): blaßrot/./. ●
2. (ARAL): ultramarinblau/silber/ultramarinblau

1. 60,– DM
2. 65,– DM

10-MBL-10 / 39
1959–69
Mercedes-Benz 5000 Langholztransporter
Ladegut Rundholz. Zugstangen anfangs aus
Draht, später aus Kunststoff. Modell mit
offenen (1.) und geschlossenen (2.) Stoßstangen.
Farben: Fh: graublau (einfarbig)/Auflieger: silber
Ch: graublau, Fh: himmelblau (einfarbig)/
Auflieger:silber/Ch: himmelblau,
Fh: himmelblau/lichtgrau/Auflieger: silber/Ch: himmelblau

1. 55,– DM
2. 85,– DM

10-MBL-11 / 43
1959–61
Mercedes-Benz L 5000 Lkw
Zwei Modell-Varianten sind zu unterscheiden:
1. Modell mit offenen Stoßstangen (auch mit
Kohleladung bekannt/bis 1964)
2. Modell mit geschlossenen Stoßstangen (nur mit
Kohleladung bekannt). (RA)
Farben (Fh und Ch/Pr):
1. blaugrau/., resedagrün/., himmelblau/.,
mausgrau/lichtgrau, beige/blaßbraun,
resedagrün/blaßbraun, feuerrot/resedagrün
2. feuerrot/resedagrün, feuerrot/patinagrün
Modell auch mit silbernem Chassis bekannt*
(siehe auch 10-MBL-25a)

1. 60,– DM
2. 80,– DM

* 100,– DM

10-MBL-12 / 49
1959–64
Mercedes-Benz 5000 Tiefladesattelzug
Modell mit beweglicher Rampe, Seilwinde auf
Auflieger geklebt. Modell mit (1.) offenen und (2.)
geschlossenen Stoßstangen. Auflieger: 1. vorne
abgerundet, 2. eckige Form (azurblau)
Farben:
a. Zugmaschine: graublau, himmelblau
b. Auflieger: betongrau, graublau, azurblau

1. 45,– DM
2. 75,– DM

10-MBL-13 / 51
1959–64
Mercedes-Benz 5000 Pritschensattelzug
Modell mit einachsigem Auflieger mit abnehmbarer
Plane. Pritsche identisch mit Dreiachs-Anhänger
48a. Beide Fahrerhäuser (offene (1.) und geschlossene
(2.) Stoßstange).
Farben:
a. Zugmaschinen: resedagrün, himmelblau,
   feuerrot, hellgraubeige/feuerrot, himmelblau/
   lichtgrau
b. Auflieger: hellbeige, hellgraubeige,
   hellelfenbein, himmelblau

1. 90,– DM
2. 70,– DM

10-MBL-14 / 52
1959–62
Mercedes-Benz 5000 „Kühlwagen" Sattelzug
Aufkleber: „Seefische" (andere möglich),
Fahrerhaus mit (1.) offenen und (2.) geschlossenen
Stoßstangen
Farben:
a. Zugmaschine: zumeist himmelblau
b. Auflieger: zumeist reinweiß

1. 140,– DM
2. 110,– DM

10-MBL-15 / 53
1959–63
Mercedes-Benz 5000 Zementtransporter-Sattelzug
Farben:
a. Zugmaschine: resedagrün (einfarbig), himmelblau
b. Auflieger: resedagrün, himmelblau – Silos:
   grünbeige, lichtgrau

90,– DM

10-MBL-16 / 57
1959–60
Mercedes-Benz 3500 Milchauto, unverglast
Modell mit Pritsche vom Pferdewagen, mit 10
abnehmbaren Milchkannen beladen.

100,– DM

10-MBL-17 / 64
1959–62
Mercedes-Benz 5000 Sprengwagen
Modell mit abnehmbarer Kehrwalze (beweglich).
Nur in Ausführung Fahrerhaus mit offener
Stoßstange (auch rot bemalt).
Farbe: hellbeige

250,– DM

MERCEDES-BENZ

10-MBL-18 / 78–78a
1959–65
Mercedes-Benz 5000 Tankwagen
Modell in Ausführungen „ESSO" (78) und „ARAL" (78a),
mit Papieraufklebern. Beide Fahrerhäuser (offene (a.)
und geschlossene (b.) Stoßstange). Chassis in den
Farben des Fahrerhauses oder in silber.
Farben:
1. ESSO: blaßrot/./., feuerrot/./., feuerrot/./silber
2. ARAL: ultramarinblau/silber/ultramarinblau,
   himmelblau/silber/himmelblau, kobaltblau/
   silber/kobaltblau*, kobaltblau/silber/silber

1.a. 200,– DM
1.b. 180,– DM
2.a. 220,– DM
2.b. 190,– DM
* 250,– DM

10-MBL-19 / 80
1959–64
Mercedes-Benz 5000 Shell-Tankzug
Modell mit offenen (1.) und geschlossenen (2.)
Stoßstangen.
Farben:
a. Zugmaschine: blaßrot, feuerrot
b. Auflieger: kadmiumgelb/anthrazitgrau

1. 90,– DM
2. 75,– DM

10-MBL-20 / 43f
1960–70
Mercedes-Benz 321 Frontlenker
Modell mit zwei Pritschenformen:
1. schmale Pritsche (auch mit eingelegtem,
silbernem Boden)
2. breite Pritsche, zusätzlich mit Rücklichtstange
Farben:
mausgrau/./lichtgrau, lichtgrau/./mausgrau,
feuerrot/./resedagrün, resedagrün/./feuerrot,
purpurrot/./blaßbraun, blaßbraun/./purpurrot

1. 60,– DM
2. 70,– DM

10-MBL-21 / 51g
1960–66
Mercedes-Benz Großer Koffersattelzug
Modell immer mit kleinem Königszapfen,
auch ohne Aufkleber ausgeliefert. Zwei
Beschriftungs-Vaianten:
1. Papieraufkleber: „WMB"
2. Papieraufkleber: „Wiking"
Farben:
a. Zugmaschinen: reinweiß/silber, cremeweiß/
   silber, azurblau/silber
b. Auflieger: reinweiß–feuerrot/silber,
   feuerrot–reinweiß/silber, braunrot–azurblau/
   silber, azurblau–braunrot/silber,
   cremeweiß–feuerrot/silber,
   feuerrot–cremeweiß/silber

1. 70,– DM
2. 80,– DM

10-MBL-22 / 49s
1961–64
Mercedes-Benz 5000 Schwergut-Tieflader
Modell mit offener (1.) und später
geschlossener (2.) Stoßstange.
Farben:
a. Zugmaschine: himmelblau
   (einfarbig), dunkeltaubenblau,
   mausgrau/anthrazitgrau*
b. Anhänger: silber/verschiedenfarbige Einlege-
   Böden

1. 90,– DM
2. 85,– DM
* 120,– DM

10-MBL-23 / 58
1961–64
Mercedes-Benz 5000 Pkw-Transporter
Modell mit offener (1.) und geschlossener (2.)
Stoßstange.
Farben:
a. Zugmaschine: himmelblau,
   feuerrot, blaßrot,
   hellgraubeige/feuerrot,
   resedagrün
b. Auflieger: zumeist zweifarbig:
   hellgraubeige/
   graubeige, resedagrün/patinagrün,
   hellgraubeige (einfarbig)

1. 85,– DM
2. 65,– DM

10-MBL-24 / 59
1961–64
**Mercedes-Benz 5000
DB Straßenroller**
Hänger des Modelles hat bewegliche
Rampe und Bremsklotzplatte. Zugmaschine
mit offener (1.) und geschlossener (2.) Stoßstange.
Farben:
a. Zugmaschine: siehe 10-MBL-22 (mausgrau/
anthrazitgrau*)
b. Anhänger: anthrazitgrau

1. 70,– DM
2. 60,– DM
* 120,– DM

10-MBL-25 / 80a
1961–64
Mercedes-Benz 5000 Tankzug ARAL
Modell mit offener (1.) und geschlossener (2.)
Stoßstange.
Papieraufkleber an den Seiten und am Heck.
Farben:
a. Zugmaschine: himmelblau/., himmelblau/
   lichtgrau
b. Auflieger: silber/anthrazitgrau

1. 100,– DM
2. 85,– DM

10-MBL-25a / 43
1962–64
Mercedes-Benz L 5000 Kohle-Lkw
siehe 10-MBL-11, Variante 2 (nur geschlossene
Stoßstangen)

80,– DM

10-MBL-26 / 59s
1962–63
Mercedes-Benz Pullman Zugmaschine
Pritschenboden ohne und mit Einlage (mit
aufgeklebtem Ladegut).
Stets ohne Gelblichter.
Farben (Fh und Pr/Ch): azurblau/silber, azurblau/
braunrot

45,– DM

10-MBL-27 / 64m
1962–69
Mercedes-Benz 5000 Müllwagen
Vier Modell-Varianten sind unterscheidbar:
1. geschlossene Stoßstange, mit glattem Dach
2. wie (1.), jedoch mit Dachlüfter und Blinkern
3. wie (1.), jedoch mit Gelblicht und Blinkern
4. wie (3.), jedoch mit offenen Stoßstangen
Farben (einfarbig):
1. hellbeige, hellbraunbeige 2. hellbeige
3. hellbeige, reinorange 4. (nur) reinorange.
5. als Neuauflage für POLA hellelfenbein.

1. 85,– DM
2. 90,– DM
3. 100,– DM
4. 180,– DM
5. H

10-MBL-28 / 43k
1963–68
Mercedes-Benz Kurzhauber Lkw
Zwei Pritschenformen, auch mit Plane geliefert.
Farben: feuerrot/hellbeige, hellbeige/feuerrot,
perlweiß/braunrot, braunrot/perlweiß, graubeige/
braunrot, braunrot/graubeige, graubeige/mausgrau,
dunkelpatinagrün/hellgrünbeige, hellgrünbeige/
dunkelpatinagrün

40,– DM

10-MBL-29 / 51r
1963–66
Mercedes-Benz Pullman Rungensattelzug
Modell immer mit kleinem Königszapfen.
Farben: olivgrün–feuerrot/olivgrün/feuerrot
Rungen: hellgrau oder silber

110,– DM

10-MBL-30 / 52
1963–64
Mercedes-Benz 5000 Kühlsattelzug
Modell mit Schiebetüre, ohne Aufkleber.
Modell mit offenen (1.) und geschlossenen (2.)
Stoßstangen.
Farben:
a. Zugmaschinen: reinweiß/blaugrau, blaugrau/.
b. Auflieger: reinweiß/blaugrau – Dach: silber

1. 95,– DM
2. 80,– DM

10-MBL-31 / 54
1963–65
Mercedes-Benz 321 Frontlenker mit Kastenaufbau
Modell mit Aufklebern: „WM und Spedition"
Farben: lichtgrau/lichtgrau – Dach: dunkelgrau/
dunkelgrau, blutorange/blaßbraun – Dach:
hellgraubeige/blutorange (andere Kombinationen möglich)

80,– DM

MERCEDES-BENZ

10-MBL-32 / 56
1963–66
Mercedes-Benz 5000 Getränkewagen
Aufkleber „Coca Cola" (auf Steg und Heck). Beladen
mit 12 abnehmbaren Flaschenkästen.
Farben: hellorange/./feuerrot

195,– DM

10-MBL-33 / 53b
1964–66
Mercedes-Benz 5000 Transportbeton-Mischer
Modell in vier Ausführungen:
1. geschlossene Stoßstange, glattes Dach
2. wie (1.), jedoch mit Dachlüfter und Blinkern
3. wie (1.), jedoch mit Gelblicht und Blinkern
4. wie (3.), jedoch mit offenen Stoßstangen
Farben:
1. und 2. (Fh und Ch/Aufbau):
feuerrot/hellbeige–grünbeige, feuerrot/grünbeige–hellbeige
3. und 4. feuerrot/reinorange/schwarz

1. und 2.
75,– DM
3. 150,– DM
4. 190,– DM

10-MBL-34 / 53n
1964–69
Mercedes-Benz Pullman Chemikalien-Tankzug
Modell mit eingeklebtem, silbernen Königszapfen
und mit integriertem Königszapfen.
Aufkleber: „Wiking" (rund: silber/blau), „WM"
(viereckig: rot/weiß).
Farben:
a. Zugmaschinen: reinweiß, olivgrün,
   resedagrün/Ch: silber, braunrot, feuerrot
b. Auflieger: hellresedagrün, dunkelpatinagrün,
   Aufbauten: reinweiß/Ch: silber, braunrot,
   feuerrot

85,– DM

10-MBL-35 / 43g
1965
Mercedes-Benz 1620 Lkw
Modell mit alter und neuer Inneneinrichtung.
Anfangs mit, später ohne silbernen Zierstreifen um
das Fahrerhaus.
Farben: kieferngrün/./braunrot, azurblau/./braunrot

35,– DM

10-MBL-36 / 49
1965–68
Mercedes-Benz Kurzhauber Tiefladesattelzug
Modell mit beweglicher Rampe. Seilwinde auf
Auflieger geklebt. Auflieger nur eckige Form
Farben:
a. Zugmaschine: blaugrau/braunrot, feuerrot/
   braunrot
b. Auflieger: azurblau

45,– DM

10-MBL-37 / 51
1965–66
Mercedes-Benz Kurzhauber Pritschensattelzug
Modell mit einachsigem Auflieger mit abnehmbarer
Plane. Pritsche identisch mit Dreiachsanhänger 48a.
Farben:
a. Zugmaschine: blaugrau/braunrot, feuerrot/
   braunrot
b. Auflieger: himmelblau/silber, grünbeige/silber

60,– DM

10-MBL-38 / 52
1965–70
Mercedes-Benz Kurzhauber Kühlsattelzug
1. mit glattem Dach, kleiner Zapfen
2. mit strukturiertem Dach, großer Zapfen
Modell mit Schiebetüre, ohne Aufkleber. Auflieger
mit Stützen.
Farben:
a. Zugmaschine: blaugrau/braunrot
b. Auflieger: reinweiß/anthrazitgrau – Dach: silber

1. 50,– DM
2. 55,– DM

10-MBL-39 / 58/580
1965–74
Mercedes-Benz Kurzhauber Pkw-Transporter
Zwei Modell-Varianten:
1. mit glattem Dach, mit kleinem und großem
Königszapfen
2. mit strukturiertem Dach, mit großem
Königszapfen.
Auch mit Aufdruck: „Auto Transfer"
Farben:
a. Zugmaschine: azurblau, graublau,
   tannengrün, feuerrot/
   Chassis: dunkelgrau, braunrot
b. Auflieger: lichtgrau/hellblaugrau, patinagrün/
   hellgraubeige, hellgraubeige/.

1. 35,– DM
2. 32,– DM

10-MBL-40 / 80
1965–66
Mercedes-Benz Kurzhauber Shell-Tankzug
Modell mit glattem Dach, mit kleinem Königszapfen.
Farben:
a. Zugmaschine: feuerrot/braunrot
b. Auflieger: kadmiumgelb/anthrazitgrau

55,– DM

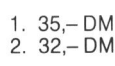

10-MBL-41 / 52g
1965–68
Mercedes-Benz 1620 Großraumsattelzug
Modell mit klappbaren und starren
Aufliegerstützen.
Farben:
a. Zugmaschine: azurblau/lichtgrau–
   anthrazitgrau, azurblau/lichtgrau–braunrot
b. Auflieger: silber/hellgrau–anthrazitgrau, silber/
   anthrazitgrau–braunrot. Dächer: lichtgrau

40,– DM

MERCEDES-BENZ Wiking

10-MBL-42 / 49s
1965–69
Mercedes-Benz Pullman Schwergut-Tieflader
Wie Modell 10-MBL-22, jedoch
mit großer
Pullman- Zugmaschine.
Zwei Modell-Varianten:
1. ohne Gelblichter, alte Pritscheneinlage
2. mit Gelblichtern auf Sockeln (Durchsteck-
Verglasung), neue Pritscheneinlage (mit Einteilung,
mit Ladegut). (1968)
Farben:
a. Zugmaschine: azurblau/braunrot, ozeanblau/braunrot
b. Anhänger: silber mit verschiedenfarbigen Einlagen.

70,– DM

10-MBL-43 / 59
1965–70
**Mercedes-Benz Pullman
DB Straßenroller**
Zugmaschinen wie
Vormodell (10-MBL-42).
Hänger des Modelles hat bewegliche Rampe und
Bremsklotzplatte.
Farben:
a. Zugmaschine: siehe 10-MBL-42
b. Anhänger: anthrazitgrau

75,– DM

10-MBL-44 / 43g
1966–72
Mercedes-Benz 1620 Lastzug
Wie Modell 10-MBL-35,
jedoch mit zweiachsigem
Anhänger.
Farben: siehe 10-MBL-35

45,– DM

10-MBL-45 / 67s
1966
Mercedes-Benz 5000 Hinterkipper-Sattelzug
Modell stets mit geschlossenen Stoßstangen,
immer mit Dachlüfter und Blinkern.
Farben:
a. Zugmaschine: hellgraubeige/feuerrot
b. Auflieger: hellgraubeige/.

38,– DM

10-MBL-46 / 42a
1967–68
Mercedes-Benz 5000 Autokran
Modell mit offener (1.) und geschlossener (2.)
Stoßstange,
stets mit Gelblicht im Sockel, immer mit Blinkern.
Farben: feuerrot/hellgraubeige/schwarz

1. 110,– DM
2. 75,– DM

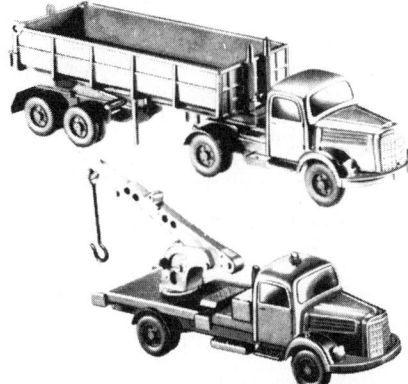

10-MBL-47 / 43
1967–68
Mercedes-Benz 1213 Lkw
Stets mit Plane.
Farben: betongrau/./braunrot, azurblau/./braunrot*

38,– DM
* 60,– DM

10-MBL-48 / 67s/677
1967–73
Mercedes-Benz Kurzhauber Hinterkipper-Sattelzug
Zwei Modell-Varianten:
1. mit glattem Dach, mit kleinem Königszapfen
2. mit strukturiertem Dach, beide Eckfenster-
Varianten, mit großem Königszapfen (1970).
Farben:
1. Zugmaschine: hellgraubeige/feuerrot
   Auflieger: hellgraubeige/.
2. a. Zugmaschinen: hellgraubeige/braunrot,
   feuerrot/braunrot, dunkelorange/braunrot,
   hellgraubeige/braunrot, lichtgrau/braunrot
   b. Auflieger: hellgraubeige, reinorange,
   dunkelorange, ozeanblau (stets einfarbig)

1. 35,– DM
2. 30,– DM

10-MBL-49 / 43n/437
1968–75
Mercedes-Benz LP 1317 Lkw
Farben: azurblau/./braunrot oder hellgrau oder
schwarz, enzianblau/./braunrot, elfenbein/./
mausgrau, graubeige/./braunrot,
dunkelpatinagrün/./hellgrau (Plane gelb – ohne und
mit Aufdruck: „MANN Filter")*

25,– DM

* 38,– DM

10-MBL-50 / 52c/523
1968–74
Mercedes-Benz 1620 Container-Sattelzug
Modell mit 40 ft Container beladen.
Zumeist mit alter Inneneinrichtung,
aber auch ohne bekannt. Zwei
Formen der Reserverad-Halterung an der
Zugmaschine. Mit kleinem, später großem
Königszapfen.
Beschriftungs-Versionen:
1. Aufkleber:
„HAPAG LLOYD" (kleines und großes Zeichen) –
„Eurocontainer" – „Contenemar Lines" – „Euro-
Container" – „Euro-Container Lines" – „Rentcon" –
„United States Lines" – „L & R" – „CSI Integrated
Container Service" – „American Export Isbrandtsen Lines"
2. Aufdrucke:
„INA VENTURE" – „Trans Container" – „Danzas" – „MAN
Container"
Farben:
a. Zugmaschinen: azurblau, ozeanblau, reinweiß,
   grauweiß / Chassis: mausgrau ●
b. Auflieger: zumeist blaugrau, ozeanblau,
   azurblau, mausgrau
c. Container: hellgrau, reinweiß, beigebraun
   zumeist einfarbig.

1. und 2.
32,– DM

10-MBL-51 / 43d/433
1969–78
Mercedes-Benz 2223 Lkw
Modell mit alter und neuer Inneneinrichtung,
beladen mit sechs abnehmbaren Kabeltrommeln
(durch Drahtbügel gesichert). Trommeln ohne und
mit Gravur: „Nordkabel".
Farben: azurblau/./braunrot, azurblau/./tomatenrot

25,– DM

10-MBL-52 / 52k
1969–71
Mercedes-Benz Kühlwagen Sattelzug
Fahrerhaus mit alter und neuer
Inneneinrichtung.
Stets mit großem Königszapfen.
Aufkleber: „INTERFROST" auf
dem Auflieger (blau auf weiß).
Farben:
a. Zugmaschinen: azurblau ●,
   grauweiß/ Chassis: mausgrau
b. Auflieger: hellblaugrau/mausgrau – Dach:
   grauweiß, grauweiß/mausgrau – Dach: grauweiß

45,– DM

10-MBL-53 / 53n
1969–70
Mercedes-Benz 1620 Chemikalien-Tankzug
Modell mit neuer MB 1620 Zugmaschine, mit
großem Königszapfen, Silos mit
Papieraufklebern „WM" (rot).
Farben:
a. Zugmaschine: grauweiß/mausgrau
b. Auflieger: dunkelpatinagrün/mausgrau – Silos: reinweiß

125,– DM

10-MBL-54 / 42a/632
1969–74
Mercedes-Benz Kurzhauber Autokran
Modell nur mit Eckfenstern, zwei Varianten beim
Kranausleger.
Farben: feuerrot/hellgraubeige/schwarz, feuerrot/
braunbeige/schwarz

35,– DM

10-MBL-55 / 53b
1969–73
Mercedes-Benz Kurzhauber Transport-Betonmischer
Modell nur mit Eckfenstern. Zwei Radgrößen.
Farben: feuerrot/reinorange/schwarz, feuerrot/
gelborange/schwarz

28,– DM

10-MBL-56 / 80h/807
1969–72
Mercedes-Benz Kurzhauber Heizöl-Kesselwagen
Zwei Beschriftungs-Varianten:
1. Folienaufkleber: „THERMOSHELL"
2. Papieraufkleber: „THERMOKOMFORT"
Farben: feuerrot/kadmiumgelb/feuerrot (Chassis
auch schwarz)

1. 25,– DM
2. 28,– DM

10-MBL-57 / 39
1970–74
Mercedes-Benz Kurzhauber Langholz-Transporter
Stets mit strukturiertem Dach, beide Eckfenster-
Varianten. Beladen mit Rundholz.
Farben:
a. Zugmaschinen: türkis*,
   hellgraubeige,
   dunkelpatinagrün ●, kieferngrün,
   feuerrot
b. Auflieger: silber, beige ●, anthrazitgrau

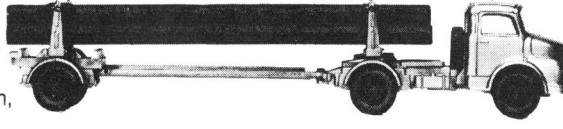

35,– DM
* 45,– DM

10-MBL-58 / 51n
1970–72
Mercedes-Benz LPS 1313 Sattelzug
Modell mit einachsigem Auflieger.
Farben: lichtgrau/./graublau – Plane: graublau
hellgraubeige/./braunrot – Plane: grau

38,– DM

10-MBL-59 / 52o/526
1970–74
Mercedes-Benz Kurzhauber Container-Sattelzug
Beladen mit 20 ft Open-Top-Container. Fahrerhaus
mit beiden Eckfenster-Varianten.
Sechs Modell-Varianten:
1. „Trans Container" (Aufdruck *und* Papieraufkleber)
2. „Euro Container" (Papieraufkleber)
3. „Rentcon" (Papieraufkleber)
4. „Integrated Container Service – INC"
   (Aufkleber)
5. „Danzas" (Aufdruck)
6. „Transcontainer" (Aufdruck)
Farben:
a. Zugmaschinen: zumeist hellgraubeige, reinweiß*
b. Auflieger: dunkelgrau, braunrot
c. Container: hellgraubeige, hellelfenbein, dunkelorange

23,– DM
* 35,– DM

10-MBL-60 / 64n/640
1970–84
Mercedes-Benz Müllwagen
Modell mit alter Inneneinrichtung, neuer
Inneneinrichtung sowie auch mit Rückspiegeln.
Anfangs ohne Prägung „KUKA", dann mit Prägung
(zwei Varianten, ab '85 neue Rückfront)
Farben: dunkelpatinagrün/silber–dunkelpatinagrün/
mausgrau*, gelborange/silber–gelborange/
anthrazitgrau, reinorange/silber–reinorange/
anthrazitgrau

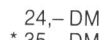

24,– DM
* 35,– DM

10-MBL-61 / 50b
1971–73
Mercedes-Benz 1313 Pritschensattelzug (Baustoff-
Lkw)
Modell mit beweglichem Kranteil und Ladung.
Farben: hellgraubeige/braunrot, hellgraubeige/
blaugrau
Kran: gelborange, Ladung: blaugrau

70,– DM

10-MBL-62 / 51a/511
1971–76
Mercedes-Benz 2223 Langpritschensattelzug
Modell mit alter (1.) und neuer (2.) Fahrerhausform:
1. Mercedes Fernfahrerhaus mit Längsrillen auf dem Dach
2. wie (1.), jedoch mit
Querrillen auf dem Dach
Alte Inneneinrichtung
(1.), alte und neue
Inneneinrichtung (2.).
Zwei Kotflügelformen.

25,– DM

* 75,– DM

Farben:
a. Zugmaschinen: gelborange/mausgrau –
   Stoßstange: ozeanblau, lichtgrau/mausgrau,
   altweiß/feuerrot*
b. Auflieger: gelborange/ozeanblau, lichtgrau/
   azurblau, altweiß/feuerrot* – Planen:
   blaugrau

10-MBL-63 / 52s/524
1971–81
Mercedes-Benz 2223 Container-Sattelzug
Modell mit alter und neuer Fahrerhausform
(vgl. 10-MBL-62).
1. alte Inneneinrichtung,
alte Fahrerhausform
2. alte und neue
Inneneinrichtung, alte
Fahrerhausform
3. neue Inneneinrichtung,
neue Fahrerhausform
auch mit Rückspiegeln

30,– DM
* 40,– DM

Auflieger ohne und mit Unterfahrschutz.
Container mit Aufklebern, Seitenflächen
durchgehend gerillt.*
Container mit Aufdrucken, Seitenflächen nicht
durchgehend gerillt.
Beschriftungs-Varianten: 1. „ICS" (Aufkleber)
2. „CTI" (Aufdruck)
Farben:
a. Zugmaschinen: gelborange/mausgrau,
   lichtgrau/ozeanblau
b. Auflieger: ozeanblau, azurblau
c. Container: lichtgrau, braunrot ●

10-MBL-64 / 43k/435
1972–74
Mercedes-Benz Kasten-Lkw (Lieferwagen)
Modell mit zahlreichen Werbemodell-Varianten, die
jedoch z. T. auch kurzfristig im Fachhandel verfügbar waren.
1. Aufdruck: „fisch-union" (blau, bei Farbumkehrung: weiß)
Farben: grauweiß/grauweiß/grau, Dach: himmelblau, auch
Farbumkehrung
2. Aufdruck: „Packfisch" (blau, bei Farbumkehrung: weiß)
Farben: himmelblau/grauweiß/grau, Dach: himmelblau, auch
Farbumkehrung

1. 75,– DM
2. 75,– DM

3. Aufdruck: „Landbrot"
Farben: hellelfenbein/./braunrot, grauelfenbein/./braunrot
4. Aufdruck: „Steinmetz – herzhaft"
grauelfenbein/./braunrot, graubeige/grauelfenbein/
braunrot, feuerrot/grauelfenbein/braunrot*
azurblau/grauelfenbein/braunrot*
5. Aufkleber: „Confern" (zwei Varianten)
feuerrot/./braunrot – Dach und Türen: elfenbein
6. Aufdruck: „Deutsche Möbelspedition" (zwei Varianten)
kadmiumgelb/./blaßbraun
7. Papieraufkleber: „Spedition Keller"
feuerrot/./schwarz – Dach und Türen: elfenbein,
feuerrot/hellelfenbein/schwarz – Dach und Türen:
elfenbein

3.	80,– DM
4.	70,– DM
*	100,– DM
5.	55,– DM
6.	35,– DM
7.	120,– DM

10-MBL-65 / 51b/512
1972–74
Mercedes-Benz 2223 Großraum Sattelzug
Modell mit alter und neuer
Fahrerhausform
(vgl. 10-MBL-62).
Kasten anfangs
hochglänzend,
dann mattiert.
Aufdruck: „WM –
Internationale Transporte"
Farben:
a. Zugmaschinen: hellsandgelb/lichtgrün,
   elfenbein/lichtgrün
b. Auflieger: hellsandgelb/lichtgrün – Dach:
   lichtgrün, hellsandgelb/lichtgrün – Dach: olivgrau

38,– DM

10-MBL-66 / 51k/513
1972–76
Mercedes-Benz 1620 Koffersattelzug
Zwei Modell-Varianten
(Aufdrucke):
1. „Stern magazin"
Farben:
a. Zugmaschine: reinweiß/mausgrau
b. Auflieger: reinweiß, grauweiß/ Chassis: mausgrau
2. „Kontinent-Möbel"
Farben:
a. Zugmaschine: feuerrot/feuerrot – Kotflügel: reinweiß
b. Auflieger: reinweiß/feuerrot – Dach und Türen: beige

1. 45,– DM
2. 35,– DM

10-MBL-67 / 52k/528
1972–74
Mercedes-Benz 1620 Kühlsattelzug
Modell anfangs mit altem, dann
mit neuem, eckigen Koffer
1. Papieraufkleber: „Interfrost"
Farben:
a. Zugmaschinen: reinweiß/
   grau, grauweiß/grau

1. 40,– DM
2. 35,– DM

b. Auflieger: hellblaugrau/
   grau – Dach: grauweiß,
   reinweiß/ozeanblau –
Dach: reinweiß
2. Aufdruck: „THERMOTRANSPORT"
a. Zugmaschinen: grauweiß/grau
b. Auflieger: grauweiß/azurblau – Dach: silber,
   grauweiß/azurblau – Dach: grauweiß

10-MBL-68 / 64h/644
1972–82
Mercedes-Benz Hebebühnen-Leiterwagen
Modell mit alter und neuer Inneneinrichtung. Später
mit Rückspiegeln.
Farben: hellbeige, elfenbein, reinorange ●, hellrot,
feuerrot / Chassis: dunkelgrau bis mausgrau

15,– DM

10-MBL-69 / 79/806
1972–74
Mercedes-Benz ESSO-Tanksattelzug
Modell mit beiden Eckfenster-Varianten.
Beschriftung: Streifen immer Aufdruck,
„ESSO"-Zeichen
zumeist Druck, aber auch Aufkleber.
Farben: reinweiß/./dunkelgrau

36,– DM

10-MBL-70 / 80s/802
1972–84
**Mercedes-Benz 2223 Shell-
Tanksattelzug**
Modell mit altem (1.) und neuem (2.)
Fahrerhaus (vgl. 10-
MBL-62), mit alter und neuer Inneneinrichtung, mit
Rückspiegeln, mit Spiegeln und Scheibenwischern.
Beschriftung durch Abziehbilder, Folie oder Aufdruck.
Auch mit Aufdruck: „SHELL M 2000" (Liliput).*
Farben:
a. Zugmaschinen: kadmiumgelb/feuerrot
b. Auflieger: kadmiumgelb/feuerrot–silberne Teile

1. 25,– DM
2. 12,– DM
* 35,– DM

10-MBL-71 / 43b/432
1973–76
Mercedes-Benz DB-Fernlastzug
Modell mit alter (1.) und neuer (2.) Inneneinrichtung, Hänger
erst mit Doppel-, dann mit Einfach-Bereifung.
Beschriftungs-
Varianten:
1. Streifen und „DB"
als Abziehbild
2. Aufdruck: Streifen
durchgehend breit,
Streifen schmal.
Farben:
(1.) lichtgrau/./grau – Planen: lichtgrau
(2.) hellbeige/./grau – Planen: hellbeige

1. 48,– DM
2. 32,– DM

10-MBL-72 / 45/450
1973–82
Mercedes-Benz 2223 Lieferwagen
Modell nur mit neuer Fahrerhausform. Mit
beweglicher Ladeklappe.
Sieben Modell-Varianten lassen sich unterscheiden:
1. Aufdruck: „SPAR"
Farben: grauweiß/./mausgrau
2. Aufdruck: „COOP"
Farben: grauweiß/hellgrau/mausgrau – Dach:
grauweiß, himmelblau/hellgrau/mausgrau – Dach:
grauweiß
Varianten (1.) und (2.) stets mit alter
Inneneinrichtung.
3. Aufdruck: „Aus deutschen Landen"
Farben: grauweiß/./mausgrau, cremeweiß/./
mausgrau
Variante (3.) mit alter und neuer Inneneinrichtung
sowie mit neuer Inneneinrichtung und
Rückspiegeln.
4. Aufdruck: „Seefische"
Farben: Fh: reinweiß, grauweiß, Kästen: zumeist
reinweiß, grauweiß, CH: zumeist mausgrau,
braunrot
Variante (4.) stets mit neuer Inneneinrichtung und
Rückspiegeln
5. Aufdruck: „Deutsche See"
Farben: reinweiß/./grau – Dach: himmelblau. Auch mit
blauen Seitenstreifen, Dach reinweiß
6. Aufdruck: „CMA-Markenqualität..."
Farben: hellpatinagrün/grauweiß/patinagrün
7. Aufdruck: „SEAFOOD"
Farben: reinweiß/./grau – Dach: himmelblau
Varianten 5–7 stets mit neuer Inneneinrichtung,
immer ohne Zughaken, ohne und mit Rückspiegeln
8. Aufdruck: „VOSSEN"
Farben: himmelblau/./grau – Dach: reinweiß

1. 42,– DM

2. 50,– DM

3. 20,– DM

4. 15,– DM

5. 12,– DM

6. 10,– DM

7.   9,– DM

8. 65,– DM

10-MBL-73 / 80h/807
1973–77
Mercedes-Benz 1317 Heizöl-Kesselwagen
Modell mit alter und neuer Inneneinrichtung. Letzte
Ausführung zusätzlich mit Rückspiegeln.
Papieraufkleber: „TERMOKOMFORT"
Farben: feuerrot/kadmiumgelb/hellgrau ●

17,– DM

10-MBL-74 / 437
1974–75
Mercedes-Benz LP 1317 Lkw
Modell mit alter und neuer Inneneinrichtung.
Aufdruck: „Kühne und Nagel"
Farben: azurblau/lichtblau/schwarz*, azurblau/
himmelblau/schwarz, stahlblau/lichtblau/schwarz.
Planen in Fahrerhaus-Farbe.

20,– DM
* 25,– DM

MERCEDES-BENZ Wiking

10-MBL-75 / 3430
1974–
Mercedes-Benz 10000 Lkw (Veteran)
Farben: patinagrün, rotbraun, purpurrot,
schwarzrot*
/Chassis immer graubeige ● – Pritschenboden
anfangs aus Papier, dann aus Kunststoff.

10,– DM
* H

10-MBL-76 / 390
1975–81
Mercedes-Benz 1317 Langholz-Transporter
Modell mit alter und neuer Inneneinrichtung.
Anfangs ohne, dann mit Rückspiegeln.
Farben:
a. Zugmaschinen: dunkelpatinagrün ●/grau,
   azurblau/braunrot, dunkelresedagrün/rotbraun,
   elfenbein/braunrot
b. Auflieger: anthrazitgrau – Radläufe in
   Fahrerhaus-Farbe

15,– DM

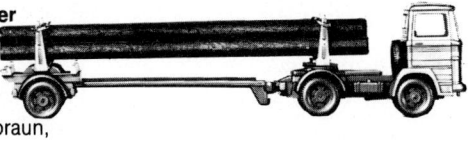

10-MBL-76a / 435
1975–80
Mercedes-Benz Kasten-Lkw (Lieferwagen)
Modell mit neuem hohen Kofferaufbau. Mit alter und
neuer Inneneinrichtung. Anfangs ohne, dann mit
Rückspiegeln.
1. Papieraufkleber: „Confern"
Farben: feuerrot/./hellgrau – Dach und Türen:
elfenbein. Türen auch in rot bekannt*
2. Aufdruck: „OSTERMANN"
Farben: hellrotorange/./schwarz – Dach: elfenbein ●
3. Aufdruck: „ASKO" (rotes Zeichen/Text schwarz)
Farben: feuerrot/reinweiß/Chassis:hellgrau,
blaßbraun, braunrot – Dach: elfenbein
4. Aufdruck: „ASKO Finnland Möbel" (nur rot)
Farben: feuerrot/reinweiß/grau – Dach: elfenbein
5. Aufdruck: „Deutsche Möbelspedition"
Farben: kadmiumgelb/./braunrot

1. 30,– DM
2. 25,– DM
3. 20,– DM
4. 18,– DM
5. 22,– DM
* 60,– DM

VERSCHIEDEN
BESCHRIFTET

10-MBL-77 / 515
1975–77
Mercedes-Benz 2632 Pritschensattelzug
Modell anfangs mit „Papiergrill", dann mit
Strukturgrill. Erste Modelle erhielten Spiegel-
Beipack.
1. Ohne Aufdruck
Farben: dunkelhimmelblau/./
oxidrot, blaugrau/./ oxidrot
2. Aufdruck: „Rentco"
Farben: lichtgrau/./oxidrot
3. Aufdruck: „HOESCH"
Farben: lichtgrau/./oxidrot, blaugrau/./oxidrot
(letzte Variante auch unbedruckt im Handel)
(siehe auch 10-MBL-86)

1. 22,– DM
2. 20,– DM
3. 20,– DM

MERCEDES-BENZ

10-MBL-78 / 677
1975–81
Mercedes-Benz 1317 Hinterkipper-Sattelzug
Modell mit 1317-Fahrerhaus. Mit alter und neuer
Inneneinrichtung. Anfangs ohne, dann mit
Rückspiegeln.
Farben: reinorange/./braunrot, gelborange/./
braunrot

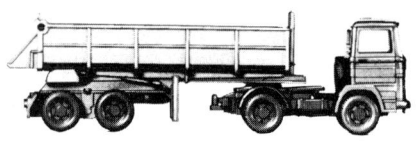

12,– DM

10-MBL-79 / 3420
1975–
Mercedes-Benz L 2500 Lkw (Veteran)
Farben: dunkelpatinagrün/./anthrazitgrau,
dunkelpatinagrün/./schwarz, taubenblau/./
lichtgrau, capriblau/./schwarz, azurblau/./
anthrazitgrau, auch mit Zughaken*

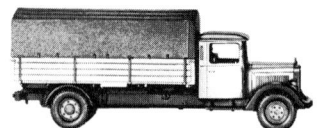

5,– DM
*H

10-MBL-80 / 420
1976–79
Mercedes-Benz 1617 Lkw
Modell mit strukturiertem oder eingesetztem Grill.
Farben: grauweiß/./braunrot, cremeweiß/./braunrot,
Planen: auch reinorange ●
(siehe auch 10-MBL-90)

15,– DM

10-MBL-81 / 437
1976–82
Mercedes-Benz DB Stückgut-Lkw
Modell mit alter und neuer Inneneinrichtung. Planen
erst offen, später geschlossen.
Zwei Beschriftungs-Varianten: Aufschrift in kleinen
und großen Schriftzeichen. Zumeist mit
Rückspiegeln.
Farben: creme/./hellgrau, blaßrot/./hellgrau,
feuerrot/./hellgrau, braunrot/./schwarz

16,– DM

10-MBL-82 / 674
1976–82
Mercedes-Benz Pritschenkipper
Modell mit strukturiertem und eingesetztem Grill.
Farben: reinorange/./braunrot, lindgrün/./schwarz

7,– DM

10-MBL-83 / 2500/500
1976–79
Mercedes-Benz Möbel-Ferntransport-Lastzug
Aufdruck: „Deutsche Möbelspedition"
Zwei Beschriftungs-Varianten: Pfeile gegen den und

45,– DM
* 15,– DM

mit dem Uhrzeigersinn.
Farben: kadmiumgelb/braunrot
Aus Werbemodell-Packung 198501:
Aufdruck: „Fritz Gieseler"
Farben: azurblau/braunrot*

10-MBL-84 / 430
1977
Mercedes-Benz 2632 Lastzug
Aufdruck: „Rosbacher Brunnen"
Zwei Varianten:
1. „Aus der Tiefe
der Taunusberge"
2. „Erfrischung
hoch zwei"
Farben: blaßrot/./
enzianblau

1. 30,– DM
2. 25,– DM

10-MBL-85 / 682/20682
1977–

Mercedes-Benz Transport-Betonmischer
Modell mit strukturiertem und eingesetztem Grill, mit
altem und neuem Kotflügelteil, Stern auf dem Grill,
mit und ohne Zierleisten.
Farben: reinorange/./braunrot, hellpatinagrün/
hellgrau/hellpatinagrün – Stoßstangen: hellgrau*
Orangefarbene Varianten mit „Readymix"-Aufdruck
(zwei Varianten).

10,– DM

* H

10-MBL-86 / 515
1978–80
Mercedes-Benz 2632 Pritschensattelzug
Aufdruck: „Kühne und Nagel", auch
unbedruckt mit grauer Plane.
Modell mit strukturiertem und
eingesetztem Grill (mit
und ohne Zierleisten).
Fahrerhaus mit flachem
Dachlüfter (dann glänzend) und mit
erhöhtem Dachlüfterkasten (dann mattiert).
Farben:
a. Zugmaschinen: stahlblau/stahlblau – Kotflügelteil: lichtblau
b. Auflieger: lichtblau/stahlblau – Planen: stahlblau
(siehe auch 10-MBL-77)

20,– DM

10-MBL-87 / 810
1978–83
Mercedes-Benz Heizöl-Kesselwagen
Modell mit strukturiertem und eingesetztem Grill (mit und ohne Zierleisten). Aufdruck: „Mobil Heizoel" Farben: grünbeige/./grau, graubeige/./grau*

14,– DM
* 28,– DM

10-MBL-88 / 436
1979–86
Mercedes-Benz 1017 Kasten-Lkw (Lieferwagen)
Modell stets mit eingesetztem Grill (zumeist mit Zierleisten).
1. Aufdruck: „MEYER"
Farben: reinweiß/./braunrot – Stoßstange: feuerrot/
Dach: beige
2. Aufdruck: „DAUTEL"
Farben: siehe (1.)
3. Aufdruck: „Mercedes Benz"
Farben: siehe (1.)
4. Aufdruck: „contern"
Farben: feuerrot/./braunrot
5. Aufdruck: „Autolack ICJ"
Farben: reinweiß/./schwarz
reinweiß/./braunrot

1. 12,– DM
2. 9,– DM
3. 15,– DM
4. 8,– DM
5. 6,– DM

10-MBL-89 / 541
1979–81
Mercedes-Benz 1626 Koffersattelzug
Aufdruck: „Union Transport"
Farben: feuerrot/feuerrot –
Dach: reinweiß/
anthrazitgrau

12,– DM

10-MBL-90 / 420
1980–82
Mercedes-Benz 1617 Ersatzteil-Express
Mit eingesetztem Grill (mit und ohne Zierleisten).
Farben: azurblau/weißblau/anthrazitgrau – Planen: azurblau
(siehe auch 10-MBL-80)

15,– DM

10-MBL-91 / 455/24455
1980–
Mercedes-Benz 1632 Lastzug
Modell mit Dreiachsanhänger, Fahrerhaus mit Dachspoiler. Eingesetztes Grill mit Zierleisten.
Zwei Modell-Varianten:
1. Aufdruck: „HOLERT"
Farben: hellrot/./
anthrazitgrau –
Planen:
kadmiumgelb
2. Aufdruck:
„Zeitfracht"
Modell mit beiden

1. 25,– DM
2. 15,– DM

Kotflügelformen, beide Grill-
Varianten, anfangs mit Normal-Felgen, dann mit
Trilex-Felgen (1982), mit und ohne Rückfenster.
Farben: braunrot/./nußbraun – Planen: hellblaugrau
3. Aufdruck: „Deutschland-Verkehre/Lautz-
Oberwelland"
Farben: zinkgelb/./feuerrot
4. Aufdruck: „HECKEWERTH"
Farben: feuerrot/feuerrot/anthrazitgrau, Planen:
azurblau
5. Aufdruck: „spedition pönsgen"
Farben: capriblau/capriblau/feuerrot, Planen: lichtblau
6. Aufdruck: „ZEITFRACHT"(Modell mit Trilex-Felgen)
Farben: mahagonibraun/mahagonibraun/
mahagonibraun, braunrot/braunrot/mahagonibraun,
Planen jeweils: silbergrau
7. Aufdruck: „Rieck"
Farben: capriblau–schwarz/capriblau/braunrot
8. Aufdruck: „Solaris"
Farben: feuerrot/feuerrot/feuerrot, Planen: lichtgrau
9. ohne Aufdruck (1986)
Farben: smaragdgrün/./braunrot – Planen: silbergrau
10. Aufdruck: „Bischoff fährt!"
Farben: feuerrot/./.Planen: postgelb

3.	15,– DM
4.	12,– DM
5.	14,– DM
6.	12,– DM
7.	H
8.	H
9.	H
10.	H

10-MBL-92 / 541
1981
Mercedes-Benz 1626 Koffersattelzug
vgl. 10-MBL-89 mit neuem Aufdruck
Aufdruck: „Mercedes-Benz"
Farben: feuerrot/feuerrot – Dach: reinweiß/anthrazitgrau

18,– DM

10-MBL-93 / 542/24542/29542
1981–
Mercedes-Benz 1632 Koffersattelzug
1. Aufdruck: „RAMA"
Modell nur mit geschlossenen Rückfenstern, altes
und neues Kotflügelteil, eingesetztes Grill mit und
ohne Zierlinien.
Farben: stahlblau/./
hellelfenbein
1984 (mit Zweiachs-Auflieger):
2. Aufdruck: „schieder möbel"
Farben: feuerrot/./graphitgrau
3. Aufdruck: „COORDER"
Farben: kadmiumgelb/./graphitgrau
(Aus Werbemodell-Packung 198402:)
4. Aufdruck: „Eichbaum"
Farben: reinweiß/./patinagrün
5. Aufdruck: „IMK"
Farben: kadmiumgelb/./graphitgrau
6. Aufdruck: „CS-COLLECTION STIL"
Farben: feuerrot/./graphitgrau
(Aus Werbemodell-Packung 198501)
7. Aufdruck: „DAN AIR CARGO"
Farben: feuerrot/reinweiß/anthrazitgrau

1.	15,– DM
2.	12,– DM
3.	12,– DM
4.	12,– DM
5.	12,– DM
6.	12,– DM
7.	10,– DM

MERCEDES-BENZ

8. Aufdruck: „NORDFASER"
Farben: moosgrün/zitronengelb/moosgrün
(Aus Werbemodell-Packung 99852)
9. Aufdruck: „SITAG"
Farben: rotorange/reinweiß/braunrot
10. Aufdruck: „Schwab Frucht"
Farben: resedagrün/reinweiß/reinorange
11. Aufdruck: „SIEMENS-SMD"
Farben: reinweiß/./schwarz

10-MBL-94 / 456
1981
Mercedes-Benz 1632 Lastzug
Ähnlich 10-MBL-91 mit neuem Aufdruck
Aufdruck: „Mercedes-Benz". Modell ohne Dachspoiler,
Modell mit und ohne Rückfenster
Farben: hellrot/./
anthrazitgrau –
Planen·
kadmiumgelb

23,– DM

10-MBL-95 / 825/24785
1981–87
Mercedes-Benz Tanksattelzug
1. Fahrerhaus mit Rückfenstern,
altes und neues
Kotflügelteil, eingesetztes
Grill in beiden Varianten.
Aufdruck: „HOECHST – Organische Chemikalien"
Farben: weißblau/./lichtblau
2. Fahrerhaus ohne Rückfenster, neues Kotflügelteil,
eingesetztes Grill ohne Zierlinien.
Farben:
a. Zugmaschine: hellpatinagrün/feuerrot
b. Auflieger: grauweiß– hellpatinagrün/feuerrot
3. 1984: a. Zugmaschine: weißblau/lichtblau
b. Auflieger: weißblau/lichtblau
Aufdrucke: (I.) „Kunstharze Höchst" (II.) „Mowilith . . ."
4. Aus Werbemodell Packung 198402 Tankzug mit
Aufdruck „Schottmann", Farben: a. stahlblau/feuerrot,
b. silbergrau/feuerrot

1. 15,– DM
2. 10,– DM
3. I. 10,– DM
3. II. 10,– DM
4. 12,– DM

10-MBL-96 / 390/18390
1982–
**Mercedes-Benz
Langholztransporter**
Beladen mit Kantholz.
Ab 1985 Holzimitat aus Kunststoff
Farben:
a. Zugmaschine: lichtgrün/
anthrazitgrau – Stoßstange: schwarz
b. Auflieger: anthrazitgrau – Radläufe: lichtgrün
1987: a. Zugmaschine: grünbeige/schwarz
b. Auflieger: schwarz – Radläufe: grünbeige

H

10-MBL-97 / 526
1982–86
Mercedes-Benz Container-Sattelzug
Modell mit neuem Kotflügelteil, eingesetztes Grill
ohne Zierleisten. Beladen mit 20 ft – Container.
Farben:
a. Zugmaschine: grauweiß/graubeige·
b. Auflieger: anthrazitgrau
c. Container: braunrot

1984: Aufdruck: „Siemens EWSD" *
a. Zugmaschine: feuerrot/graphitgrau
b. Auflieger: graphitgrau
c. Container: reinweiß

10,– DM
*H

10-MBL-98 / 543/24543
1982–
**Mercedes-Benz
Kühlsattelzug**
Aufdruck: „Südmilch"
Fahrerhaus nur ohne
Rückfenster, neue
Kotflügelform, eingesetztes
Grill in grün (ohne Zierleisten).
Farben: reinweiß/./hellpatinagrün

H

10-MBL-99 / 545
1982–83
Mercedes-Benz Koffersattelzug
Fahrerhaus mit und ohne Rückfenster, altes und
neues Kotflügelteil, eingesetztes
Grill ohne Zierlinien.
Aufdruck: „REGENT MÖBEL"
Farben:
a. Zugmaschine: feuerrot/
anthrazitgrau
b. Auflieger: reinweiß/anthrazitgrau

8,– DM

10-MBL-100 / 677/20677
1982–
Mercedes-Benz Hinterkipper-Sattelzug
Farben: hellgelbgrün/./schwarz, patinagrün/
./lichtgrau, azurblau/./feuerrot

10-MBL-101 / 433
1983–86
Mercedes-Benz LP 809 City-Lkw
Aufdruck: „Pracht"
Farben: stahlblau/reinweiß/schwarz, Dach: hellgrau,
später reinweiß
1985 Aufdruck: „Cargo Domizil" (deutsch und
französisch), Farben. s. o.*

12,– DM
*8,– DM

10-MBL-102 / 437/16437
1983–
Mercedes-Benz LP 1317 Lkw
1. Aufdruck: „drospa"
Farben: gelborange/./anthrazitgrau
2. Aufdruck: „Zeitfracht"
Farben: braunrot/braunrot/nußbraun, Plane:
dunkellichtgrau
3. Aufdruck: „HELMITIN"
Farben: feuerrot/feuerrot/braunrot, Plane: steingrau
4. Aufdruck: „SANDVIK"
Farben: himmelblau/himmelblau/braunrot, Plane:
lichtgrau

1. 6,– DM
2. 5,– DM
3. 5,– DM
4. 5,– DM

10-MBL-103 / 451/18451
1983–87
Mercedes-Benz Koffer-Lkw (Lieferwagen)
Modell mit beweglicher Ladeklappe.
Aufdruck: „Stulz-Klimatechnik-Wärmepumpen"
Farben: reinweiß/./braunrot – Radläufe und Spoiler:
ca. himmelblau
1986: reinweiß-feuerrot/reinweiß/braunrot mit
Aufdruck: „DAUTEL"*

10,– DM
*H

10-MBL-104 / 457/8205/24457
1983–
Mercedes-Benz 2632 Kofferlastzug
1. Aufdruck: „Verpoorten"
Farben: kadmiumgelb/
./azurblau

1. 18,– DM
2. 15,– DM
3. 12,– DM
4. H

Aus Werbemodell-Packung 198302:
2. Aufdruck: „Schmalbach Lubeca Verpackungen"
Farben: kadmiumgelb/./stahlblau
1985:
3. Aufkleber: „confern"
Farben: feuerrot/feuerrot/braunrot, Dächer und Türen:
hellelfenbein
4. Aufdruck und Aufkleber: „Schmalbach Lubeca",
„Dosenrecycling" Modell mit Großraumfahrerhaus,
Farben: kadmiumgelb/./stahlblau

10-MBL-105 / 526
1983–
Mercedes-Benz Container-Sattelzug
Beladen mit 20 ft – Container.
Aufdruck: „CLOU"
(siehe auch 10-MBL-97)
Farben:
a. Zugmaschine: grauweiß/graubeige
b. Auflieger: anthrazitgrau
c. Container: hellresedagrün

H

10-MBL-106 / 8201/8206
1983
**Mercedes-Benz 2632
Lastzug**
Aufdruck: „17111 – Transit
Transport Flensburg"
Farben: azurblau/./feuerrot, Planen: azurblau
Aufdruck: „ertex" (Packung 198302)*
Farben: capriblau/capriblau/feuerrot, Planen: lichtgrau

15,– DM
* 15,– DM

10-MBL-107 / 8202
1983
**Mercedes-Benz
Koffersattelzug**
Aufdruck: „Computer
Partner GmbH"
Modell mit Dachspoiler
Farben:
a. Zugmaschine:
lichtblau/dunkelgrau
b. Auflieger: verkehrsgrau/dunkelgrau – Dach: lichtblau

16,– DM

**10-MBL-108 / 434/
16434/18434**
1984–
**Mercedes-Benz LP
809 City-Lkw**
1. Aufdruck:
„Dachser Express"
Farben: brillantblau/
brillantblau/schwarz,
Dach: kadmiumgelb
Aus Werbemodell-
Packung 198402:
2. Aufdruck:
„embrumatic"
(deutsch und
französisch)

Farben: kieselgrau/
kieselgrau/schwarz,
Dach: silbergrau
3. Aufdruck:
„Autohansa", Farben:
reinweiß/./schwarz
4. Aufdruck:
„Objecta", Farben:
reinweiß/./braunrot
5. Aufdruck:
„Dachser Luftfracht"
Farben:
saphierblau/./
schwarz, Dach:
postgelb

1. 6,– DM
2. 9,– DM
3. 9,– DM
4. 7,– DM
5. H

**10-MBL-109 / 547/
24547**
1984–
**Mercedes-Benz
1619 Sattelzug mit
Einachsauflieger**
1. Aufdruck: „IPEC"
Farben:
melonengelb/./
schwarz
2. Aufdruck: „Staff-
Lichtkomfort"
hellrotorange/./
schwarz
3. Aufdruck: „Regent
Möbel"

Farben: feuerrot/
reinweiß/graphitgrau
[Modell mit kurzem
DB-Fahrerhaus
üblich, aber auch mit
Fernfahrer-Kabine(*)
bekannt]

1. 8,– DM
2. 10,– DM
3. 16,– DM
* 20,– DM

MERCEDES-BENZ

**10-MBL-110 / 458 /
25458**
1984–
**Mercedes-Benz
1638 Kühl-
Hängerzug**
Aufdruck:
„Westfleisch"
Modell mit Großraum-
Fahrerhaus
Farben: moosgrün/
reinweiß/braunrot

H

10-MBL-111 / 24515
1985–
**Mercedes-Benz
Großraum-Sattelzug**
1. Aufdruck: „Spedition
Dören"
Farben: capriblau/
lichtgrau/feuerrot,
Plane: capriblau.
Aus Werbemodell-
Packung 198501
2. Aufdruck: „BERAL"
Farben: feuerrot/
feuerrot/feuerrot,
Plane: melonengelb.

Aus Werbemodell-
Packung 99852
3. Aufdruck: „PRACHT"
Farben: stahlblau/
reinweiß/stahlblau,
Plane: stahlblau

1. 10,– DM
2. 15,– DM
3. 15,– DM

**10-MBL-112 / 24845 /
27845/I**
1985–
**Mercedes-Benz L
2500 Möbel-Lastzug**
1. Aufdruck: „Max Marotzke"
Farben: rubinrot/
rubinrot/
anthrazitgrau, Dächer:
eisengrau

2. 1987 mit Aufdruck:
„Honold"
Farben: patinagrün/./
graphitgrau, Dächer:
hellgrau

1. 10,– DM
2. H

10-MBL-113 / 22641
1985–
Mercedes-Benz Preßmüllwagen
Aufdruck: „EDELHOFF"
Farben: reinweiß/./., 1987 mit Aufdruck: „BSR"
Farben: gelborange/./schwarz

H

10-MBL-114 / 29504
1985–
**Mercedes-Benz
Schwerlast-
Zugmaschine
mit Tieflader**

H

Modell mit abnehmbarer Ladung
Fahrerhaus mit integrierten Gelblichtern
Farben: moosgrün/ moosgrün – hellgrau/.schwarz

**10-MBL-115 / 99852
(Packung)**
1985–86
**Mercedes-Benz LP
809 Pritschen-Lkw**
Aufdruck: „Max Mothes"
Farben: smaragdgrün/
smaragdgrün/braunrot,
Plane: lichtgrau

H

**10-MBL-116 / 99852
(Packung)**
1985–86
**Mercedes-Benz
Müllwagen**
Modell wie 10-MBL-60
mit neuem MB-Fahrerhaus
(wie bei 10-MBL-119)
Aufdruck: „BSR"
Farben: gelborange/
gelborange–silber/mausgrau

H

MERCEDES-BENZ

**10-MBL-117 / 99852
(Packung)**
1985–86
**Mercedes-Benz
2632 Koffer-
Hängerzug**
Aufdruck: „Convent"
Farben:
dunkellichtgrün/
dunkellichtgrün/
stahlblau,
Dächer:
stahlblau

H

10-MBL-118 / 16431
1986–
Mercedes-Benz 814 Lkw
Farben: gelbgrün/gelbgrün/schwarz – Plane: silbergrau

H

10-MBL-119 / 22642
1986–
Mercedes-Benz Straßenkehrwagen
Farben: hellgelborange/./schwarz

H

10-MBL-120 / 18526
1986–
**Mercedes-Benz
1626 20 ft.
Container-Sattelzug**
Aufdruck: „Siemens
EWSD"
Farben: feuerrot/
reinweiß/anthrazit

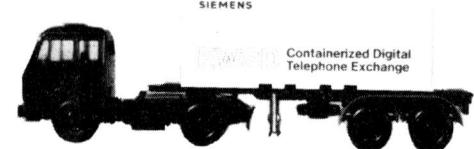

H

10-MBL-121 / 24786
1987–
**Mercedes-Benz
Tanksattelzug**
Aufdruck: „Jani"
Farben: reinweiß/./
hellgrau

H

10-MBL-122 / 20430
1987–
Mercedes-Benz 814 Kühlkoffer-Aufbau
Farben: rotorange/reinweiß/schwarz

H

10-MBL-123 / 20643
1987–
Mercedes-Benz 814 Recycling-Container-Lkw
Modell mit mehrfarbigen Aufdrucken
Farben: gelbgrün/./schwarz

H

10-MBL-124 / 25544
1987–
**Mercedes-Benz
Einachs-Kasten-
Sattelzug**
Aufdruck: „IKEA"
Farben:
kadmiumgelb/./
ultramarinblau

H

**10-MBL-
125 /
26456/
27456**
1987–
**Mercedes-
Benz
2235
(6 × 2)
Pritschen-
Hängerzug**
Modell mit
Großraum-
Fahrerhaus
Aufdruck:
„Preuss
Internationale
Spedition"

Farben: himmelblau/./
stahlblau,
Planen:
stahlblau.
1987 mit
Aufdruck:
„Karstadt"
Farben:
kobaltblau/./schwarz,
Planen:
kobaltblau

H

10-MBL-126 / 27459
1987–
**Mercedes-Benz
Koffer-Hängerzug**
Aufdruck: „Kolb"
Farben: feuerrot/
reinweiß/oxidrot

H

MERCEDES-BENZ

10-MBL-127 / 25540
1987–
**Mercedes-Benz
Koffersattelzug**
Aufdruck: „Hella"
Farben: reinweiß/./
schwarz

H

PETERBILT

**10-PBL-1
/ 27527**
1987–
**Peterbilt
40 ft Con-
tainer-
Sattelzug**
Modell mit
Chromtei-
len, Haube
zu öffnen,
Spritzling
mit Zurüst-
teilen bei-
gefügt
Farben: a. Zugmaschine:
schwarz/aluminium
b. Auflieger:
blutorange mit Aufdruck: „ALLIED"

H

10-ScL-1 / 53/805
1971–74
Scania Flüssiggas-Sattelzug
Modell anfangs mit Rücklichtstangen, dann
Rücklichter auf den Kotflügeln.
Modell mit „FRIGEN"-Aufkleber am Heck,
auch ohne Aufkleber.

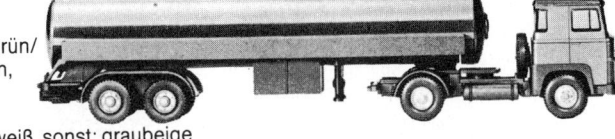

Farben:
a. Zugmaschinen: hell–lichtgrün/
   feuerrot, lichtgrün/rotbraun,
   kadmiumgelb/feuerrot –
   Dächer in Chassisfarbe
b. Auflieger: Tank stets grauweiß, sonst: graubeige
   ●/feuerrot, hell–lichtgrün/feuerrot, lichtgrün/
   rotbraun. Sondermodell aus Packung 198401:
   Tankzug mit Aufdruck: „Botterbloom"
   Farben: reinweiß/./braunrot*

55,– DM
* 12,– DM

10-ScL-2 / 51/510
1972–76
Scania 110 Pritschensattelzug
Modell anfangs mit Rücklichtstangen,
dann Rücklichter auf den Kotflügeln.
Zumeist mit Holzpritsche, auch mit
Stahlpritsche von WM Nr. 515, auch mit
„SCANIA"- Aufdruck

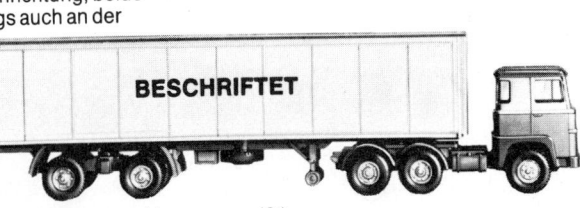

28,– DM

Farben:
a. Zugmaschinen: graubeige/oxidrot, stahlblau/
   oxidrot, stahlblau–melonengelb/oxidrot,
   kadmiumgelb/feuerrot – Dächer in Chassisfarbe
b. Auflieger: graubeige/braunrot, stahlblau/
   braunrot, kadmiumgelb/feuerrot

10-ScL-3 / 52/520
1973–76
Scania 110 Container-Sattelzug
Modell mit alter und neuer Inneneinrichtung, beide
Kotflügelformen. Container anfangs auch an der
Front bedruckt.
Aufdrucke:
1. „UNITED STATES LINES"
2. „SEATRAIN"
3. „HAPAG LLOYD"
4. „JACKY MAEDER"
Farben:
a. Zugmaschinen: azurblau/
   hellblaugrau – Kotflügel und Dach: grau, ozeanblau–grauweiß/
   ozeanblau – Kotflügel und Dach: grau und
   Farbumkehrung, reinweiß/grau
b. Auflieger: ozeanblau, azurblau, mausgrau
c. Container: reinweiß, grauweiß – Dach: reinweiß,
   grauweiß – Dach: silber

1. 32,– DM
2. 36,– DM
3. 42,– DM
4. 70,– DM

SCANIA

10-ScL-4 /460
1974
Scania 110
Fernlastzug
Modell mit beiden
Kotflügelformen.
Farben: grauweiß–azurblau/azurblau/mausgrau –
Dach: mausgrau und Farbumkehrung

28,– DM

10-ScL-5 / 2460
1975–76
Scania 110 Fernlastzug ASG
Modell mit Dachschild ASG, Aufdruck: „ASG
transport-
spedition"
Farben: stahlblau
melonengelb/
stahlblau/
melonengelb

80,– DM

10-ScL-6 / 512
1977
Scania 111 Großraum-Sattelzug
Aufdruck: „HAMBURGER SPEDITION"
Farben:
a. Zugmaschinen: hellelfenbein/
   feuerrot und
   Farbumkehrungen
b. Auflieger: hellelfenbein/
   feuerrot

20,– DM

10-ScL-7 / 520
1977–82
Scania 111 Container-Sattelzug
Modell anfangs ohne, dann mit Rückspiegeln. Beide
Kotflügelformen. Ab 1980 Auflieger mit
Unterfahrschutz.
Aufdruck:
1. „Seatrain"
2. „FB"
3. „DART"
4. „HAPAG LLOYD"
5. „Interpool"
6. „United States Lines"
7. „Ceti"
Farben:
a. Zugmaschinen: azurblau/blaugrau – Dach:
   mausgrau/azurblau und Farbumkehrungen,
   reinweiß/anthrazitgrau, reinweiß–reinorange/anthrazitgrau
b. Auflieger: azurblau, ozeanblau, anthrazitgrau
c. Container: reinweiß, reinweiß – Dach: hellgrau,
   grauweiß – Dach: grau, hellblaugrau, reinorange, grauweiß, lichtblau
Sonderpackung Primex:
a. blutorange – Dach: graphitgrau, b. blutorange,
c. graphitgrau (siehe auch 10-ScL-11)

1. 35,– DM
2. 35,– DM
3. 22,– DM
4. 40,– DM
5. 35,– DM
6. 25,– DM
7. 15,– DM

10-ScL-8 / 460
1978–79
Scania
LBT 111
Fernlastzug
Modell nur
mit Rückspiegeln.

25,– DM

Aufdruck: „SCANIA"
Farben: kadmiumgelb–azurblau/kadmiumgelb/
azurblau und Farbumkehrung – Planen: azurblau

10-ScL-9 / 533
1980–
Scania 111 Pritschensattelzug ASG
Modell mit Außenspiegeln sowie mit Außenspiegeln
und Scheibenwischern. Mit Dachschild „ASG".
1. Aufdruck: „ASG transport-spedition"; 1984 mit
zusätzlichem Aufdruck auf Türen und auf der Rückseite
der Plane*
Aufdruck: ASG transport-spedition
Farben:
a. Zugmaschinen: stahlblau–
    melonengelb/ melonengelb
b. Auflieger: stahlblau/
    melonengelb – Planen:
    stahlblau
2. Aufdruck: „Tress"
Farben:
a. Zugmaschine: achatgrau/feuerrot
b. Auflieger achatgrau/feuerrot – Plane: karminrot

1. 15,– DM
* 18,– DM
2. 10,– DM

10-ScL-10 /546
1981–84
Scania 111 Koffersattelzug
Aufruck: „IPEC"
Farben:
a. Zugmaschine: melonengelb/
    graubeige
b. Auflieger: melonengelb/graubeige

8,– DM

10-ScL-11 /520/24520
1983–
Scania 111 Container-
Sattelzug
1. Aufdruck: „Pracht"
Farben:
a. Zugmaschine: stahlblau-reinweiß-
stahlblau
b. Auflieger: stahlblau
c. Container: reinweiß
(siehe auch 10-ScL-7)
2. Aufdruck: „Siemens" (in Deutsch, Schwedisch,
Englisch, Finnisch, Portugiesisch)

1. 10,– DM
2. 15,– DM

SCANIA

a. Zugmaschine: hellelfenbein-schokoladenbraun/
schwarz
b. Auflieger: schwarz
c. Koffer: hellelfenbein
3. Aufdruck: „OOCL"
a. Zugmaschine: hellgrau-blau
b. Auflieger: blau
c. Container: hellgrau
4. Aufdruck: „Navis Brambles"
a. Zugmaschine: reinweiß-dunkelblau
b. Auflieger: dunkelblau
c. Container: reinweiß
5. Aufdruck: „Sarrasani"
a. Zugmaschine: gelbgrün-grünweiß
b. Auflieger: silbergrau
c. Container: reinweiß

3. 10,– DM
4. 10,– DM
5. 10,– DM

USA-LKW

10-USL-1 / 44
1960–61
USA-Lkw mit Plattform
Farben: himmelblau/silber, blaßrot/silber, hellgrau/
silber

70,– DM

10-USL-2 / 44d
1960–63
USA-Lkw mit Doppelaufbau
Farben: siehe 10-USL-1

55,– DM

10-USL-3 / 44g
1960
USA-Lkw mit Gitteraufbau
Farben: siehe 10-USL-1

60,– DM

10-USL-4 / 44p
1960
USA-Lkw mit Pritsche
Farben: siehe 10-USL-1

60,– DM

10-USL-5 / 49
1960–62
USA-Lkw Tieflade-Sattelschlepper (ohne Ladegut)
Farben:
a. Zugmaschinen: himmelblau/silber, feuerrot/
silber
b. Auflieger: dunkelgraublau

60,– DM

10-USL-6 / 52a
1960–62
USA-Lkw Sattelzug
Auflieger ohne hinteren Radlauf. Wenn, dann in
Fahrerhausfarbe.
Drei Modell-Varianten:
1. Aufkleber: „INTERCITY"
2. Aufkleber: Fisch-Symbol mit Wellen
3. Aufkleber: Milchflaschen-Symbol
Farben:
a. Zugmaschinen: hellgrau/silber, himmelblau/
   silber, feuerrot/silber
b. Auflieger: reinweiß, hellgrau, himmelblau

1. 120,– DM
2. 110,– DM
3. 120,– DM

10-USL-7 / 52s
1960
USA-Zugmaschine
Modell ohne Zughaken.
Farben: himmelblau/silber, feuerrot/silber, hellgrau/silber

28,– DM

10-USL-8 / 52a
1963
USA-Zugmaschine
Modell mit Zughaken.
Farben:himmelblau/silber, feuerrot/silber

70,– DM

10-USL-9 / 507
1976
(neue) **USA-Zugmaschine**
Stilisierte USA-Zugmaschine (modifiziertes MAN-
Modell)
Farben: reinweiß/grünbeige, graubeige/grünbeige,
weißblau/weißblau*

12,– DM
* 18,– DM

10-USL-10 / 520
1976
USA Container-Sattelzug
Aufdruck: „United States
Lines"
Farben:
a. Zugmaschine: azurblau/.,
   weißblau/azurblau
b. Auflieger: azurblau
c. Container: reinweiß

30,– DM

10-USL-11 / 527
1976–84
USA Container Sattelzug
Aufdruck: „SEA LAND" (geprägt)
Farben:
a. Zugmaschinen:
   reinweiß/grünbeige,
   azurblau/azurblau,
   weißblau/weißblau*
b. Auflieger: grünbeige
c. Container: reinweiß

20,– DM
* 28,– DM

10-IHCL-1 / 44n
1966–68
IHC-Lkw mit Doppelaufbau
Modell mit Doppelaufbau von 10-USL-2, gesichert
mit Drahtbügel.
Farben: hellgrau/hellgrau–himmelblau/silber,
himmelblau/himmelblau–hellgrau/silber

50,– DM

10-IHCL-2 / 63n/631
1968–82
IHC-Abschleppwagen
Anfangs ohne, in der Regel mit Gelblicht.
Farben: hellgraubeige/feuerrot, hellelfenbein/
feuerrot, feuerrot/hellelfenbein – Kranteil: silber

15,– DM

10-IHCL-3 / 50/502
1970–74
IHC Tieflade-Sattelschlepper
Modell mit abnehmbarem hinteren Radsatz und
abnehmbarer Rampe. Stets mit Gelblicht.
Farben: feuerrot/./. Platte auf Auflieger:
silber, azurblau/./. Platte auf Auflieger:
silber, azurblau/ lichtgrau/azurblau Platte auf Auflieger: silber

35,– DM

10-IHCL-4 / 52h/525
1969–74
IHC Container-Sattelzug
Modell beladen mit 20 ft Container. Drei Modell-
Varianten:
1. Ohne Aufkleber. Aufkleber gesondert beigelegt.
2. Aufkleber: „IWT" (auch Aufdruck)
3. Aufdruck: „Messageries Maritimes"
Farben:
a. Zugmaschinen:
azurblau (mit und ohne Dachlüfter)/lichtgrau,
lichtgrau/betongrau, lichtgrau/himmelblau,
hellgraubeige/feuerrot
b. Auflieger:
betongrau, mausgrau, himmelblau
c. Container:
grauweiß, lichtgrau, hellgrau

1. 25,– DM
2. 25,– DM
3. 30,– DM

10-IHCL-5 / 677
1974
IHC Hinterkipper Sattelzug
Farben:
a. Zugmaschine: lichtgrau/feuerrot
b. Auflieger: azurblau/braunrot

95,– DM

IHC (International Loadstar)

Wiking

10-IHCL-6 / 526
1975–81
IHC Open Top Container-Sattelzug
Modell in vier Varianten:
1. Aufkleber: „CSI"
2. Aufkleber: „Hapag Lloyd"
3. Aufdruck: „Transcontainer"
4. Aufdruck: „Trans-Europa" (zumeist rot, auch grün)
Farben:
a. Zugmaschinen:
lichtgrau/azurblau, azurblau/lichtgrau, reinweiß/
dunkelgrau, hellgraubeige/dunkelpatinagrün,
dunkelpatinagrün/hellgraubeige
b. Auflieger:
mausgrau ●, anthrazitgrau ●
c. Container:
hellgraubeige/Dach: graubeige, graubeige,
reinorange/dunkelpatinagrün, chromgelb/patinagrün

1. 20,– DM
2. 18,– DM
3. 12,– DM
4. 10,– DM

10-IHCL-7 / 50/806
1975–76
IHC ESSO-Tankzug
Aufdruck: „ESSO"-Zeichen und Streifen
Farben: reinweiß/./mausgrau

28,– DM

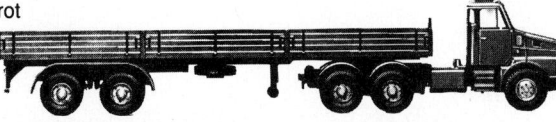

VOLVO

10-VoL-1 / 519
1977–79
Volvo N 10 Pritschen-Sattelzug
Aufliegerstützen mit Rollen oder Stempeln.
Farben: dunkelpatinagrün/./braunrot

25,– DM

10-VoL-2 / 462
1978–79
Volvo N 10 Lastzug
Farben: blaugrau/./oxidrot – Planen: oxidrot

25,– DM

VOLVO

10-VoL-3 / 18461
1985–
Volvo Abschleppwagen
Modell mit integriertem Gelblicht
Farben: kadmiumgelb/./schwarz

H

WHITE

10-WL-1 / T17
1949–51
White Sattelzug, mit festen Achsen
Modell-Varianten:
1. Abziehbild: „Seefische"
2. Abziehbild: „WIKING Ferntransporte"
3. Abziehbild: „Kühlwagen"
4. Abziehbild: „Eilverkehr Berlin-Buer"
5. Papieraufkleber: „Seefische"
6. Papieraufkleber: „WIKING Ferntransporte"
Farben:
a. Zugmaschinen: zinkgelb, olivgrün, himmelblau,
   dunkelminzgrün
b. Auflieger: reinweiß, blaßrot, hellminzgrün,
   korallenrot (auch spritzlackiert)

1. 110,– DM
2. 100,– DM
3. 100,– DM
4. 280,– DM
5. 80,– DM
6. 75,– DM

10-WL-2 / T49
1952–53
White Tieflade-Sattelschlepper, mit festen
Achsen
Farben:
a. Zugmaschinen: himmelblau
b. Auflieger: ultramarinblau, sowie alle Farben (Zugmaschine und Auflieger) von 10-WL-1

45,– DM

10-WL-3 / T52/52
1952–53/53–58
White Sattelzug, unverglast
Modell-Varianten:
1. Papieraufkleber: „WIKING Ferntransporte"
2. Papieraufkleber: „Seefische"
3. Papieraufkleber: „Kühlwagen"
4. Papieraufkleber: „Intercity"
Farben:
a. Zugmaschinen: zumeist himmelblau oder
   blaßbraun
b. Auflieger: himmelblau, reinweiß, cremeweiß,
   lichtblau

1. 60,– DM
2. 65,– DM
3. 60,– DM
4. 75,– DM

WHITE

10-WL-4 / T49/49
1953–58
White Tieflade-Sattelzug, unverglast
Anfangs ohne, dann mit
Zugwinde auf dem Auflieger.
Farben:
a. Zugmaschinen:
 ultramarinblau, lichtgrau,
 mausgrau, blaßbraun, himmelblau
b. Auflieger: ultramarinblau, betongrau, blaugrau

35,– DM

10-WL-5 / T63
1954–58
White Abschleppwagen, unverglast
Modell stets mit starrem Draht-Abschlepphaken.
Farben: anthrazitgrau, blaßbraun, ultramarinblau,
hellgrau ●, lichtgrau, eisengrau, himmelblau

20,– DM

10-WL-6 / T52w
1955–58
White Zugmaschine, unverglast
Farben: blaßbraun, himmelblau, mausgrau ●,
eisengrau, lichtgrau

15,– DM

10-WL-7 / T80/80
1956–58
White Tankzug Shell, unverglast
Auflieger mit geprägtem „Shell"-Schriftzug (rot).
Sattelplatte anfangs in der Form der Zugmaschine,
später separates, silbernes Formteil.
Farben: feuerrot/kadmiumgelb/
dunkelgrau,
feuerrot/zinkgelb/dunkelgrau

42,– DM

10-WL-8 / 53
1957–58
White Zementtransport-Sattelzug, unverglast
Farben: himmelblau (einfarbig) – Silos
lichtgrau oder grünbeige,
resedagrün (einfarbig) – Silos grün-beige*

40,– DM
* 75,– DM

10-WL-9 / 58
1957–60
White Pkw-Transporter, unverglast
Auch mit separater Sattelplatte (vgl. 10-WL-7).
Farben:
a. Zugmaschine: zumeist
 blaßbraun oder
 himmelblau
b. Auflieger: zumeist
hellgraubeige.

38,– DM

10-AHL-1 / T5/T39
1948–51
Lkw-Anhänger, mit festen Achsen
Modell besteht, abgesehen von Rädern und Achsen, aus einem Formteil. Deichsel Bestandteil der Form. Teilweise mit Drahtzughaken (nach oben oder nach unten gebogen).
Zwei Grundvarianten:
1. mit Nachbildung einer Holzpritsche
2. mit glatten Pritschenwänden
Farben: graumeliert, azurblau, graublau, schwarz, blaßrot, lichtblau, dunkelblau (andere Farben möglich)

25,– DM

10-AHL-2 / TK5/T40
1952–53
Lkw-Anhänger kippbar, mit festen Achsen
Modell aus zwei Formteilen: Kipp-Pritsche und Fahrgestell (mit kurzem Radstand). Deichsel Bestandteil des Fahrgestells. Zughaken Bestandteil der Pritsche (nach unten gerichtet), auch ohne Zughaken.
Farben (PR/CH): schwarz/lichtblau, grau/., graublau/schwarz, graublau/grau (andere Farben möglich).

26,– DM

10-AHL-3 / T40/40
1953–71
Lkw-Anhänger
Erstes Modell mit Drehgestell.
Modell-Varianten des bis 1971 gelieferten Modells:
1. Modell mit starrer Deichsel, Pritsche nur mit senkrechten Streben. Zughaken (nur nach unten gerichtet) ist Teil der Pritschenform. Mit Nummernschild, keine Rückleuchten.
2. wie (1.), jedoch mit beweglicher Draht-Deichsel, Haken nach oben (1956)
3. neue Pritschenform mit senkrechten Streben und waagerechter Bretter-Nachbildung, mit Nummernschild und Rücklichtern. Zughaken am Chassis in Schlitz angeklebtes silbernes Formteil
4. (wie (3.), jedoch mit am Chassis angeklebtem Zughaken, Draht-Deichsel, später Kunststoff-Deichsel.
5. wie (4.), jedoch mit im Chassis integriertem Zughaken, Kunststoff-Deichsel.
6. wie (5.), jedoch mit silberner Pritschen-Einlage.
Farben: Fast alle Wiking-Farbkombinationen möglich, zum Teil an den Lkw-Farben orientiert.

bis 24,– DM

10-AHL-4 / T53/T54a/54a
1954–65
Anhänger mit Türen
Modell-Varianten des bis 1964 gelieferten Modells:
1. mit altem (hohem) Koffer, mit starrer Deichsel, Zughaken ist Bestandteil des Kastenaufbaus.
2. mit neuem (flacherem) Koffer, Kastendach ist Bestandteil der Form, sonst wie (1.).

1. 30,– DM
2. 25,– DM

3. wie (2.), jedoch mit beweglicher Drahtdeichsel
4. neue Kastenform. Kastendach separates
Formteil, mit Nummernschild und Rückleuchten
5. neue Chassisform, mit verlängerten
Rückleuchten und Positionslampen, sonst wie (4.).
Farben: stets orientiert an den entsprechenden
Kastenaufbauten der Motorwagen.
→ siehe auch Post

3.–5.
22,– DM

10-AHL-5 / T39/39
1954–62
Langholz-Wagen (Anhänger)
Modell-Varianten (ohne Ladung, stets ohne
Kotflügel):
1. mit starrer Deichsel, Einfachbereifung
2. mit beweglicher Draht-Deichsel,
Zwillingsbereifung
3. wie (2.), jedoch *mit* Ladung (Rundholz)
Farben: grau, graublau, hellgraubeige

1. 18,– DM
2. und 3.
15,– DM

10-AHL-6 / T50/48a
1955–79
Dreiachs-Anhänger
Modell (bis 1968) immer mit Plane.
Plane: 1. offen, 2. geschlossen, 3. geraffte Plane
Modell-Varianten:
1. mit starrer Deichsel, ohne Rücklichter
2. mit beweglicher Draht-Deichsel, anfangs ohne,
später mit Rücklichtern
3. mit beweglicher Plastik-Deichsel, sonst wie (2.)
Farben (Pr/Ch): mausgrau/anthrazit, himmelblau/
reinorange, himmelblau/feuerrot, elfenbein/
blutorange, lindgrün/feuerrot, elfenbein ●/feuerrot,
lichtgrau/feuerrot, hellgraubeige/feuerrot

1. 28,– DM
2. und 3.
22,– DM

10-AHL-7 / T51/48g
1955–68
Thermos-Anhänger
Modell-Varianten des bis 1968 verfügbaren Modells:
1. mit starrer Deichsel, ohne Rücklichter, Aufdruck:
Ackermann-Anhänger
2. mit beweglicher Draht-Deichsel, ohne
Rücklichter, Aufdruck: „Thermos-Anhänger"
3. neu gestaltete Heckpartie mit Nummernschild und
Rückleuchten, mit beweglicher Plastik-Deichsel, sonst wie (2.)
Farben (Ka/Chl): mausgrau/anthrazit, himmelblau/
reinorange, himmelblau/feuerrot ●, elfenbein/
blutorange, creme/blutorange, lindgrün/feuerrot,
lichtgrau/feuerrot.
Aufdrucke: weiß, rot, blau.

1. 38,– DM
2. und 3.
35,– DM

10-AHL-8/9 / 50a
1958–67
Möbelwagen-Anhänger
Zwei Grundvarianten:
1. Nummernschild in der Mitte des Hecks,
punktförmige Türgriffe, geschlossene Achsführung,
große Räder

1. 35,– DM

2. Nummernschild am linken Rücklicht, langer Türgriff, offene Achsführung, kleine Räder. Farben und Aufdrucke bzw. Aufkleber siehe 10-MBL-8

2. 40,– DM

10-AHL-10 / 43a
1962–65
Lkw-Anhänger mit Kohle-Ladung
Wie Modell 10-AH-3, Varianten (4.) und (5.), mit herausnehmbarer Kohle-Ladung.
Farben: himmelblau/., himmelblau/silber, dunkelresedagrün/feuerrot, dunkelresedagrün/ silber (andere Farbvarianten möglich).

30,– DM

10-AHL-11 / 39a/391
1963–79
Langholz-Anhänger, mit Ladung
Nachfolger von 10-AH-6. Neue Formteile. Stets mit Radläufen und mit Plastik-Deichsel. Sicherung der Ladung durch Drahtbügel oder durch Gummibänder. Rundholz-Ladung, auch mit Kantholz-Ladung.
Farben: Rungen und Chassis: silber, anthrazitgrau, hellbeige
Radläufe: azurblau, ozeanblau, taubenblau, braunrot
•, kieferngrün •

10,– DM

10-AHL-12 / 40g/402
1963–65
Großer Lkw-Anhänger
Pritsche identisch mit der Pritsche des Krupp-Titan-Lkw. Reserverad an der Pritschenfront angeklebt.
Chassis-Farben: zwischen blutorange und feuerrot
Farben: himmelblau, hellgraubeige, beige, elfenbein, lindgrün

15,– DM

10-AHL-13 / 49a
1963–65
Kleiner Schwergut-Anhänger
Farben: silber/Platte: blaugrau

48,– DM

10-AHL-14 / 40g/402
1966–79
Großer Lkw-Anhänger
Nachfolger von 10-AH-12, jedoch mit neuer Pritsche (1. von Henschel HS 16, 2. von Mercedes LP 1620). Anfangs ohne, später mit Plane.
Reserverad anfangs an der Pritschenfront, später am Chassis festgeklebt. Verschiedene Reifengrößen.
Farben: lindgrün, hellgraubeige, azurblau, dunkelpatinagrün, kieferngrün, kobaltblau
Chassis: feuerrot, braunrot – Plane: reinorange •
Radläufe: feuerrot, braunrot, mausgrau, schwarz

10,– DM

10-AHL-15 / 67m
1966–70
Muldenkipp-Anhänger
Mulde nach rechts kippbar.
Farben: Mulde und Bodenplatte: melonengelb/Ch : braunrot

45,– DM

10-AHL-16 / 40d/401
1969–79
Dreiachs-Anhänger
Anfangs mit Einfach-,
später mit Doppelbereifung. Immer mit Plane
(verschiedenfarbig).
Farben: graublau, taubenblau, azurblau,
hellgraublau, lichtgrau, cremeweiß, grauweiß,
kieferngrün, graubeige, braunbeige
Planen: hellgraubeige ●, graubeige, lichtgrau ●,
kieferngrün ●, rotbraun
Chassis: braunrot ● bis oxidrot ●

12,– DM

10-AHL-17 / 403
1979–80
Lkw-Anhänger
Modell passend zu WM Nr. 422 (MAN-Lkw).
Vgl. 10-AH-14
Farben: feuerrot/CH: enzianblau/Plane: graubeige

8,– DM

Anmerkung:
Modelle WM Nr. 384/1976 und 3079/1983 siehe
Landwirtschaftliche Anhänger.

LANDWIRTSCHAFTLICHE ANHÄNGER

10-LA-1 / 38a/381
1958–83
Anhänger für Schlepper
Modell mit einfacher und verstärkter Deichsel, ohne
und mit Bodengravur
Farben: hellgraubeige/resedagrün, hellbeige/
dunkelgrün, graubeige/dunkelgrün, dunkelgrün/
graubeige, gelboliv/braunrot, braunrot/gelboliv,
rotbraun/.

11,– DM

10-LA-2 / 384/12384
1976–87
Zweiachs-Anhänger für MB-Trac
Altes Zweiachs-Anhänger-Chassis, mit
Doppelaufbau (von 44d/1960), mit Haltebügel
Farben: hellgraubraun/patinagrün kombiniert,
Chassis braunrot

H

10-LA-3 / 3079/12879
1983–
Anhänger f. Lanz Bulldog
Modell mit herausnehmbarem Ladegut
Farben: dunkelpatinagrün/braunrot

H

10-PF-1 / T18/T66
1948–56
Pferdewagen, mit festen Achsen
Modell bis 1957 (!) mit festen Achsen im Programm.
Alle Anhänger-Versionen aus einem Formteil (mit
festen Achsen) sind bei diesem Modell möglich,
(vgl. 10-AH-1/2).
Verschiedene Formen der Deichsel, zwei Pferde-
Typen, zwei Fahrerfiguren bekannt.
Mit nach unten gerichtetem Drahtzughaken, mit
integriertem Zughaken, ohne Haken (wieder
entfernt).
Farben:
Pferde: braun, schwarz, weiß
Wagen: grau, graublau, blau, rot, weiß, grün,
schwarz, blaugrün, ultramarinblau, lichtgrau

35,– DM

10-PF-2 / 66/57p/389
1957–77
Pferdewagen
Pritsche vgl. Milchwagen auf
verschiedenen Fahrgestellen.
Anfangs eigenes Chassis, dann verschiedene
Anhänger-Chassis.
Anfangs ohne, ab 1962 mit 10 Milchkannen beladen,
verschiedene Formen der Deichsel.
Farben:
Pferde: braun ●, beigebraun
Pritsche: graugrün, himmelblau, resedagrün ●
Chassis: hellbeige, hellgrau, braunrot

18,– DM

10-BU-1 / T7 / T70
1948–52
Autobus, mit festen Achsen
Drei Grundversionen lassen sich unterscheiden:
1. Modell mit durchbrochenen Scheiben, ohne
Verglasung, ohne Gepäckbrücke. Zumeist durch
Schablonieren farblich abgesetzte Teile.
2. Scheiben nicht durchbrochen, ohne
Gepäckbrücke, einfache Achshalterung.
3. Scheiben nicht durchbrochen, mit angedeuteter
Gepäckbrücke (Bestandteil der Form).
Farben:
1. grau (meliert), Schablonierung zumeist blau,
   auch ocker bekannt.
2. purpurrot, blaßrot, blaugrau, grau-meliert
3. zinkgelb, mittelblau
Modell wurde auch spritzlackiert geliefert.

1. 1800,– DM
2. 650,– DM
3. 450,– DM

10-BU-2 / T50/72/720
1951–78
Büssing Trambus
Modell mit Laufachsen und abnehmbarem
Klarsichtteil (Dach).
Anfangs „Büssing"-Schriftzug Bestandteil der Form,
später gesondertes Teil für Werbezwecke. Danach
nur ohne Büssing-Schriftzug.
Modell-Varianten:
1. Mit eckigen Fenstern, glattes Dach, Büssing-
Schriftzug in fetten Buchstaben, erste Bodenplatte,
Räder auch in weiß, Scheinwerfer nach außen
gewölbt, ohne Rücklichter
2. wie (1.), jedoch mit abgerundeten Fenstern
3. wie (2.), jedoch mit „Büssing"-Schriftzug in
mageren Buchstaben, Scheinwerfer nach
innen gewölbt, mit Rücklichtern
4. wie (3.), jedoch ohne „Büssing"-Schriftzug, mit
neuer Bodenplatte (feiner detailliert)
5. wie (4.), jedoch mit Fahrerfigur
6. wie (5.), jedoch mit mattierter Dachpartie
(Rechteck) und vier Dachlüftern
7. wie (6.), jedoch mit neuer (72, Wiking Germany)
Bodenplatte
Farben (in der Reihenfolge des Erscheinens):
blutorange, smaragdgrün, blaßrot, himmelblau ●,
feuerrot, karminrot, kadmiumgelb ●, sandgelb.
Anfangs mit bemaltem Grill und Zierlinien (silber).

1. 90,– DM
2. 110,– DM
3. 75,– DM
4. 35,– DM
5. 35,– DM
6. und 7.
   22,– DM

10-BU-3 / T70/70 T71/71
1953–60
Mercedes-Benz Pullman Bus, unverglast
Modell immer mit silbern gespritzten Fenstern.
Modell-Varianten:
1. ohne Zughaken, einfache Bodenplatte mit
kreuzförmiger Gravur zwischen den Achsen, ohne
Rücklichter.
Farben: blutorange, lichtblau, lichtgrün, himmelblau,
azurblau, feuerrot, oxidrot, türkisblau*

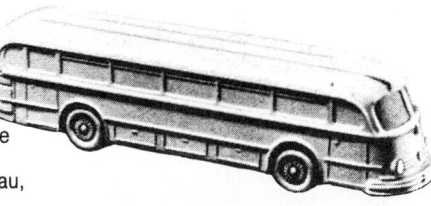

1. 65,– DM

2. wie (1.), jedoch in Postausführung (mit
aufgedruckten Posthörnern) (1955) (RA)
Farbe: zinkgelb
3. mit Zughaken, anfangs kleiner Zughaken, dann
vergrößert. Ab 1958 mit Gepäckbrücke
(gesondertes Teil). Bodenplatte strukturiert.
Farben: himmelblau, weinrot, purpurrot
4. wie (3.), jedoch in Postausführung (mit
aufgedruckten Posthörnern)
Farbe: kadmiumgelb

2. 75,– DM
* 85,– DM

3. 55,– DM
4. 48,– DM

10-BU-4 / 70a/71a
1956–60
Anhänger zum Mercedes-Benz-Bus, unverglast
Modell immer mit silbern gespritzten Fenstern.
Modell-Varianten:
1. Anhänger zum Pullman-Bus
Farben: himmelblau, weinrot, purpurrot
2. Anhänger zum Postbus, mit aufgedruckten
Posthörnern.
Farben: kadmiumgelb ●

1. 35,– DM
2. 30,– DM

10-BU-5 / T73/73
1956–67
Setra Reisebus
Modell mit in der Regel schablonierten
Seitenflächen (silber). Dachteil abnehmbar.
Modell-Varianten:
1. ohne Fahrerfigur, geschlossene Achsführung,
auch ohne Schablonierung bekannt. Dach nicht
gesilbert
2. wie (1.), jedoch mit Fahrerfigur, schabloniert.
3. wie (2.), jedoch Dach gesilbert
4. wie (3.), jedoch Dach mattiert (Rechteck)
5. wie (4.), jedoch offene Achshalterung
6. wie (5.), jedoch zusätzliche Gravur der
Bodenplatte (73, Germany).
Farben: hell-lichtblau, himmelblau, blau-metallic,
blaßbraun-metallic, blaßrot, feuerrot, türkisblau*
Grill immer, Stoßstangen nur anfangs silbern bemalt.

1. 90,– DM
2. 85,– DM
3, 4, 5:
80,– DM
6. 70,– DM
* 120,– DM

10-BU-6 / 72d/722
1959–77
Büssing Doppeldeck-Bus
Zwei Grund-Varianten lassen sich unterscheiden:
1. Modell mit seitlich offener, hinterer Plattform, mit
Treppe zum Oberdeck.
2. Modell mit Doppelfalttür hinten. Ohne Treppe zum
Oberdeck (ab 1972).
Farben: beige ●, hellbeige ●
Beschriftung durch Abziehbilder:
a. „WM Flugzeug-Modelle"
b. „Wimo-Sip"
c. „Jeden Tag Milch"
Linien:
– 1 Moabit
– 2 Lankwitz

1. 65,– DM
2. 35,– DM

−19 Flughafen
−48 Zehlendorf
−69 Brandenburger Tor
− K Kongresshalle
−S2 Bhf. Zoo
1−69 schwarze Schrift, K rot auf weiß, S2 weiß auf
rot.

10-BU-7 / 70/71
1961−68
Mercedes-Benz Pullman Bus
Verglaste Version von 10-BU-3.
Modell mit überarbeiteter Bodenplatte (offene
Achshalterungen). Sitzgruppe vom Büssing
Trambus (10-BU-2).
Dach anfangs ohne, später mit zylinderförmiger
Erhebung und Querstreben. Anfangs mit alter,
später mit neuer Gepäckbrücke (mit Laufbohle in der
Mitte) ausgestattet.
Modell-Varianten:
1. Mercedes Pullman Bus
Farben: elfenbein*, rubinrot
Als Bahnbus mit gelbem Aufdruck Deutsche
Bundesbahn (braunrot).
2. Mercedes Postbus
kadmiumgelb ●, mit aufgedruckten Posthörnern.

1. 65,– DM
2. 50,– DM
* 80,– DM

10-BU-8 / 72s
1965−70
Büssing Trambus Senator
Immer mit Fahrer. Modell mit abnehmbarem
Dachteil.
Farben: hellbeige (einfarbig), Dach: hellbeige ●
Unterteil: karminrot.

70,– DM

10-BU-9 / 70n/71n/710
1967−83
Mercedes-Benz O 302
Modell anfangs ohne, später mit drei Streifen hinter
dem mittleren Dachfenster, erst glattes, dann
mattiertes Rechteck auf dem Dach.
Drei Modell-Varianten lassen sich unterscheiden:
1. Reisebus
Farben: feuerrot, hellbeige *
2. Bahnbus:
Modell mit DB-Aufkleber (Papier), mit gelbem
Aufdruck: „Deutsche Bundesbahn", ohne Aufdruck.
Farben: braunrot, weinrot, oxidrot
3. Postbus
Modell mit altem Posthorn, neuem Posthorn
(in korrekter und verdruckter Version).

1. 20,– DM
2. 22,– DM
3. 15,– DM
* 40,– DM

10-BU-10 / 721
1976–78
Büssing Trambus Senator
Wiederauflage von 10-BU-8 mit neuer vorderer
Achshalterung (kein gesondertes Formteil mehr)
Ohne Fahrer.
Farben: Dach: hellbeige, Unterteil: braunrot

22,– DM

10-BU-11 / 700
1976–86
Mercedes-Benz O 305 Stadtbus
Dachlüfter anfangs ohne, später mit Umrandung
graviert.
Farben: hellbeige ●
Linien: (Zahlen oder Leerfläche rechts oder links)
– 2 Flughafen
–   Flughafen
– 4 Bahnhof
– 5 Zoo
– 6 Rathaus
– 8 Stadion
Modell ab 1982 mit aufgedruckter „Allianz-Werbung"
(weiß auf blau).

bis 12,– DM

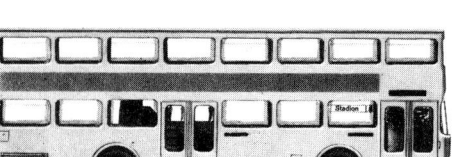

10-BU-12 / 730/24730
1978–
MAN SD 200 Doppeldeck-Bus
Aufdrucke:
1. „BVG ... zum Nutzen aller!"
2. „MAN – Die wirtschaftliche Kraft"
3. „CHLORODONT m"
4. „IDEAL Lebensversicherung AG" (ohne zusätzliche
Bedruckungen)
5. „Novapax"
Farben: hellbeige
6. „Berlin Information" (Haft-Etiketten für zwei Versionen)
Farben: hellgelborange

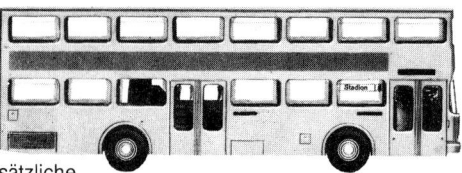

1. 12,– DM
2. 15,– DM
3. und 4. H
5. H
6. H

10-BU-13 / 3730
1981–86
Mercedes-Benz D 38 Doppeldeck-Bus
Modell-Varianten:
1. Mit zwei Zierlinien unter oberer Fensterreihe,
„BVG"-Zeichen schwarz, „Persil"-Reklame
(Folienaufkleber) beigepackt.
2. mit neuen dünnen Zierlinien, sonst wie (1.)
3. ohne Zierlinien, Abziehbildsätze beigepackt:
a. „ATA"-Reklame, „BVG"-Zeichen auf
Abziehbildbogen.
b. „Continental"-Reklame, „BVG"-Zeichen auf
Abziehbildbogen.

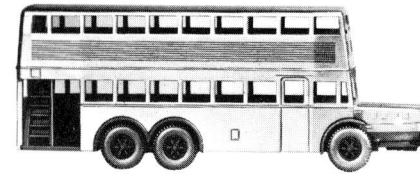

1. 15,– DM
2. 15,– DM
3. 12,– DM

10-BU-14 / 701
1981
Mercedes-Benz O 305 mit Werbung
Modell wie 10-BU-11, jedoch bedruckt mit
Mercedes-Stern und Schriftzug „Mercedes-Benz",
„Allianz-Versicherung" (schwarz).
Farben: grauweiß, gelborange, hellelfenbein mit
Aufdruck: „Vollmer"
Linien siehe 10-BU-11.

15,– DM

10-BU-15 / 705/24705
1982–
Mercedes-Benz O 305 Gelenkbus
Modell mit beigepackten Abziehbildsätzen:
a. „AEG Lavamat"
b. „Sparkasse"
Farben: hellbeige,
braunrot
Sonderserie nur
für die Schweiz:
a. „Zürcher Stadtwerke"
Farbe: himmelblau, Aufdruck: weiß
b. „Schweizer Post", Farbe: kadmiumgelb, Aufdruck:
schwarz
c. „Basel", Farbe: minzgrün, Aufdruck: weiß/gelb/
schwarz

a. 12,– DM
b. 15,– DM

a. (CH)
15,– DM
b. (CH)
16,– DM
c. (CH)
16,– DM

10-BU-16 / 8203
1983
Mercedes-Benz O 305 G mit Werbung
Modell mit Linienschildern (Papier) sowie
Werbeaufdrucken (schwarz auf weißem Grund)
a. „Eberspächer-Leise Wärme im Omnibus"
b. „Eberspächer-Autoheizungen"
Farben: pastellorange
c. „Württembergische Versicherungen" (Folienaufkleber)
Farben: dunkellichtgrün, pastellorange
d. „Leonberger Bausparkasse" (Folienaufkleber)
Farben: ca. himmelblau, pastellorange

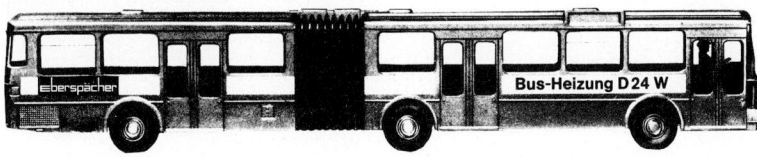

a. und b.
15,– DM
c. und d.
15,– DM

10-BU-17 / 712/24712
1984–
Mercedes-Benz Reisebus
O 303 RHD
Modell und Zierstreifen bedruckt
Farben: 1. silber/eisengrau, Aufdruck: blau/orange, 2. perlweiß/
mahagonibraun, Aufdruck:
orange/braun, 3. silber/stahlblau,
Aufdruck: blau/orange
4. 1986: Modell mit Aufdruck „Tae-
ter Aachen", Farben: reinweiß/
anthrazitgrau
5. 1987: Modell mit Aufdruck: „Kel-
der Reisen"
Farben: hellbeige/feuerrot

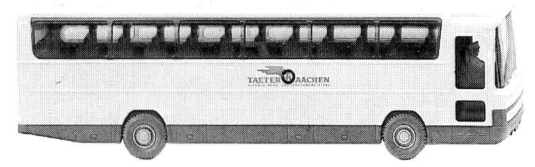

H

10-BU-18 / 20700
1986–
Mercedes-Benz O 305 Stadt-
bus
Farben: hellbeige ●
1. Mit Beschriftungsbogen „AEG
Lavamat, Favorit"
2. 1987: Modell in reinweiß mit
Aufdruck: „Verkehrsgesellschaft
Kreis Unna Stadt Kamen"

H

10-BU-19 / 22702
1987–
Mercedes-Benz O 405 Stadt-
bus
Farbe: hellbeige

H

10-SB-1 / T8
1948–51
Straßenbahn, mit festen Achsen
Modell mit eingeschweißtem geraden Draht als Pantograph.
Farben: blaßrot, zinkgelb, graumeliert (auch spritzlackiert).

65,– DM

10-SB-2 / T8/T68
1951
Straßenbahn, unverglast
Modell mit Laufachsen (geschlossene Achsführung), ohne Zughaken bzw. Kupplung.
Modell mit eingeschweißtem geraden Draht als Pantograph.
Farben: beige (auch spritzlackiert) ●

10-SB-3 / T68/68
1952–59

35,– DM

Straßenbahn, unverglast
Modell wie 10-SB-2, jedoch mit neuem, beweglichem, gebogenem Draht-Pantographen in silberner Halteplatte.
Mit Zughaken und Kupplung. Zwei Pantographen-Versionen.
Farben: dunkelperlweiß, hellelfenbein, gelbbeige ●.
Bekannt auch mit farblich abgesetzten Seitenteilen und Dächern.

10-SB-4 / T69/69
1953–55
Straßenbahn-Anhänger, unverglast
Modell wie 10-SB-3, jedoch ohne Pantograph und Halteplatte.
Farben: siehe 10-SB-3

28,– DM

10-SB-5 / 69
1956–57
Straßenbahn, unverglast
Neues Straßenbahn-Modell nach Hamburger Vorbild. Modell mit silbern gespritzten Fenstern. Stangen-Pantograph beweglich. Mit Drahtkupplung.
Farben: blaßrot, himmelblau, minzgrün , Dächer: hellelfenbein, lichtgrau

30,– DM

10-SB-6 / 69a
1956–57
Straßenbahn-Anhänger, unverglast
Wie 10-SB-5, jedoch mit glattem Dach.
Farben: siehe 10-SB-5

24,– DM

STRASSENBAHNEN

10-SB-7 / 69/740
1958–82
Straßenbahn
Verglaste Version von 10-SB-5. Auch mit Reklame-
Abziehbildern („Wimo-Sip") bekannt. Mit
Drahtkupplung, später mit Zughaken
und Kurzdeichsel.
Farben: karminrot/Dach: silber,
perlweiß/Dach: silber, himmelblau/
Dach: silber, hellelfenbein/
Dach: gelbgrau, kadmiumgelb/Dach: gelbgrau, lindgrün/Dach: silber

25,– DM

10–SB-8 / 69a/741
1958–82
Straßenbahn-Anhänger
Versionen und Farben siehe 10-SB-7

23,– DM

10-SB-9 / 750
1982–
Straßenbahn-Triebwagen, Veteran
Verglaste Neuauflage von 10-SB-3. Pantograph und
Halteplatte aus Weichplastik (schwarz). „Persil-
Abziehbildsatz beigegeben.
Farbe: hellbeige

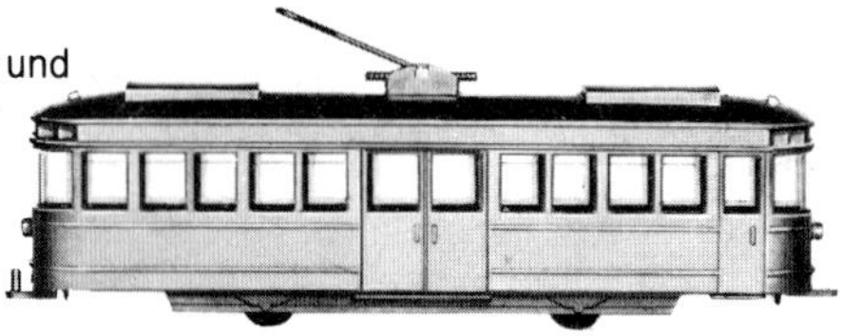

H

10-SB-10 / 749
1983–
Straßenbahn-Anhänger, Veteran
Modell wie 10-SB-9, jedoch ohne Pantograph und
Halteplatte. Ausgestattet mit zwei Dachlüftern aus
Weichplastik (schwarz).
Farben: siehe 10-SB-9

H

POST-FAHRZEUGE

Anmerkung:
Bei allen Post-Fahrzeugen von Wiking ist eine spezielle
Schweizer Ausführung möglich. Die PTT-Fahrzeuge
wurden in den ersten Jahren durch Papieraufkleber (mit
Wappen und PTT), später durch Abziehbilder kenntlich
gemacht. Modelle, die in Deutschland nicht der „Wiking-
Post" zugeordnet waren (z. B. Autobus T 7, Mercedes
207 D), sind darüber hinaus als Schweizer Postfahr-
zeuge bekannt.

10-Post-1 / T 31
1950–53
Post-Lkw, mit festen Achsen
Bodengruppe nur mit Schlitz hinter der Hinterachse. Mit

Aufdruck (Stempeldruck, dann Siebdruck) Posthorn und
„Deutsche Post".
Zwei Grundversionen:
(a) Post-Lkw Fiat
Häufigeres Modell. Mit altem hohem Kasten (flaches Dach)
Farben: postgelb, postgelb mit grauem Kastendach
(b) Post-Lkw Dodge
Zumeist mit neuem hohem Kasten (vorn überstehendes Dach)
Farbe: postgelb ●

a) 170,– DM
b) 220,– DM

10-Post-2 / T 55/55
1954–58
Postwagen, unverglast
Vier (fünf) Grundversionen lassen sich in der
Produktionszeit dieses Modelles (1954–59)
unterscheiden.
(a) Postwagen Ford 3,5 to
1. ohne Bodenplatte unter dem Fahrerhaus, alter
   Kasten (vgl. 10-Post-1 (b)) ohne Zughaken,
   Aufdruck Posthorn und „Deutsche Post"
2. mit Bodenplatte, neuer Kasten, Aufdruck: nur
   Posthorn (groß und klein)
(b) Postwagen Mercedes-Benz 3500
1. ohne Bodenplatte (vgl. 10-Post-2 (a)1.)
2. mit Bodenplatte (vgl. 10-Post-2 (a) 2.)
(c) Postwagen Magirus 3500
Mit neuem Kasten, Aufdruck: Posthorn (groß und klein)
(d) Postwagen Mercedes-Benz 5000 (offene Stoßstangen)
vgl. Postwagen Magirus 10-Post- 2 (c)
(e) Postwagen Büssing 4500
vgl. Postwagen Magirus 10-Post-2 (c)
[Die Nennung dieses Modelles erfolgt unter Vorbehalt.
Zwar findet sich in der Bildpreisliste 1958 eine
Abbildung, ob es im Handel erhältlich war, bleibt fraglich.]
Farben: postgelb ●, zinkgelb ●

(a)
1. 80,– DM
2. 55,– DM
(b)
1. 80,– DM
2. 50,– DM
(c) 60,– DM
(d) 60,– DM
(e) –

10-Post-3 / T 55a/55a
1955–70
Post-Anhänger
Vier Grundversionen sind während der Produktionszeit
dieses Modelles (1955- 1970) zu unterscheiden:
(a) Post Anhänger I
Modell mit starrer Deichsel und Zughaken, Aufdruck:
Posthorn
(b) Post-Anhänger II
Modell mit beweglicher Draht-Deichsel und Zughaken,
Aufdruck: Posthorn
(c) Post-Anhänger III
Mit beweglicher Drahtdeichsel, hellgraues Dach, kein
Zughaken, Aufdruck: Posthorn + „Deutsche Bundespost„
(d) Post-Anhänger IV
Mit Kunststoff-Deichsel, zusätzliche Positionslampen,
kein Zughaken, Aufdruck: Posthorn und „Deutsche
Bundespost", später: nur Posthorn (Papier- oder
Folienaufkleber, bzw. Aufdruck)
Farben: postgelb ●, zinkgelb ●

(a) 30,– DM

(b) 25,– DM
(c) 20,– DM
(d) 18,– DM

10-Post-4 / T 70/70
1955–60
Mercedes-Benz-Postbus, unverglast
→ siehe Busse (10-BU-3)

10-Post-5 / T 70a/70a
1956–60
Postbus-Anhänger, unverglast
→ siehe Busse (10-BU-4)

10-Post-6 / 55
1959–66
Postwagen
Vier Grundversionen lassen sich während der
Produktionszeit dieses Modelles (1959–ca. 67)
unterscheiden.
Aufdrucke: Versionen (a), (b), (c) Posthorn und
„Deutsche Bundespost"
(a) Büssing 4500
(b) Mercedes-Benz 5000 (offene Stoßstangen)
(c) Magirus 3500
Bekannt mit und ohne Dachlüfter (und Blinker), Kasten auch
mit zusätzlichen Positionslampen
(d) Mercedes-Benz 5000 (geschloss. Stoßstangen)
Bekannt ohne und mit Dachlüfter (und Blinker), Kasten
mit zusätzlichen Positionslampen.
Auch mit neuem Dach (vgl. 10-Post-13), dann
vornehmlich in Post-Packung.
Farbe: postgelb ●, Dach hellgrau ●
Aufdruck: Posthorn und „Deutsche Bundespost", später:
Posthorn als Folienaufkleber

(a) 120,– DM
(b) 140,– DM
(c) 120,– DM
(d) 90,– DM

10-Post-7 / 3p
1960–67
Post-VW, unverglast
VW-Limousine mit großem Heckfenster (vgl. 10-VW-7).
Zwei Varianten:
1. Bodenplatte (silber) mit einständigem Auspuff
2. Bodenplatte (schwarz) mit zweiständigem Auspuff
Farbe: postgelb ●
Posthorn aufgedruckt

1. 25,– DM
2. 15,– DM

10-Post-8 / 26p
1960–67
Mercedes-Benz-Postwagen
Mercedes-Kastenwagen (vgl. 10-MB-Li-1)
Farben: zinkgelb, postgelb ●
Aufdrucke: Posthorn (drei verschiedene Größen)
Chassis: silber, zuletzt schwarz

39,– DM

10-Post-9 / 71
1961–68
Mercedes-Benz-Postbus
→ siehe Busse (10-BU-7)

10-Post-10 / 7p
1963–69
Funkmeß-Wagen
Opel Caravan '58 mit Antenne. Ohne und mit
Verstärkungsstrebe auf dem Dach. Posthorn zumeist
aufgedruckt oder als Folienkleber.
Farbe: postgelb ●

38,– DM

10-Post-11 / 30p
1955–66
VW-Postwagen
VW-Lieferwagen mit kleinem Heckfenster (vgl. 10-VW-
Li-7), Posthorn aufgedruckt. Auch als VW-Bus/Post*
Farbe: postgelb

35,– DM
* 45,– DM

10-Post-12 / 30p
1967–74
VW-Postwagen
VW-Lieferwagen mit großem Heckfenster (vgl. 10-VW-
Li-13), Posthorn aufgedruckt oder als Folienaufkleber (2.).
Zwei Varianten:
1. ohne Dachkasten
2. mit Dachstreben und aufgesetztem Kasten (nur in
   Post-Packung)
Farbe: postgelb /Ch: schwarz

1. 44,– DM
2. 60,– DM

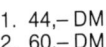

10-Post-13 / 55
1967–74
Post-Lkw
Mercedes-Benz-Kurzhauber mit neuem (feiner detail-
liertem) Kofferaufbau.
Drei Modell-Varianten:
1. mit glattem Fahrerhausdach, Standard-Fahrerhaus
   Mercedes-Benz Kurzhauber ohne Eckfenster
2. mit strukturiertem Dach; Blinker seitlich, mit und
   ohne Eckfenster
3. mit strukturiertem Fahrerhausdach, Stoßstange und
   Kotflügel Teile der Bodengruppe/vgl. WM Nr. 43k
   (nur in Postpackung)
Farbe: postgelb ●, Chassis schwarz
Posthorn aufgedruckt oder als Folienkleber

1. 38,– DM
2. 28,– DM
3. 45,– DM

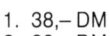

10-Post-14 / 71n/710
1967–83
Mercedes-Benz-Postbus O 302
→ siehe Busse (10-BU-9)

10-Post-15 / 3p
1968–69
Post-VW
VW-Limousine (vgl. 10-VW-8) mit Aufkleber Posthorn
(Papier, Folie).
Farbe: postgelb ●

29,– DM

10-Post-16 / 27p/277/12277
1968–
Mercedes-Benz L 406 Postwagen
Aufdrucke: Posthorn (alte und neue Variante) oder
Papier- u. Folienaufkleber. Modell mit alter (1.) und
neuer (2.) Inneneinrichtung
Farben: verschiedene Gelbtöne/Chassis: silber, hell-
grau, basaltgrau, schwarz, auch „PTT"-Ausführung

1. 20,– DM
2. 9,– DM

10-Post-17 / 30f
1968–71
Funkmeß-Wagen
VW-Kombi mit großem Heckfenster (vgl. 10-VW-Li-14),
mit Dachstreben und zwei Antennen. Posthorn
aufgedruckt, als Papier- oder Folienaufkleber
Farbe: postgelb, Chassis schwarz

32,– DM

10-Post-18 / 54
1968–70
Großer Post-Lastzug
Modell (vgl. 10-MB-L-8) des
Möbeltransport- Zuges in Post-
Ausführung. Dach mit Streben,
Positionslampen und Schild.
Posthorn aufgedruckt, Papier-
oder Folienaufkleber
Farbe: postgelb, Dach und Türen hellgrau,
Chassis schwarz

95,– DM

10-Post-19 / 3p/37/10037
1970–
Post-VW
VW-Limousine in allen unter *Pkw* beschriebenen
Varianten ab 10-VW-13 (10-VW-19, 10-VW-22).
Posthorn anfangs Folienaufkleber, dann Aufdruck (alte
Variante) Scheiben getönt und klar, auch „PTT"-Aus-
führung
Farbe: postgelb ●

12,– DM

10-Post-20 / 30f/303
1972–77
VW-Funkmeß-Wagen
VW-Kombi (vgl. 10-VW-Li-16). Posthorn als
Folienaufkleber, später als Aufdruck
Farbe: postgelb/Chassis schwarz, auch „PTT"-Aus-
führung

21,– DM

10-Post-21 / 550
1974–79
Post-Lkw mit Ladeklappe
Zwei Grundversionen:
(a) Magirus 100 D7
Modell mit alter und neuer Inneneinrichtung, ohne
Rückspiegel, Posthorn auf Koffer gedruckt

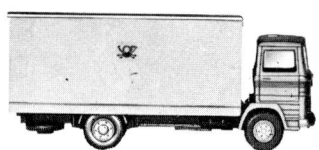

(a) 12,– DM

(b) Mercedes-Benz 1317 (nur kurzfristig 1980)
Modell mit Rückspiegeln, Posthorn auf Koffer gedruckt.
Auch „PTT"-Ausführung
Farben: postgelb mit hellgrauem Kastendach

(b) 26,– DM

10-Post-22 / 3422
1976–78
Reichspost-Lkw
Mercedes-Benz L 2500 mit Kofferaufbau mit Aufdruck:
Reichsadler und „Deutsche Reichspost"
Farbe: Fahrerhaus und Kasten blutorange, Dächer und
Kühler silber, Chassis schwarz

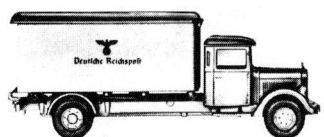

25,– DM

10-Post-23 / 49
1979–
VW-Golf Post
Golf zweitürig, Aufdruck: altes, neues, verdrucktes
Posthorn, Chassis-Varianten, ab 1985 mit neuem Golf-
Chassis*
Farbe: postgelb

4,– DM
*H

10-Post-24 / 550/16550
1980–87
Post-Lastkraftwagen
Magirus 100 D7 mit Rückspiegeln und Aufdruck
Posthorn auf den Fahrerhaus-Türen, auf dem Kasten:
„Das Postpaket"..., sowie unbedruckt und mit „PTT"-
Zeichen
Farbe: postgelb mit hellgrauem Kastendach, Grill
schwarz, Chassis schwarz

H

10-Post-25 / 294/12294
1983–
VW-Transporter mit Hochdach – Post
VW-Transporter '83 (vgl. 10-VW-Li-23) mit Hochdach,
Posthorn auf den Türen aufgedruckt
Farbe: postgelb, Dach reinweiß

H

10-Post-26 / 18552
1986–
MAN Post-Lkw
Farben: postgelb/./schwarz

H

10-Post-27 / 12831
1987–
VW „Brezelkäfer" Post
Farben: kadmiumgelb/schwarz

H

POST-FAHRZEUGE

10-Post-28 / 25551
1987–
MAN Post-Kofferlastzug
Aufdruck: „Post – schreib mal wieder"
Farben: postgelb/./schwarz

H

FEUERWEHR-FAHRZEUGE

10-FW-1 / TFa/T 61
1949–53
Feuerwehr-Spritzenwagen, mit festen Achsen
Bekannt mit Fahrerhaus Dodge, zwei Grundversionen:
1. Chassis als rechteckige Fläche, WM-Zeichen hinter der Hinterachse
2. Chassis mit Einschnitt hinter der Hinterachse, WM-Zeichen vor der Hinterachse
Modell mit abnehmbarer Leiter (silber, gelb, rotbraun, hellbraun).
Farben: orangerot/./., dunkelrot/./., blaßrot/./., schwarz/dunkelrot/schwarz, dunkelgrau marmoriert/dunkelrot/dunkelgrau marmoriert

1. 200,– DM
2. 150,– DM

10-FW-2 / TFb/T 62
1949–53
Feuerwehr-Leiterwagen, mit festen Achsen
Modell in zwei Grundversionen:
1. Fahrerhaus Dodge
2. Fahrerhaus Fiat (überwiegend verwendet)
Details der Bodengruppe siehe 10-F-1.
Modell mit beweglicher, einzügiger Leiter (silber, gelb, rotbraun, hellbraun).
Farben: siehe 10-FW-1

1. 220,– DM
2. 180,– DM

10-FW-3 / TFc/T 63
1949–53
Feuerwehr-Kranwagen, mit festen Achsen
Modell in zwei Grundversionen:
1. Fahrerhaus Dodge
2. Fahrerhaus Fiat
Details der Bodengruppe siehe 10-FW-1
Modell mit beweglichem Ausleger (silber, gelb, rotbraun, hellbraun) auf dem Drehschemel des Drehleiter-Modelles. Kranhaken ist eine gebogene Nadel.
Farben: siehe 10-FW-1

1. 220,– DM
2. 180,– DM

10-FW-4 / T 60
1954–57
Brandmeister-Pkw, unverglast
Opel Kapitän mit Blaulicht auf der Haube
Farbe: blaßrot

30,– DM

10-FW-5 / T 60
1954–57
Brandmeister-Pkw, unverglast
Mercedes-Benz 220 mit Blaulicht auf der Haube
Farbe: blaßrot

30,– DM

10-FW-6 / T 61/61
1954–58
Fw-Spritzenwagen, unverglast
Vier Grundversionen des bis 1959 verfügbaren
Modelles lassen sich unterscheiden.
Alle Modelle mit aufgesteckten, abnehmbaren Leitern
(silbern), mit einteiliger Schlauchhaspel (silbern) und mit
auf dem Fahrerhaus aufgeklebtem, dreiständigem
Blaulichtsatz.

(a) Ford Lkw 3,5 to
1. ohne Bodenplatte unter dem Fahrerhaus
2. mit Bodenplatte unter dem Fahrerhaus
(b) Mercedes-Benz 3500 (geschl. Stoßstangen)
1. ohne Bodenplatte unter dem Fahrerhaus
2. mit Bodenplatte unter dem Fahrerhaus
(c) Mercedes-Benz 5000 (offene Stoßstangen)
Mit durchgehendem Fahrgestell, Fahrerhaus und
Aufbau sind zwei Formteile.
(d) Magirus 3500
Mit durchgehendem Fahrgestell, siehe Version (c).
Farben: blaßrot ●

(a)
1. 160,– DM
2. 80,– DM
(b)
1. 160,– DM
2. 80,– DM
(c) 170,– DM
(d) 80,– DM

10-FW-7 / T 62/62
1954–58
Fw-Leiterwagen, unverglast
Vier Versionen des bis 1959 verfügbaren Modelles
lassen sich unterscheiden.
Alle Modelle mit beweglicher, ausziehbarer Leiter [zwei
Varianten: (1.) geschwungene, zweiteilige Leiter, (2.)
gerade, dreiteilige Leiter], mit abnehmbarer, einteiliger
Schlauchhaspel (silbern). Die Blaulichter sind (1.)
einständig auf der Haube oder (2.) dreiständig auf dem
Fahrerhausdach befestigt.

(a) Ford Lkw 3,5 to
1. ohne Bodenplatte unter dem Fahrerhaus, Blaulicht
   auf der Haube
2. mit Bodenplatte unter dem Fahrerhaus,
   dreiständiges Blaulicht
(b) Mercedes-Benz 3500 (geschl. Stoßstangen)
1. ohne Bodenplatte unter dem Fahrerhaus, Blaulicht
   auf der Haube
2. mit Bodenplatte unter dem Fahrerhaus,
   dreiständiges Blaulicht
(*Diese vier Varianten mit geschwungener Leiter*).

(a)
1. 160,– DM
2. 120,– DM
(b)
1. 160,– DM
2. 120,– DM

(c) Mercedes-Benz 5000 (offene Stoßstangen)
1. durchgehende Bodenplatte, geschwungene Leiter, Blaulicht auf der Haube
2. durchgehende Bodenplatte, gerade Leiter, dreiständiges Blaulicht
(d) Magirus 3500
1. durchgehende Bodenplatte, geschwungene Leiter, Blaulicht auf der Haube
2. durchgehende Bodenplatte, gerade Leiter, Blaulicht dreiständig
Farben: blaßrot ●

(c)
1. 80,– DM
2. 120,– DM
(d)
1. 80,– DM
2. 120,– DM

10-FW-8 / 60k
1957–60
VW-Kleinfeuerwehr, unverglast
Kleinbus-Variante (vgl. 10-VW-Li-5)
1. Dachaufbau mit integriertem Blaulicht
2. ohne Dachaufbau, Blaulicht im Sockel (silber)
3. wie (2.) mit gesilberten Scheiben (1960)
Farben: blaßrot, blutorange

1. 35,– DM
2. 30,– DM
3. 38,– DM

10-FW-9 / 60
1958–59
Brandmeister-Pkw, unverglast
Opel Kapitän '51 mit Blaulicht auf dem Dach (im silbernen Sockel)
Farbe: blaßrot ●

45,– DM

10-FW-10 / 60
1958–59
Brandmeister-Pkw, unverglast
Mercedes-Benz 220 mit Blaulicht auf dem Dach (im silbernen Sockel)
Farbe: blaßrot ●

45,– DM

10-FW-11 / 60u
1958–59
Fw-Unfallwagen, unverglast
Kastenwagen-Variante (vgl. 10-VW-Li-4) mit Dach-Blaulicht (im silbernen Sockel)
Farbe: blaßrot ●

55,– DM

10-FW-12 / 61
1959–62 (1970)
Fw-Spritzenwagen
Drei Grundversionen des verglasten Modelles lassen sich von 1959 bis 1962 unterscheiden. Alle Modelle mit aufgesteckten, abnehmbaren Leitern (silber), abnehmbarer, zweiteiliger Schlauchhaspel (silber/beige oder rot) und mit dreiständigem Blaulicht-Satz [Ausnahmen bei Variante (b) und (c) möglich].
(a) Magirus 3500
Farben: blaßrot ●, blutorange ●
(b) Mercedes-Benz 5000 (offene Stoßstangen)
Auch mit Rundumblaulicht bekannt*
Farbe: feuerrot ●

(a) 150,– DM
(b) 210,– DM
 * 350,– DM

(c) Mercedes-Benz 5000 (geschl. Stoßstangen)
Auch mit Rundumblaulicht bekannt*
Ausführungen mit (1.) feuerroter oder (2.) silberner
Bodenplatte. Ebenso mit und ohne Blinker auf
den vorderen Kotflügeln.
Farbe: feuerrot ●
(bis 1970 in Feuerwehr-Packung)

(c) 180,– DM
* 280,– DM

10-FW-13 / 62
1959–62
Fw-Leiterwagen
Drei Grundmodelle lassen sich unterscheiden. Alle
Modelle mit beweglicher, ausziehbarer Drehleiter.
Anfangs dreizügig, ab 1960 (neue Leiter) vierzügig, mit
abnehmbarer, zweiteiliger Schlauchhaspel (silber/beige
oder silber/rot). Mit dreiständigem Blaulicht oder
Rundumblaulicht auf dem Dach [Varianten (b) und (c)].

(a) Magirus 3500
1. Modell einfarbig rot, mit alter und neuer Leiter
2. Modell zweifarbig (Fh und Ch: rot/Aufbau: silber), mit
   alter Leiter
(b) Mercedes-Benz 5000 (offene Stoßstangen)
1. Modell einfarbig rot, mit alter und neuer Leiter, auch
   mit Rundumblaulicht bekannt
2. Modell zweifarbig (Fh und Ch: rot/Aufbau: silber),
   mit alter Leiter
(c) Mercedes-Benz 5000 (geschl. Stoßstangen)
1. mit neuer Leiter, dreiständiges Blaulicht
2. mit neuer Leiter, Rundumblaulicht
Farben: blaßrot, feuerrot ●
(bis 1970 in Feuerwehr-Packung)

(a)
1. 200,– DM
2. 250,– DM
(b)
1. 200,– DM
2. 270,– DM
(c)
1. 180,– DM
2. 320,– DM

10-FW-14 / 63
1959–64
Fw-Abschleppwagen
Drei Versionen sind unterscheidbar. Stets mit altem
Kranteil, ohne Abdeckplatte, stets ohne Blaulicht.
(a) Mercedes-Benz 5000 (offene Stoßstangen) (auch
bei POLA 1985, Fahrerhaus orange, dunkelrot)
Farbe: blaßrot ●
(b) Magirus 3500
Farbe: feuerrot ●
(c) Mercedes-Benz 5000 (geschl. Stoßstangen)
Bekannt mit und ohne Blinker auf den vorderen
Kotflügeln
Farbe: feuerrot ●

(a) 75,– DM
(b) 75,– DM
(c) 80,– DM

10-FW-15 / 60k
1961–68
VW-Kleinfeuerwehr
Zwei Grundversionen:
(a) Basis **VW-Kombi** (vgl. 10-VW-Li-8)
(b) Basis **VW-Kasten** (vgl. 10-VW-Li-7)
Beide Versionen mit Dachaufbau mit Blaulicht
Farben:
a. blutorange, feuerrot ●
b. feuerrot ●

(a) 25,– DM
(b) 28,– DM

10-FW-16 / 60
1961–68
Brandmeister-Pkw
Mercedes 220 verglast mit Dachblaulicht ohne Sockel
Farben: blutorange, feuerrot ●

45,– DM

10-FW-17 / 61n
1962–67
Fw-Spritzenwagen (Magirus Sirius)
Alle Modelle mit aufgesteckten, abnehmbaren Leitern
(hellbeige) und Reserverad, mit abnehmbarer,
zweiteiliger Schlauchhaspel.
Drei Vorderachs-Versionen, mit und ohne Prägung
„Wiking 61n" auf der Unterseite der Trittleisten.
Farben: feuerrot/Chassis und Kotflügel schwarz/
Trittleisten silber

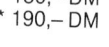

125,– DM

10-FW-18 / 62n
1962–67
Fw-Leiterwagen (Magirus Sirius)
Variationen siehe 10-FW-17. Variante ohne
Bodenprägung hat Führungsstifte auf dem
Fahrerhausdach zur Aufnahme der Drehleiter* (stets
dreizügig, mehrere Leiter-Versionen).
Farben: siehe 10-FW-17

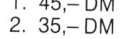

150,– DM
* 190,– DM

10-FW-19 / 60p/604
1964–74
Pulverlöschfahrzeug (Unimog S)
Zwei Versionen: Anfangs mit einem (1.), ab 1972 mit
zwei (2.) Blaulichtern.
Farben: feuerrot ●/Chassis schwarz

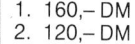

1. 45,– DM
2. 35,– DM

10-FW-20 / 62r
1965–68
Fw-Rüstwagen mit Kran
Mit Mercedes-Benz 5000 Fahrerhaus (nur geschl.
Stoßstangen), Vorbaupumpe (zwei Varianten: schmal
[1.] und breit [2.]) auf die Stoßstange geklebt.
Farbe: feuerrot ●

1. 160,– DM
2. 120,– DM

10-FW-21 / 63n
1965–67
(neuer) **Fw-Abschleppwagen**
Zwei Grundvarianten unterscheidbar (stets mit neuem
Kranteil und Abdeckplatte).
(a) Magirus 3500
mit Gelblicht, mit und ohne Blinker auf den vorderen
Kotflügeln
(b) Mercedes-Benz 5000 (geschl. Stoßstangen)
mit Gelblicht, mit und ohne Blinker auf den vorderen
Kotflügeln
Farben: feuerrot, dunkelfeuerrot

(a) 80,– DM
(b) 80,– DM

10-FW-22 / 60
1966–68
Brandmeister-Pkw
Mercedes-Benz 180 mit Dachblaulicht (mit [1.] und
ohne [2.] Sockel)
Farbe: feuerrot ●

1. 60,– DM
2. 95,– DM

10-FW-23 / 60b
1967–72
Opel Blitz Leiterwagen
Modell mit beweglicher, zweizügiger Drehleiter
Farbe: feuerrot/Chassis schwarz

28,– DM

10-FW-24 / 60w
1968–71
Fw-Rettungswagen
Mercedes-Benz-Modell auf Basis von 10-MB-Li-1 mit
Dachaufbau mit Blaulicht und abnehmbarem
Schlauchboot.
Farbe: feuerrot ●/Chassis schwarz

40,– DM

10-FW-25 / 61n
1968–74
Fw-Spritzenwagen
Magirus-Saturn (eckige Haube) mit aufgesteckten,
abnehmbaren Leitern (hellbraun, silber) und
Reserverad, mit abnehmbarer, zweiteiliger
Schlauchhaspel, zwei Formen des Suchscheinwerfers.
Farbe: feuerrot ●/Chassis schwarz, Trittleisten silber
(→ *Wiederauflage 1982 in Geschenkpackung 2600*) *

42,– DM

* 13,– DM

10-FW-26 / 62n
1968–74
Fw-Leiterwagen
Magirus Saturn (eckige Haube), mit beweglicher,
zweizügiger Leiter, mit abnehmbarer, zweiteiliger
Schlauchhaspel, zwei Formen des Suchscheinwerfers.
Farben: siehe 10-FW-25
(→ *Wiederauflage 1982 in Geschenkpackung 2600*) *

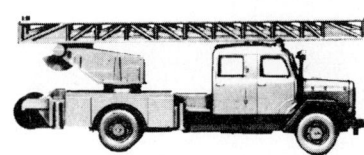

44,– DM
* 14,– DM

10-FW-27 / 60
1969–72
Brandmeister-Pkw
Ford 17 M mit Dachblaulicht auf integriertem Sockel
Farbe: feuerrot ●

30,– DM

10-FW-28 / 60f
1969–73
Flugplatz-Feuerwehr
Mercedes-Benz Kurzhauber 1413 mit beweglichem
Monitor
Farbe: feuerrot ●

80,– DM

10-FW-29 / 60k
1969–71
VW-Kleinfeuerwehr
VW-Modell mit großem Heckfenster. Zwei Versionen:
(a) VW-Kasten (vgl. 10-VW-Li 13)
(b) VW-Kombi (vgl. 10-VW-Li 14)
Farbe: dunkelfeuerrot/Bodenplatten hellgrau ●

(a) 30,– DM
(b) 30,– DM

10-FW-30 / 62r
1969–73
Fw-Rüstwagen mit Kran
Mercedes-Benz Kurzhauber 1413. Vorbaupumpe
(neues Teil) unter die vordere Stoßstange geklebt.
Farbe: feuerrot ●

85,– DM

10-FW-31 / 60k/603
1971–74
VW-Kleinfeuerwehr
Basismodell ist (neuer) VW-Kastenwagen (10-VW-Li-
15), Dachaufbau mit Blaulicht.
Farbe:feuerrot/Bodenplatte cremeweiß

20,– DM

10-FW-32 / 60a/601
1972–75
Allrad-Löschfahrzeug (Unimog S)
Mit aufgesteckter, abnehmbarer Leiter
Farbe: feuerrot ●/Chassis schwarz

38,– DM

10-FW-33 / 60w/605
1972–74
Fw-Rettungswagen
Mercedes-Benz L 406 mit Dachaufbau mit Blaulicht
und abnehmbarem Schlauchboot
Farbe: hellrot, feuerrot ●/Chassis anthrazit

27,– DM

10-FW-34 / 60/600
1973–78
Fw-Einsatz-Leitwagen
VW-Variant mit eckiger Haube (vgl. 10-VW-17) mit
aufgeklebtem Fanfarensatz mit Blaulicht
Farben: feuerrot, hellrot

8,– DM

10-FW-35 / 61/610
1973–83
Feuerwehr Magirus LF 16
Modell mit aufgesteckten, abnehmbaren Leitern (sil-
ber), Reserverad und abnehmbarer Schlauchhaspel
Farben: hellrot, feuerrot ●/Chassis cremeweiß, reinweiß

8,– DM

10-FW-36 / 62/620
1973–83
Feuerwehr Magirus DL 30
Modell mit beweglicher, dreizügiger Leiter und
abnehmbarer Schlauchhaspel
Farben: siehe 10-FW-35

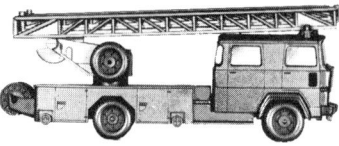

10,– DM

10-FW-37 / 602
1974–82
Opel Blitz Leiterwagen
Mit neuem Fahrerhaus (vgl. 10-O-Li-11)
Farben: feuerrot ●, dunkelfeuerrot/Chassis: schwarz *
oder reinweiß

22,– DM
* 40,– DM

10-FW-38 / 602
1975–82
VW-Feuerwehr
VW-Kombi (vgl. 10-VW-Li-16) ohne Dachaufbau mit
Blaulicht und Sockel
Farben: hellrot, feuerrot ●, dunkelfeuerrot

6,– DM

10-FW-39 / 607/12607
1975–
Feuerwehr KTW
Farbe: feuerrot ●, 1985 mit neuem Folienaufkleber *

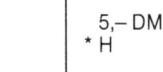

5,– DM
* H

10-FW-40 / 608/13608
1975–82
Feuerwehr RTW
Nur mit großem Schild und vier Fanfaren.
Aufdruck Notruf 112, Feuerwehr 112 *
Farben: hellrot, feuerrot ●/Chassis cremeweiß, reinweiß

7,– DM
* H

10-FW-41 / 623/20623
1975–
Feuerwehr-Rüstwagen
Fahrerhaus mit und ohne seitliche Fensterandeutung.
Schlauchboot abnehmbar, mit aufgeklebtem
Fanfarensatz.
Farben: blutorange, feuerrot, dunkelfeuerrot/Chassis
und Schlauchboote: hellgrau, anthrazit, Chassis auch
schwarz *

7,– DM
* H

10-FW-42 / 606
1979–84
Einsatz-Leitwagen
VW-Golf zweitürig mit aufgeklebtem Fanfarensatz mit
Blaulicht.
Farben: hellrot, feuerrot ●, dunkelfeuerrot

4,– DM

10-FW-43 / 621/20621
1979–
Mercedes-Benz TLF 24/50
Mercedes-Benz-Modell mit beweglichem Monitor
Farben: hellrot, feuerrot ●

H

10-FW-44 / 629
1979–82
FW-Wechselaufbau AS
Zwei Grundvarianten:
1. mit seitenverkehrtem Aufbau
2. mit seitenrichtigem Aufbau
Beide Versionen mit beiden Varianten des Mercedes-

1. 25,– DM
2. 15,– DM

Benz-Kurzhaubers (mit und ohne seitliche
Fensterandeutungen).
Farben: hellrot, feuerrot, dunkelfeuerrot

10-FW-45 / 622/14622
1980–
TLF 8/18 (Unimog)
Farben: hellrot, dunkelfeuerrot/Chassis reinweiß/
Bodengruppe dunkelgrau, schwarz, silber

10-FW-46 / 609/12609
1981–
Feuerwehr-VRW
Mercedes-Benz G mit Einrichtung und aufgeklebtem,
verändertem Dach
Farbe: dunkelfeuerrot/Chassis dunkelgrau/Dach
reinweiß

10-FW-47 / 618/22618
1981–
Feuerwehr-Metz DLK 23-12
Mit beweglicher, dreizügiger Leiter mit aufgestecktem
Korb. Ab 1986 mit Schlauch-Haspel
Farbe: dunkelfeuerrot/Chassis reinweiß

10-FW-48 / 630/22630
1981–
Feuerwehr-Magirus KW 16 (KW 15)
Mit drehbarem und ausziehbarem Kran
Farbe: dunkelfeuerrot/Chassis reinweiß
(→ *1982 mit schwarzem Chassis in Geschenkpackung
2600*)

10-FW-49 / 608/13608
1983–
Feuerwehr-RTW
Modell mit Einrichtung des Patienten-Raumes
Farbe: dunkelfeuerrot, 1986 mit Abziehbildern.

10-FW-50 / 610/20610
1983–
Feuerwehr Magirus LF 16
Modell mit Inneneinrichtung der Fahrerkabine und
aufgesteckten Blaulichtern
Farbe: dunkelfeuerrot (ab 1985 mit Aufklebern)

10-FW-51 / 620/20620
1983–
Feuerwehr Magirus DL 30
Modell mit Inneneinrichtung der Fahrerkabine, mit neuer
Drehleiter mit Korb und aufgesteckten Blaulichtern
Farbe: dunkelfeuerrot (ab 1985 mit Aufklebern)

10-FW-52 / 631/14631
1983–87
Mercedes-Benz Kurzhauber Abschleppwagen
Modell mit 2 Gelblichtern.
Farben: feuerrot, gelborange

H

10-FW-53 / 621/20621
1984–
Mercedes-Benz Feuerwehr TLF 24/50
Aufkleber: „Feuerwehr 112", separate Blaulichter
Farben: feuerrot/./schwarz

H

10-FW-54 / 3362/18862
1984–
Opel Blitz Feuerwehr DL
Farben: feuerrot/feuerrot/schwarz,
Leiter und Schemel: silber

H

10-FW-55 / 12197
1985–
BMW 501 Feuerwehr
Aufdruck: „Feuerwehr"
Farben: feuerrot/reinweiß

H

10-FW-56 / 12603
1985–
VW-Bus Feuerwehr
Mit Lautsprecher-Anlage und darauf aufgeklebtem
Blaulicht
Aufkleber: „Feuerwehr 112"
Farben: feuerrot/weiß

H

10-FW-57 / 20616
1985–
Mercedes-Benz LF 16
Mit neuem Feuerwehr-Aufkleber (Folie), ab 1986 mit
Schlauch-Haspel
Farben: feuerrot/./schwarz

H

10-FW-58 / 18861
1985–
Opel Blitz Löschgruppen-Fahrzeug
Farben: feuerrot/./schwarz

H

10-FW-59 / 12600
1986–
Mercedes-Benz 240D ELW
Blaulicht in integriertem Sockel
Farbe: feuerrot

H

FEUERWEHR-FAHRZEUGE

10-FW-60 / 20628
1986–
Mercedes-Benz 1617 Feuerwehr-Lkw
Modell mit Folien-Aufklebern
Farben: feuerrot/./schwarz

H

10-FW-61 / 22863
1987–
Opel Blitz '39 LF 8 mit Anhänger
Modell mit integriertem Zughaken
Farben: feuerrot/./schwarz

H

POLIZEI-FAHRZEUGE

10-Pol-1 / T 104
1954–58
Polizei-Streifenwagen, unverglast
Opel Kapitän '51 mit Blaulicht auf der Haube.
Farbe: blaugrün •, olivgrün

35,– DM

10-Pol-2 / T 104
1954–58
Polizei-Streifenwagen, unverglast
Mercedes-Benz 220 mit Blaulicht auf der Haube,
Antennenhalter (zumeist linksseitig) und Antenne
Farben: blaugrün •, olivgrün, schwarz*

35,– DM
* 60,– DM

10-Pol-3 / 104
1958–60
Polizei-Streifenwagen, unverglast
Opel Kapitän '51 mit Blaulicht (in silbernem Sockel) auf
dem Dach
Farbe: blaugrün •

48,– DM

10-Pol-4 / 104
1958–60
Polizei-Streifenwagen, unverglast
Mercedes-Benz 220 mit Blaulicht (in silbernem Sockel)
auf dem Dach.
Farbe: blaugrün •

48,– DM

10-Pol-5 / 103
1959–60
Polizei-Unfallwagen, unverglast
1. VW-Kombi (vgl. 10-VW-Li-5) mit Dachblaulicht (in silbernem Sockel) mit beidseitigem Abziehbild Verkehrs + Polizei
2. wie (1.), jedoch mit werksseitig gesilberten Scheiben (1960)
Farben: blaugrün ●

1. 25,– DM
2. 29,– DM

10-Pol-6 / 103
1961–66
Polizei-Unfallwagen
VW-Kombi (vgl. 10-VW-Li-8) mit Dachblaulicht ohne Sockel, mit Abziehbild Polizei vorne.
Farben: blaugrün, hellblaugrün, tannengrün

25,– DM

10-Pol-7 / 104
1961–68
Polizei-Streifenwagen
Mercedes-Benz 220 verglast (vgl. 10-MB-14) mit Dachblaulicht (ohne Sockel), mit Abziehbild Polizei hinten
Farben: blaugrün, hellblaugrün, tannengrün

45,– DM

10-Pol-8 / 103m
1964–68
Polizei-Mannschaftswagen
Opel Blitz (vgl. 10-O-Li-5) mit Bank-Einsatz auf der Pritsche, mit abnehmbarem Verdeck, Polizei-Sterne auf den Türen.
Farbe: blaugrün ●

35,– DM

10-Pol-9 / 104
1966–68
Polizei-Streifenwagen
Mercedes-Benz 180 (mit breitem Kühler, vgl. 10-MB-18) mit Dachblaulicht (1. ohne Sockel, 2. mit integriertem Sockel).
Farbe: tannengrün ●, blaugrün

1. 60,– DM
2. 95,– DM

10-Pol-10 / 103
1967–68
Polizei-Unfallwagen
VW-Kombi (vgl. 10-VW-Li-8), Dachaufbau mit Blaulicht, Abziehbild Polizei vorn.
Farben: tannengrün, blaugrün

25,– DM

10-Pol-11 / 103
1969–71
Polizei-Unfallwagen
VW-Kombi mit großem Heckfenster (vgl. 10-VW-Li-14),
nur mit Dachaufbau mit Blaulicht, Abziehbild Polizei
hinten
Farben: tannengrün/Bodenplatte: hellgrau ●

30,– DM

10-Pol-12 / 103m
1969–73
Polizei-Mannschaftswagen
Opel Blitz Fahrerhaus mit schräger Haube (vgl. 10-O-Li-
8), mit Bank-Einsatz auf der Pritsche, mit abnehmbarem
Verdeck, Polizei-Sterne auf den Türen.
Farbe: tannengrün ●

22,– DM

10-Pol-13 / 104
1969–72
Polizei-Streifenwagen
Ford 17m mit Dachblaulicht (in integriertem Sockel)
1. Farben: reinweiß, grauweiß ● mit Abziehbild Polizei
   (schwarz) hinten
2. Farbe: tannengrün mit Abziehbild Polizei hinten

1.   35,– DM
2. 140,– DM

10-Pol-14 / 103/1030
1971–74
Polizei-Unfallwagen
Neuer VW-Kombi (vgl. 10-VW-Li-16) mit Dachaufbau
mit Blaulicht, Abziehbild Polizei hinten
Farbe: tannengrün/Chassis hellgrau ●

16,– DM

10-Pol-15 / 104/1040
1973–78
Polizei-Streifenwagen
VW-Variant (mit eckiger Haube, vgl. 10-VW-17) mit
aufgeklebtem Fanfaren-Satz mit Blaulicht, Polizei-
Sterne auf den Türen.
Farben: tannengrün, flaschengrün

7,– DM

10-Pol-16 / 103m/1035
1974–82
Polizei-Mannschaftswagen
Opel Blitz mit neuem Fahrerhaus (eckige Haube, vgl.
10-O-Li-11), mit Bank-Einsatz auf der Pritsche, mit
abnehmbarem Verdeck, Polizei-Sterne auf den Türen,
erst Abziehbilder, dann aufgedruckt.
Farben: tannengrün, schwarzgrün, flaschengrün

14,– DM

10-Pol-17 / 1030
1975–82
Polizei-Unfallwagen
Neuer VW-Kombi (vgl. 10-VW-Li-16) ohne Dauaufbau, mit Dachblaulicht in integriertem Sockel. Mit Aufdruck Polizei hinten. Zuerst ohne, dann mit Polizei-Sternen auf den Türen.
Farben: tannengrün/Chassis hellgrau, ca. flaschengrün/ Chassis silbern

13,– DM

10-Pol-18 / 1060/12106
1983–
Mercedes-Benz 230 G Polizei
Farben: minzgrün/Dach reinweiß/Chassis dunkelgrau mit Aufdruck: „POLIZEI" seitlich

H

10-Pol-19 / 1082/13108/14108
1983–
Mercedes-Benz 207 D Polizei
Farben: minzgrün/Dach reinweiß/Chassis schwarz, mit Aufdruck: „POLIZEI" seitlich

H

10-Pol-20 / 1045/12104
1983–
VW-Golf Polizei
Mit Lautsprecher-Anlage und darauf aufgeklebtem Blaulicht
Farbe: minzgrün ●, mit Aufdruck „POLIZEI" seitlich

H

10-Pol-21 / 1095/12196
1984–
BMW 501 Polizei
Farbe: ca. kieferngrün

H

10-Pol-22 / 1092/12109
1984–
VW-Bus Polizei
Mit Lautsprecher-Anlage und darauf aufgeklebtem Blaulicht
Aufdrucke: „POLIZEI" (Seiten und Heck)
Farbe: minzgrün

H

KRANKENWAGEN

10-KR-1 / T 32
1952–53
VW-Krankenwagen, mit festen Achsen
Zweiteilige Form, mit Boden, mit festen Achsen. Vier
Versionen (vgl. 10-VW-Li-2 bzw. -3).
1. Version VW-Lieferwagen
2. Version VW-Kombi
Farben: cremeweiß mit Abziehbild (grün-rot-grün) oder Stempeldruck

1. 70,– DM
2. 70,– DM

10-KR-2 / T32/32
1954–60
VW-Krankenwagen, unverglast
Zwei Versionen (stets ohne Blaulicht)
1. Basis VW-Lieferwagen (10-VW-Li-4)
2. Basis VW-Kombi (10-VW-Li-5)
Farben: creme, cremeweiß ●
mit rotem Stempeldruck später mit Abziehbild

42,– DM

10-KR-3 / 32
1958–60
VW-Krankenwagen, unverglast
Zwei Versionen mit Blaulicht (in silbernem Sockel)
1. Basis VW-Lieferwagen (10-VW-Li-4)
2. Basis VW-Kombi (10-VW-Li-5)
Beide Versionen auch mit gesilberten Fenstern (nur 1960)
Farben: creme, cremeweiß*, reinweiß, mittelgrau
Aufdrucke: Stempeldruck +; Abziehbild ⊕

30,– DM
* 40,– DM

10-KR-4 / 32
1961–66
VW-Krankenwagen
Zwei Versionen mit Blaulicht (ohne Sockel)
1. Basis VW-Lieferwagen (10-VW-Li-7)
2. Basis VW-Kombi (10-VW-Li-8)
Farben: mittelgrau*, cremeweiß, reinweiß,
Aufdrucke + oder Abziehbild ⊕

1. 42,– DM
2. 35,– DM
*   60,– DM

10-KR-5 / 7r
1965–68
Erste-Hilfe-Pkw
Opel Caravan '58 mit Dachaufbau mit Blaulicht
Farbe: reinweiß, mit Aufdruck + oder Folienaufkleber +

32,– DM

10-KR-6 / 32
1967–68
VW-Krankenwagen
Auf Basis VW-Kombi (vgl. 10-VW-Li-8) mit Dachaufbau
mit Blaulicht
Farbe: reinweiß mit Aufdruck +

38,– DM

10-KR-7 / 7r
1969–70
Rot-Kreuz-Wagen
VW-Variant mit flacher Haube (vgl. 10-VW-11).
Dachaufbau mit Blaulicht
Farben: reinweiß, cremeweiß
Aufdruck +, Folienaufkleber +

26,– DM

10-KR-8 / 32
1969–71
VW-Krankenwagen
VW-Kombi mit großem Heckfenster (vgl. 10-VW-Li-14)
mit Dachaufbau mit Blaulicht.
Farbe: reinweiß
Aufdruck +, Folienaufkleber +

45,– DM

10-KR-9 / 7r
1971–73
Rot-Kreuz-Wagen
VW-Variant mit eckiger Haube (vgl. 10-VW-17),
Dachaufbau mit Blaulicht
Farben: creme, reinweiß, grauweiß
+ als Aufdruck oder Folienaufkleber

24,– DM

10-KR-10 / 32/320
1971–74
VW-Krankenwagen
VW-Kombi (vgl. 10-VW-Li-16), Dachaufbau mit Blaulicht
Farben: creme, grauweiß, reinweiß
+ als Aufdruck oder Folienaufkleber

21,– DM

10-KR-11 / 70/12070
1974–
DRK-Wagen
Basis Mercedes-Benz 200, + als Aufdruck auf den
hinteren Türen, + auf Vordertüren*
Farbe: creme ●

5,– DM

* H

10-KR-12 / 278
1974–83
Unfall-Rettungswagen
Zwei Grundversionen:
1. mit kleinem Schild, ohne Fanfaren
2. mit großem, rechteckigem Schild, mit Fanfaren
Farben: reinweiß, creme, Bodenplatten silber, anthrazit,
moosgrau
+ als Aufdruck

1. 24,– DM
2. 8,– DM

10-KR-13 / 320
1974
VW-Krankenwagen
VW-Kombi (vgl. 10-VW-Li-16) mit Blaulicht ohne Sockel
Farbe: reinweiß
+ als Aufdruck

25,– DM

10-KR-14 / 635
1976–78
Mercedes-Benz Kurzhauber DRK-Lkw
Plane beidseitig mit rotem Kreuz bedruckt
Farben: hellelfenbein/./.

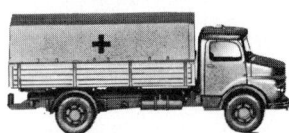

16,– DM

KRANKENWAGEN

10-KR-15 / 320
1977–83
VW-Krankenwagen
VW-Kombi (vgl. 10-VW-Li-16) mit Blaulicht in
integriertem Sockel.
Farbe: creme
+ als Aufdruck

6,– DM

10-KR-16 / 278/13278
1984–
Unfall-Rettungswagen
1. mit Rückspiegel und Scheibenwischern
Aufdruck: „Rotes Kreuz"
2. wie (1.) mit Aufdruck: „Johanniter-Unfall-Hilfe"
Farbe: hellelfenbein

H

10-KR-17 / 12320
1985–
VW Bus Krankenwagen
Mit Lautsprecher-Anlage und darauf aufgeklebtem
Blaulicht
Aufdruck: „Johanniter"-Zeichen
Farbe: hellelfenbein

H

BAUFAHRZEUGE

10-BF-1 / 65
1955–65
Straßenwalze
Modell mit Dach in Draht-Halterung, stets ohne
Fahrerfigur.
Modell-Varianten:
1. Achshalterung vorne glatt, Walzen unbemalt
2. Achshalterung seitlich verbreitert, sonst wie (1.)
Farben: ca. minzgrün, olivgrün, ockergelb, azurblau
(RA)

1. 40,– DM
2. 35,– DM

10-BF-2 / 65p/655/16655
1959–
Planierraupe
Modell-Varianten:
1. mit langem Auspuff, mit Fahrer, altes Räumschild
2. mit kurzem Auspuff, mit Fahrer, altes und neues
Räumschild (auch als Ladegut für Märklin, immer
ohne Fahrer)
Farben: azurblau, lindgrün*, zinkgelb ●, chromgelb
●, melonengelb, gelborange
3. überarbeitete Version mit Dach, mit festem Auspuff,
neues (3. Version) Räumschild (ab 1979).
Farben: melonengelb ●, capriblau, patinagrün

1. 22,– DM
2. 12,– DM
3. H
* 28,– DM

10-BF-3 / 65r
1959
Raupenschlepper
Wie Modell 10-BF-2 (1.), jedoch ohne Räumschild
Farben: zinkgelb, azurblau, lindgrün*

15,– DM
* 25,– DM

10-BF-4 / 67g
1960–65
USA-Erdbeweger
Modell bekannt ohne und mit silberner Einlegeplatte
unter der Mulde, zwei Radformen
Farben: hellorange, pastellorange

150,– DM

10-BF-5 / 66
1961–65
Raupenbagger
Modell-Varianten:
1. mit Zahnradnachbildung
2. ohne Zahnradnachbildung
Farben: azurblau, hellorange,
chromgelb, himmelblau

1. 90,– DM
2. 60,– DM

10-BF-6 / 68
1961–67
Demag-Mobilkran
Modell mit beweglichem, ausziehbarem Kranausleger
Farben: himmelblau, azurblau, ozeanblau

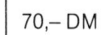

70,– DM

10-BF-7 / 66k
1962–64
Raupenkran
Verschiedene Formen des Gittermast-Auslegers
Farben: azurblau, hellorange, chromgelb, himmelblau

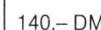

140,– DM

10-BF-8 / 65s / 657
1964–
Auto-Schütter
Anfangs ohne, ab 1967 mit Fahrerfigur, zuerst mit
silbern bemalter Ladefläche, dann ohne Bemalung.
Farben: blaßorange, dunkelorange, lichtgrau*

9,– DM
* H

10-BF-9 / 66m
1965–67
Krupp-Ardelt-Mobilkran
Wie Modell 10-BF-7, jedoch mit neuem Laufwerk auf
Rädern. 1984 in Sonderpackung/POLA.
Farben: himmelblau/azurblau

80,– DM

10-BF-10 / 65/650
1966–75
Straßenwalze
Nachfolger von 10-BF-1, jedoch ohne Dach, mit
Fahrerfigur. Prägung Wiking und Germany auf den
Seiten. Mit großem und kleinem Drehzapfen.
Walzen: grau oder braunrot/Laufflächen: silber.
Farben: melonengelb, dunkelorange, senfgelb,
olivgrün, kieferngrün

18,– DM

BAUFAHRZEUGE

10-BF-11 / 65h/651/16651
1966–
Schaufel-Lader
Modell-Varianten:
1. ohne Schutzdach
2. mit Schutzdach (ab 1975)
Farben: dunkelorange, melonengelb ●, hellrotorange ●,
capriblau, mittelgrün

1. 7,– DM
2. H

10-BF-12 / 66/660
1966–74
Löffel-Bagger
Wie Modell 10-BF-5, jedoch mit neuem Laufwerk auf
Rädern. Modell mit neuem Drehmechanismus, Haus
(auch) abnehmbar.
Farben: orange, dunkelorange, ozeanblau

95,– DM

10-BF-13 / 67k
1968–71
Kaelble Großer Muldenkipper
Farben: orange, dunkelorange

90,– DM

10-BF-14 / 24660
1987–
O & K Raupenbagger
Modell mit beweglichem Ausleger, mit Aufdrucken
Farben: hellfeuerrot-reinweiß/anthrazitgrau

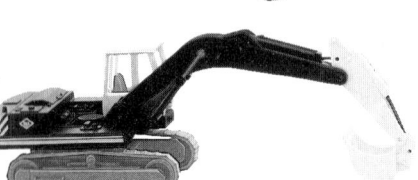

H

TRECKER

10-TR-1 / T 6
1948–52
Trecker, mit festen Achsen
Bekannt in zwei Versionen:
1. mit Auspuff und Luftfilter, mit eingeschweißtem
   Drahtzughaken
2. mit Auspuff und Luftfilter, mit integriertem
   Zughaken
Farben:
1. giftgrün, silber, blaßrot
2. himmelblau, graublau, hellgrün, lichtgrau ●,
   feuerrot, blau ●

1. 80,– DM
2. 80,– DM

10-TR-2 / T 38
1952–55
Trecker
1. mit linksseitigem Auspuff, lange Schutzbleche
2. mit linksseitigem Auspuff, kurze Schutzbleche
Farben: dunkelgrau, hellgrau, grün ●, dunkelrot,
reinorange, tannengrün

1. 65,– DM
2. 65,– DM

10-TR-3 / 38/380
1956–77
Fahr-Schlepper
Vier Grundversionen lassen sich unterscheiden:
1. mit Auspuff rechts (eingeklebt), Lenkrad Vollguß,
   schmale Fahrerfigur, Räder ohne Einlage
2. wie (1.), jedoch Lenkrad separates Teil
3. wie (2.), jedoch ohne Auspuffrohr
4. wie (3.), jedoch mit Auspuff-Andeutung, auch mit
   Rädern mit Einlage, Lenkradversteifung
Farben:
1. dunkelgrün ●, blutorange
2. himmelblau ●, grün, feuerrot
3. himmelblau ●, feuerrot
4. dunkelfeuerrot, dunkelorange

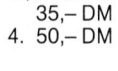

1., 2. und 3.
35,– DM
4. 50,– DM

10-TR-4 / 38p/380
1958–77
Normschlepper Porsche
Drei Radform-Varianten:
1. alte Radform, Hinterräder durchbrochen
2. neue Radform, Hinterräder nicht durchbrochen,
   vorne neue Radeinsätze
3. neue Radform, Hinterräder und Vorderräder
   glatte Form
Farben:
1. blutorange, feuerrot
2. feuerrot, hellresedagrün, schilfgrün
3. feuerrot, reinorange, schilfgrün

1. 30,– DM
2. und 3.
20,– DM

10-TR-5 / 38d/383
1964–80
Deutz-Schlepper
1. ohne Fahrerfigur, mit kleinem Lenkrad, später
   auch mit großem Lenkrad, hellgraue Räder
2. mit Fahrerfigur, mit großem Lenkrad
Farben:
1. hellmaigrün
2. hellmaigrün, dunkelresedagrün, blaugrün,
   dunkelpatinagrün

1. 18,– DM
2. 12,– DM

10-TR-6 / 308/3080/12880
1973–
Lanz-Bulldog
1. ohne Zughaken, aufgestecktes flexibles
   Auspuffrohr
2. ohne Zughaken, Auspuff Bestandteil der Form
3. mit Zughaken, sonst wie (2.)

1. 10,– DM
2. und 3.
5,– DM

Farben:
1. und 2. lichtgrau
3. braunrot ●, beigebraun, dunkelpatinagrün, azurblau

10-TR-7 / 385
1975–77
MB-Trac 700
Farben: weißgrau, Kotflügel blutorange, Chassis
dunkelgrau

 H

10-TR-8 / 385/16385
1978–
MB-Trac 700
Wie 10-TR-7, jedoch mit Schüttmulde und
Düngestreuer
Farben: wie Vormodell, Aufbau: Platte patinagrün,
Mulde und Streuer gelb sowie Farbumkehrung, 1986:
gelbgrün, Kotflügel blaugrün, Chassis schwarz

 H

10-TR-9 / 383/12383
1980–
Deutz-Schlepper, mit Dach
Dachpfosten in vier Haltepunkten befestigt. Kamin in
Fassung eingeklebt
Farben: blaßgrün, helltürkisblau, moosgrün, Dach:
schwarz

 H

10-TR-10 / 26386
1986–
Deutz-Fahr-Schlepper
Modell mit zwei Anhängern (Ladegut: „Strohballen")
Farben: gelbgrün/schwarz

 H

10-TR-11 / 13386
1987–
Deutz-Fahr-Schlepper
Farben: gelbgrün/schwarz

 H

ELEKTROKARREN

10-KF-1 / 116
1958–70
Elektrokarren
Varianten:
1. ohne Gitteraufsatz
2. mit Gitteraufsatz
3. mit Prägung 116 und Germany
Farben: basaltgrau, betongrau, blaugrau, fehgrau, azurblau, kadmiumgelb.

1. 12,– DM
2. und 3.
   10,– DM

10-KF-2 / 116a
1958–70
Anhänger zum Elektrokarren
Varianten:
1. ohne Gitteraufsatz, Drehgestell mit Stift gesichert
2. mit Gitteraufsatz
3. mit verändertem Drehgestell auch mit angeklebtem Zughaken
Farben: siehe 10-KF-1

1. 8,– DM
2. und 3.
   5,– DM

10-KF-3 / 116/1160
1971–80
Elektrokarren mit Anhänger
Karren mit Prägung 116 und 1160, Anhänger mit zusätzlichem „Kragen" auf der Unterseite
Farben: fehgrau, azurblau, kadmiumgelb

10,– DM

GABELSTAPLER

10-GS-1 / 117/1170
1958–83
Gabelstapler
Varianten:
1. Ladegut zwei Kästen, Prägung WM
2. wie (1.), Prägung 117 und Germany
3. ohne Kästen, ohne Prägung, mit Löchern für Überrollschutz
4. mit Überrollschutz (1979)
Farben: lichtgrau, kadmiumgelb, feuerrot, rotorange (Version 4.)
Gabeln (Weichplastik-Teil): reinweiß, kadmiumgelb
Kästen: reinweiß, aluminium

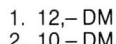

1. 12,– DM
2. 10,– DM
3. 8,– DM
4. 4,– DM

10-GS-2 / 659/12659
1984
Gabelstapler Still R 70
Farben: gelborange, olivgrün

H

MÄRKLIN

Im Jahre 1859 hatte Friedrich Wilhelm Märklin in Göppingen mit der Fabrikation von Puppenküchen und Blechspielzeug begonnen. Seine Söhne präsentierten 36 Jahre später auf der Leipziger Frühjahrsmesse als erstes Unternehmen eine Uhrwerkeisenbahn mit Schienenanlagen in Form einer Acht. Damit begann das Zeitalter der Modelleisenbahn.

Märklin hatte sich damit ein Gebiet erschlossen, auf dem es bis heute weltweit führt (die Dominanz des Unternehmens spiegelt sich u. a. in dem Umsatz von 117,3 Mio DM im Geschäftsjahr 1983/84 wider).

1900 bot das Unternehmen die ersten mit Dampf und Elektrizität betriebenen Spielzeugbahnen an. 1926 brachte es das 20-Volt-Schwachstromsystem auf den Markt, welches Kindern ein gefahrloseres Spielen ermöglichte. Bereits 1935 stellte Märklin das erste Zinkdruckgußmodell als Zubehör zur Eisenbahn vor. Kurze Zeit später wurde mit der Produktion einer Reihe von Automodellen begonnen. Nach dem Zweiten Weltkrieg setzte Märklin für kurze Zeit die Produktion einiger Vorkriegsmodelle fort, um danach auch die sogenannte Serie 8000, eine eigenständige Modellautoreihe der Nachkriegszeit, zu schaffen. 1975 wurde die Herstellung von Modellautos eingestellt.

1953/54 gab es bei Märklin auch eine H0-Linie bei den Automodellen.

Neben der 8000er-Serie (vollständige Information über diese Linie bringt der Modellauto-Katalog 1:43 von Peter R. Cordes, ebenfalls bei Alba erschienen), wurde – dem Erfolgstrend der neuen H0-Modellbahn folgend – ein Automodell-Programm im Maßstab 1:87 bei Märklin entwickelt. Als Ladegut waren einige Stücke dieser Kollektion noch jahrelang im Märklin-Programm, gesuchte Einzelstücke blieben jedoch die Modelle, die nicht (ab Werk) auf den Güterwagen der Märklin-Modellbahn auf den Gleisen zahlloser Anlagen transportiert wurden.

MERCEDES-BENZ

11-MBL-1 / 860/7
1953–54/(–1970)
Mercedes-Benz L 3500 Pritschen-Lkw
Modell ohne und mit Märklin-Prägung
Bis 1970 als Ladegut auf Güterwagen verwendet.
Farben: lichtgrau*, beigegrau, purpurrot**, graugrün

40,– DM
*20,– DM
**90,– DM

BUSSE

11-BU-1 / 860/8E
1953–54
**Mercedes-Benz
O 3500 Omnibus**
Modell ohne und mit Märklin-Prägung, einfarbig
Farben: purpurrot, verkehrsblau, hellgrau

150,– DM

11-BU-2 / 860/8M
1953–54
**Mercedes-Benz
O 3500 Omnibus**
Modell ohne und mit Märklin-Prägung, zweifarbig
Farben: siehe 11-BU-1, jedoch in der oberen Hälfte grau oder beige (Mattlack) abgesetzt.

300,– DM

RIETZE

Die Firma Rietze wurde am 1.1.1978 in Nürnberg ge-
gründet.
Die damalige Firmenbezeichnung lautete Rietze Bau-
satzfertigung und Anlagenbau.
Und damit war auch das damalige Betätigungsfeld der
jungen Firma umrissen:
Man befaßte sich vorwiegend mit der Montage von Bau-
sätzen, es wurden jedoch auch Schaustücke für die
Fachgeschäfte gefertigt.
Am 1.9.1983 fiel der Startschuß für die Automodell-
Produktion im Maßstab 1:87.
Geschickt suchte sich die Firma eine „Marktlücke", die
sie bei japanischen Vorbild-Fahrzeugen wie auch im Be-
reich der Sonderfahrzeuge und mit Wohnmobilen fand.
Ab diesem Zeitpunkt lautet die Firmenbezeichnung des
Nürnberger Herstellers „Rietze Automodelle".

MERCEDES-BENZ

12-MBL-1 / 60020
1987–
**Mercedes-Benz
Tieflade-Sattelzug**
Modell basiert auf
Preiser-Teilen;
Planen-Aufdruck:
„Schenker"
Farben: patinagrün/
patinagrün-schwarz/
patinagrün, Plane:
gelb

H

PFERDEWAGEN

12-PF-1 / 60010
1987–
Pferde-Möbelwagen
Modell mit Aufdruck:
„Schenker"
Farben: graublau/schwarz, Dach: weiß

H

FEUERWEHR-FAHRZEUGE

12-FW-1 / 10020
1985–
Mitsubishi L 300 Bus Feuerwehr
Varianten:
Feuerwehr-Bus, Aufdruck: „Notruf 112", Farben: blut-
orange/reinweiß
Aufdruck: „Beratungswagen", Farben: blutorange/rein-
weiß, Feuerwehr-Bus mit Boot, Farben: feuerrot, leuchthellrot, Aufdruck: „FW Atemschutz", Farbe:
leuchthellrot

H

12-FW-2 / 10010
1985–
Mitsubishi L 300 Kastenwagen/Feuerwehr
Varianten:
ohne Aufdrucke, Farben: feuerrot, leuchthellrot
Aufdruck: „Heuwehr", mit Leiter, Farbe: leuchthellrot

H

12-FW-3 / 10100
1985–
Mitsubishi L 300 Kofferwagen/Feuerwehr
Aufdruck: „Feuerwehr 112", Farbe: feuerrot

H

Rietze

FEUERWEHR-FAHRZEUGE

12-FW-4 / 10090/50090
1985–
Mitsubishi L 300 Pritschenwagen/Feuerwehr
Varianten:
Feuerwehr-Lichtmastwagen, Farbe: blutorange
Feuerwehr-Pritschenwagen, Farben: feuerrot/reinweiß

H

12-FW-5 / 50060/50061
1985–
Nissan Prairie Feuerwehr
Farben: feuerrot, leuchtrot

H

12-FW-6 / 50070 S
1985–
Hymer 660 Feuerwehr-Einsatzleitung
Modell mit Aufdrucken
Farbe: blutorange

H

12-FW-7 / 50130
1986–
Mazda 626 viertürig, Feuerwehr
Farben: feuerrot, leuchtrot

H

12-FW-8 / 50142/50143
1986–
Amphi Ranger Feuerwehr
Farben: feuerrot, leuchtrot

H

12-FW-9 / 50120
1986–
Mazda fünftürig, Feuerwehr
Farben: feuerrot

H

12-FW-10 / 50024
1987–
Mitsubishi L 300 Feuerwehr
Aufdruck: „F.D.N.Y."
Farben: feuerrot/schwarz, feuerrot/verchromt

H

12-FW-11 / 50152
1987–
Suzuki Swift Feuerwehr
Aufdruck: „F.D.N.Y."
Farben: feuerrot/schwarz, feuerrot/verchromt

H

12-FW-12 / 50164
1987–
Suzuki 410 geschlossen Feuerwehr
Aufdruck: „F.D.N.Y."
Farben: feuerrot/schwarz; feuerrot/verchromt

H

12-FW-13 / 50183
1987–
Mitsubishi Pajero Feuerwehr
Aufdruck: „F.D.N.Y."
Farben: feuerrot/schwarz, feuerrot/verchromt

H

12-FW-14 / 50150/50151
1987–
Suzuki Swift Feuerwehr
Aufdruck: 1. jap. Aufdruck (Modell mit Rotlicht)
2. Aufdruck: „Feuerwehr"
Farben: feuerrot/schwarz, feuerrot/weiß

H

12-FW-15 / 50161/50163
1987–
Suzuki 410 Jap. Feuerwehr
Modell mit 1. jap. Aufdrucken (und Rotlicht),
2. Aufdruck: „Feuerwehr"
Farben: feuerrot/schwarz, feuerrot/weiß

H

12-FW-16 / 50160
1987–
Suzuki 410 offen, Feuerwehr
Modell mit Überroll-Käfig und Rammschutz
Farben: feuerrot/schwarz

H

12-FW-17 / 50163
1987–
Suzuki 410 geschlossen, Feuerwehr
Aufdruck: „Strahlen- und Atemschutz"
Farben: feuerrot/reinweiß

H

12-FW-18 / 50182
1987–
Mitsubishi Pajero Feuerwehr
Farben: feuerrot/schwarz

H

12-FW-19 / 50030/50031
1987–
Mitsubishi L 300 Feuerwehr Allrad-Bus
1. Aufdruck: „Kleinwalsertal"
Farben: feuerrot/weiß
2. Aufdruck: „Bad Aibling"
Farben: feuerrot/schwarz

H

H

12-KR-1 / 10020
1985–
Mitsubishi L 300 Bus/Krankenwagen
Varianten:
Aufdruck: „Rettung", Farbe: reinweiß
Aufdruck: „Blutspendedienst", Farbe: hellelfenbein

H

12-KR-2 / 50062
1986–
Nissan Prairie Krankenwagen
Farbe: reinweiß

H

12-KR-3 / 50022
1986–
Mitsubishi L 300 Bus/Krankenwagen
Aufdruck: „Rettung" und Zierstreifen
Farbe: reinweiß

H

12-KR-4 / 50023
1987–
Mitsubishi L 300 Gelände-Krankenwagen
Farbe: hellelfenbein

H

12-KR-5 / 50121
1987–
Mazda 626 Notarztwagen
Modell in fünftüriger Ausführung, mit Blaulicht-Balken
Farbe: reinweiß

H

12-KR-6 / 50162
1987–
Suzuki 410 Krankenwagen
Aufdruck: „DRK Hamburg"
Farbe: hellelfenbein

H

POLIZEI-FAHRZEUGE

12-Pol-1 / 50131
1986–
Mazda 626 viertürig, Polizei
Farbe: reinweiß

H

12-Pol-2 / 50180
1986–
Mitsubishi Pajero Polizei
Farbe: reinweiß

H

12-Pol-3 / 50140
1986–
Amphi Ranger Polizei
Farben: reinweiß/minzgrün (schabloniert)

H

THW-FAHRZEUGE

12-THW-1 / 50181
1986–
Mitsubishi Pajero THW
Farbe: ultramarinblau

H

12-THW-2 / 50141
1986–
Amphi Ranger THW
Farbe: ultramarinblau

H

Im letzten Kapitel des H0-Automodell-Kataloges wollen wir Ihnen nun einige wichtige Informationen und Anschriften an die Hand geben, die Ihnen helfen werden, Ihr Hobby noch interessanter zu gestalten.

Die Hersteller

Hier erfahren Sie die Anschriften der Hersteller, deren Modelle in diesem Katalog verzeichnet sind.

Albedo
Albedo-Forkel GmbH, Gottmannsdorfer Weg 11, D-8802 Heilsbronn

Brekina
Brekina Modellspielwaren GmbH, Postfach 1210, D-7801 Umkirch

Herpa
F. Wagener GmbH, Leonrodstraße 46, D-8501 Dietenhofen

Kibri
Kibri Spielwarenfabrik GmbH, Postfach 1540, D-7030 Böblingen

Praliné
Revell Plastics GmbH, Henschelstr. 20–30, D-4980 Bünde 1

Preiser
Kleinkunstwerkstätten Paul M. Preiser KG, Postfach 99, D-8803 Rothenburg o. d. T.

Roco
Roco-Modellspielwaren GmbH & Co. KG, Postfach 38, A-5033 Salzburg

Roskopf
Roskopf Miniaturmodelle, Staufenstraße 9, D-8220 Traunstein-Haslach

Wiking
Wiking-Modellbau GmbH & Co. KG, Industriestraße 1–3, D-1000 Berlin 42

Märklin
Gebr. Märklin & Cie. GmbH, Holzheimer Straße 8, D-7320 Göppingen

Rietze
Rietze Automodelle, Okenstr. 25, D-8500 Nürnberg 70

Die Clubs

In der Bundesrepublik Deutschland gibt es derzeit zwei Vereinigungen, deren Mitglieder sich mit dem Sammeln von Modellautos beschäftigen.
Mitglieder des C.A.M. e. V. sammeln ausschließlich H0-Modellautos, Sammler aller Baugrößen sind im CMF zusammengeschlossen.

C.A.M. e. V.
Anschrift: C.A.M. e. V., Friedelstraße 47, D-1000 Berlin 44
Der C.A.M. veranstaltet H0-Automodellbörsen in folgenden Städten des Bundesgebietes: Berlin, Bonn, Braunschweig, Bremen, Gelsenkirchen, Hamburg, Hannover, Karlsruhe, Kassel, Kiel, München, Nürnberg, Offenbach, Ulm und Saarbrücken.
An jedem Börsenort gibt es eine Regionalgruppe mit eigenen Veranstaltungen.
Zu den wichtigsten Leistungen des C.A.M. gehört die monatlich erscheinende Club-Zeitung „H0-Auto-Info", die vornehmlich über Neuerscheinungen berichtet.
Der Mitgliedsbeitrag beträgt DM 60,– pro Jahr sowie eine einmalige Aufnahmegebühr von DM 5,–.

CMF
Anschrift: Club der Modellauto-Freunde, Schubertstr. 7, D-4178 Kevelaer 1.
Der CMF veranstaltet zweimal jährlich ein internationales Tauschtreffen in Aachen (in Zusammenarbeit mit Spielwaren Danhausen).
Der Club bringt eine viermal jährlich erscheinende Zeitung heraus, in der Neuheiten vorgestellt und besprochen werden und die Mitglieder in Form von Inseraten Modelle zum Tausch oder Verkauf anbieten können. Der H0-Bereich wird bei der Berichterstattung angemessen berücksichtigt.

Weitere Clubs
Spezielle Markenclubs (Mercedes-Benz, Porsche, Volvo usw.) befassen sich mit Modellautos „ihrer Marke".
Im modell magazin (siehe Fachzeitschriften) wird fortlaufend über die Aktivitäten dieser Sammlerclubs berichtet.

SAMMLER-SERVICE

DIE FACHZEITSCHRIFTEN

Hier nennen wir Ihnen einige Fachpublikationen, die sich überwiegend, oder teilweise mit dem Bereich der H0-Modellautos befassen.

modell magazin
Erscheint monatlich bei Alba, Postfach 320109, in D-4000 Düsseldorf. Das Einzelheft kostet DM 6,–, ein Jahresabonnement DM 72,– modell magazin berichtet z. T. farbig über alle Neuheiten im H0-Sektor, bringt Umbauvorschläge, hat eigene Rubriken für Spezialisten im Bereich der Einsatzfahrzeuge und stellt jeden Monat in der „mm"-Modellchronik Wiking-Modelle der früheren Produktion in äußerst genauer Besprechung vor (mit ausdrücklicher Genehmigung der Firma Wiking-Modellbau). Ein Sammelordner mit genauer Systematik ist dazu lieferbar.

eisenbahn magazin
Erscheint monatlich bei Alba, Postfach 320109, in D-4000 Düsseldorf. Das Einzelheft kostet DM 8,–. eisenbahn magazin stellt Neuheiten bei den H0-Modellautos vor und verfügt über den wohl größten Kleinanzeigen-Markt bei den deutschen Fachpublikationen („Kleine Bahn-Börse"), in dem jeden Monat eine Vielzahl von H0-Modellen angeboten wird.

Modell-Auto-Zeitschrift
Erscheint monatlich im Friedel Fiedler Verlag, Wingertstraße 10, D-6454 Bruchköbel. Die MAZ berichtet über H0-Modellautos aller Hersteller, z. T. in Farbe, bringt Neuheiten-Vorstellungen und Umbau-Vorschläge sowie Berichte über Modell-Vorbilder. Das Einzelheft kostet DM 7,–.

Der Maßstab
Erscheint zweimonatlich im Verlag G. u. G. Schulist, Postfach 34, in D-8802 Heilsbronn. Der Maßstab ist die Hauszeitschrift der Firmen Herpa und Albedo und berichtet vornehmlich über die Produkte dieser beiden Anbieter. Darüber hinaus finden sich Umbautips, Fotos von Originalfahrzeugen und ausführliche Neuheitenbesprechungen der Herpa- und Albedo-Miniaturen. Das Einzelheft kostet DM 6,50.

Modell-Fan
Erscheint monatlich im Verlag Carl Ed. Schünemann KG, Postfach 106067, in D-2800 Bremen 1. Der Modell-Fan berichtet unter anderem auch über die Fahrzeuge des kleinen Maßstabes und stellt die monatlichen Neuheiten vor. Das Einzelheft kostet DM 5,80.

Miba
Erscheint monatlich im Miba-Verlag, Schanzäckerstraße 24–26, in D-8500 Nürnberg. Die Miba befaßt sich im Hinblick auf die Zielgruppe Modelleisenbahner hin und wieder mit H0-Modellautos. Besonders die beiden Messehefte geben einen guten Überblick über das Neuheitenangebot an Modellfahrzeugen. Das Einzelheft kostet DM 6,50.

Kit
Erscheint 10 mal im Jahr im Kit-Verlag, Martin-Beheim-Straße 3, D-8000 München 70. Das Einzelheft kostet DM 7,–.

AUSLÄNDISCHE ZEITSCHRIFTEN, die sich mit dem Gebiet der H0-Modellautos mitunter befassen:

Argus de la miniature (monatlich)
Anschrift: Argus de la miniature, B.P. 40, F-78230 Le Pecq

Model Auto Review (vierteljährlich)
Anschrift: Model Auto Review, PO Box MT 1 Leeds LS17 6TA, West Yorkshire, Great Britain

Automobile miniature (monatlich)
Anschrift: 9, Rue de Saussure, F-75017 Paris

SAMMLER-SERVICE

TAUSCHBÖRSEN

Tauschbörsen sind regelmäßig oder unregelmäßig stattfindende Treffen, die von Clubs, Firmen oder Privatleuten veranstaltet werden.
Zumeist wird eine Eintrittsgebühr (Ausnahme CAM e. V.) sowie eine Tischgebühr erhoben.
Bei den von Firmen oder Privatleuten veranstalteten Börsen empfiehlt sich eine vorherige Tischreservierung.
Auf den Veranstaltungen kann gekauft, verkauft oder getauscht werden.
Durch die teilweise verlockend hohen Gewinnspannen, die im Handel mit Altmodellen erzielt werden können, haben zunehmend Händler oder Halb-Profis die Börsen „unterwandert".
Aber auch auf den clubeigenen Veranstaltungen ist der Sammel-Neuling vor unliebsamen Überraschungen nicht sicher. Er sollte sich im Zweifelsfalle an den, besser an die Börsenleiter wenden, die ihm z. B. bei der Werteinschätzung behilflich sein können.
Tauschbörsen müssen nicht „moderne Schwarzmärkte" (Der Maßstab) sein, dennoch ist bei einigen Anbietern doppelte Vorsicht geboten.

RAL-KARTEN

Eine RAL-Karte in einer Form, die dem Sammler von H0-Modellautos aller Fabrikate gute Dienste leistet, ist beim C.A.M. e. V. (siehe Clubs) zu erwerben.
Die dort angebotene Übersichtskarte reicht für unsere (Sammler-)Zwecke vollkommen aus. Die Farbangaben in diesem Katalog beziehen sich zum überwiegenden Teil auf diese RAL-Karte.

Und so erreichen Sie uns

Ihre Anfragen, Korrekturen, Verbesserungsvorschläge und Kritik/Lob richten Sie bitte nur an folgende Anschrift:
Alba-Verlag, Stichwort: Auto-Katalog H0, Römerstraße 9, D-4000 Düsseldorf 30.